/艺 术 大 师 自 画 像/

艺术引导人生

——德拉克洛瓦的私人日记

Eugène Delacroix

[法] 欧仁·德拉克洛瓦 著
冯锦 编译

山东美术出版社

编者的话

德拉克洛瓦是19世纪浪漫主义绘画的领军人物，不仅在法国美术史中，在世界美术史上这都是一个响亮的名字，他的《自由引导人民》至今仍激励人心。德拉克洛瓦身世成谜，终身未婚，他的健康情况一直不太好，但却十分勤奋地作画著述，身后留下近万件艺术作品和数本厚厚的日记。他的日记据说几乎与他的艺术作品一样出名，日记中的记载虽然纷杂，但从点点滴滴的日常生活中却能发现一个内心丰富的德拉克洛瓦。任何人想了解这位杰出的画家，了解他的精神世界，了解他的性格和意志，了解他的艺术创作思路、成就和经验，都无法忽略这部日记。

从时间顺序上来说，德拉克洛瓦的日记分为三部分：

1822年9月，24岁的年轻画家到长兄德拉克洛瓦将军的乡下产业处度假，怀着兴奋的心情开始写日记。从日记中我们可以看到一个年轻人躁动而富有活力的心灵：他对自己的艺术才能非常自信，但也十分希望得到他人的认同；他对爱情患得患失，渴望接近姑娘们又害怕靠近她们；他热爱交际却又害怕耽误时间，总会感叹自己的惰性和时光的荒废；他不断地审视自己，思考人生；他有着卓越的才华，却也有着一个普通年轻人的冲动和弱点。透过日记的字里行间，一个活生生的人仿佛就出现在我们面前。1824年10月，年轻时代的日记中断，并没有显示有什么特别显著的原因。

1832年初，34岁的画家随法国大使出行摩洛哥，做了大量的速写、水彩和记录，这部分内容就其性质而言，虽不能算作日记，但却成为他日后大量东方主题画作的背景材料。故于日记选本中有所摘录。

1847年初，画家大概50岁的时候，又重新购买了一本新的大日记本。这时的画家在艺术创作和观念上已经趋于成熟，他重新在日记本上写下他的生活以及他对各种艺术观点和实践的看法。此后的日记再未中断，一直持续到画家去世的1863年。在这部分日记中，德拉克洛瓦为我们描绘了一幅幅19世纪中叶法国上层文艺社会的生活情景，肖邦、乔治·桑、大仲马、司汤达、巴尔扎克、波德莱尔、梅里美、柏辽兹、罗西尼、柯罗、安格尔、库尔贝、米勒等等名字，都曾在他的日记中出现，他用幽默风趣的笔调对他们各有褒贬。他还记录了他对各种艺术风格、审美法则、艺术家及艺术作品、创作思路、材料与技法等等的看法爱好，例如他最为欣赏的艺术家是鲁本斯、米开朗基罗，后来他也越来越喜欢提香；他热爱色彩的魔力，却反对为色彩而色彩；他显然对冷静自持，重视轮廓线条和素描造型的新古典主义画派不够满意，爱憎分明、个性强烈的画家往往鲜明地讲述自己的立场；他注意到各种东方艺术的神奇魅力，例如来自中国的墙纸、波斯的建筑物风格、阿尔及利亚的装饰艺术等等，东方题材也一直是他的画作中常用的主题。德拉克洛瓦从年轻时代起就一直想写一些绘画札记，后来又一直想编撰一部美术类的辞典，晚年的日记中就记载了大量这种未完工的辞条。总体而言，中晚年的日记要比画家年轻时代的日记显得深沉有力多了。

目前出版的德拉克洛瓦日记中整理比较完善的是法文三卷本“Journal de Eugène Delacroix”，资料丰富详实，对人物的注释比较全面，不过内容也较为琐碎；通行的还有提炼删减约一半的英译单行本“The Journal of Eugène Delacroix Arts & letters”，该本删掉了原日记中一些现代人已经不感兴趣的部分，如德拉克洛瓦所提到的有关各个党派、各种委员会及其分派的任务，画家和一些不重要的人物（那些姓名现在已失去了意义）之间的会面，他日记中所记载的一些文章的开场白以及某些观点的重复叙述等等。英译本编者休伯特·威灵顿（Hubert Wellington）认为：“日记虽然删减了不少，但对了解德拉克洛瓦的思想和性格特征有帮助的材料则无一遗漏。如读者想要了解全部的细节材料，则可随时查阅未经删节的法文原本。”关于德拉克洛瓦的日记中译本，有 1985 年

人民美术出版社出版的李嘉熙译、陈尧光校的《德拉克罗瓦日记》，该本就是根据休伯特版英译删减本日记翻译的。

但目前这些关于德拉克洛瓦日记的版本基本都是按照画家原始记载的时间顺序编排的，画家的生活经历和对艺术的真知灼见如明珠般隐于冗长琐碎的日常生活草丛中。德拉克洛瓦本人曾在1857年1月23日编写他的美术辞典辞条的过程中萌发感想："我的全部日记，除了涉及辞典部分的之外，应当把内容性质相似者分门别类地依次列出，并用一条无形的红线把它们贯穿起来，使日记成为一部连续性的作品。"

编者读日记时曾深深地被德拉克洛瓦的赤子之心所打动，这句话也萌发了编者的感想，想尝试为画家完成其未尽的遗愿，把这些日记篇章按照逻辑线索组织起来重新编排。这个想法得到了山东美术出版社的大力支持。

特别感谢上海大学美术学院的傅慧敏博士提供的资料，感谢编辑霍覃先生的支持和厚爱，有他们的帮助，方使这本按德拉克洛瓦生前未完成的心愿而编译的日记有问世机会。

时间仓促，编者水平有限，虽修改了原中译本日记中一些美术相关专业术语、人物名称等方面的错漏，但疏忽之处在所难免，敬请读者指正。

Contents

正文：日记主体。日记中提及的或偶尔出现的不甚重要的人名、地名，均以专有名词处理，后附英语或法语原文括注提示；日记中的着重号均为德拉克洛瓦本人所标注；每节日记的小标题除加着重号的是德拉克洛瓦本人所拟之外，其余均为编者所拟。

边栏旁注：各个名词的详细的注解，第一次出现时注释会较为详细。后文再次重点出现时，会重新标注，并给予读者见前文页面注释的提示。

花絮：是对于正文或者图片历史性或者关联性的解释，方便读者理解，拓展阅读范围。

一起回家时，天上已挂出一轮奇妙的明月，当我们走到香榭丽舍（Champs-Élysées）时，我使他回想起，大约在30多年前，差不多就是现在这个时候，我们在圣-日耳曼（Saint-Germain）看过索莱尔（Soulier）的母亲后，返回时也正是经过此地，而且也一样是在冰天雪地里，一起——走路回来的。那时与我把臂同行的皮埃雷难道就真的是这个皮埃雷吗？我们的友谊曾经何等温暖亲密！现在又何等冷酷疏离！”皮埃雷于1854年去世，其时德拉克洛瓦56岁，他在1854年6月8日的日记中写道：“今天早晨，我几乎是在同时听到了皮埃雷和雷松（Raisson）逝世的噩耗。亲爱的皮埃雷，他的死亡，将在我的生命中留下一块无法比拟的空白。”

① 这里指德拉克洛瓦姐姐的儿子，查尔斯•德•维尼纳克（Charles de Verninac）。德拉克洛瓦的姐姐亨丽埃特（Henriette, 1780~1827），在德拉克洛瓦出生的1798年，与雷蒙•德•维尼纳克（Raymond de Verninac）结婚。德拉克洛瓦幼年丧父之后，与母亲长期寄居在姐姐家里，22岁时与姐姐意见不合，才搬出来独居。法国新古典主义代表画家路易•达维特（Jacques Louis David）曾在1798年给亨丽埃特画过一张很出名的肖像。

那侧影的线条干净单纯，迷人而可爱。那挺直修长的鼻梁和皮埃雷老婆的塌鼻梁相比，形成了多么鲜明的对比啊！这也是我看人的老毛病，我总觉得塌鼻梁是一种天生的缺陷，而高鼻梁则足以弥补身体其他地方的许多不足。但就事实而言，塌鼻梁的确难看，这也是明摆着的事情。

和往常一样，我那不够匀称的身材又让我烦恼起来。当我一见到我外甥[①]，就忍不住因他那漂亮的仪表而感到妒忌。总之，我心里不大痛快……我不想往下说了！

这是路易•达维特为德拉克洛瓦的姐姐亨丽埃特、后来的维尼纳克夫人所绘的肖像。德拉克洛瓦对姐姐的这张画像非常欣赏，认为一定要送到卢浮宫去收藏。

由于本书中出现的人名、地名、绘画作品纷繁复杂，编者为方便读者了解 19 世纪那个波澜壮阔的革命和文艺时代，特别为日记中所涉及的各类美术、文学、音乐等知识概念及艺术流派和艺术家编拟了 250 余条注释；为便于读者查找原始材料，则在凡本书中所涉及的人名、地名、画名、书名及各类专有名词后附有英语或法语原文。除了选配德拉克洛瓦的相关画作图片外，还精心挑选了日记中所涉及的各类艺术作品图片，以便读者对照参看。

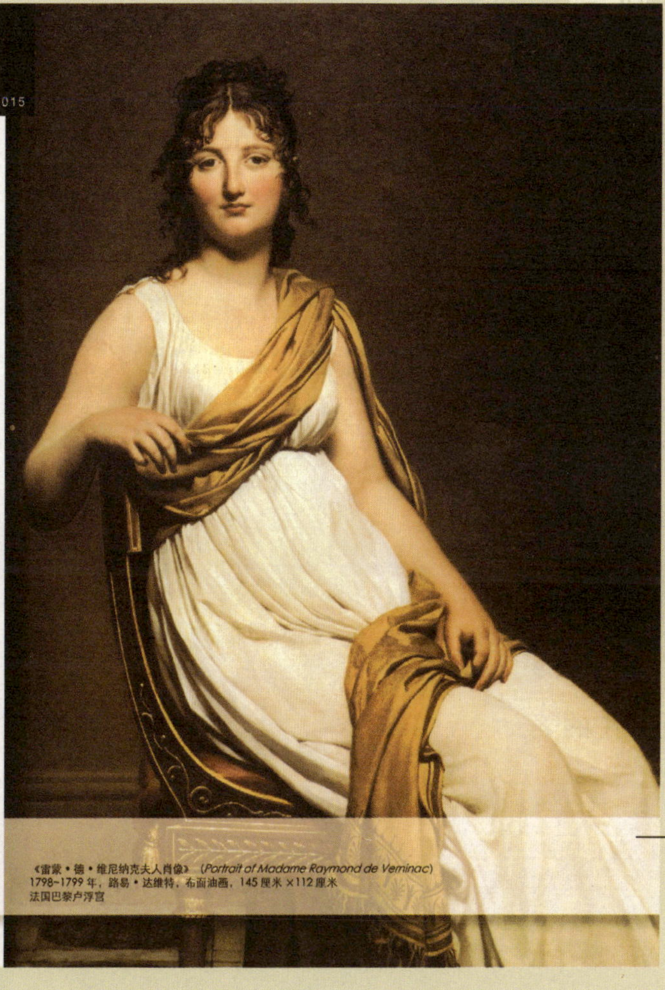

《雷蒙·德·维尼纳克夫人肖像》（*Portrait of Madame Raymond de Verninac*）
1798-1799 年，路易·达维特，布面油画，145 厘米 ×112 厘米
法国巴黎卢浮宫

图注：完整标注作品的详细资料和收藏地。

CHAPTER 1

德拉克洛瓦眼中的美

1. 德拉克洛瓦看美人

莉塞特（Lisette）

- **1822年9月3日，卢洛，24岁**

正当哥哥[①]要谈起有关爱情的事时，我似乎听到远处飘来了莉塞特的声音。那声音让我心跳加速，这正是她最迷人之处。她长得倒不见得特别漂亮，但是在她身上却有着那种拉斐尔[②]所十分欣赏的品质。她那双手臂的轮廓非常明净，像青铜一般，既坚实，又细腻。这个姑娘，有人即使硬要说她长得不是特别出众，也无法忽略她身上的一种迷人的力量。她那种使人陶醉的姿态，好像既有些风姿妩媚，却又显得端庄羞涩。

皮埃雷的女仆

- **1822年10月8日，巴黎，24岁**

今晚去皮埃雷[③]那里拜访的时候，我找到了一个去了解他那漂亮女仆的魅力的好机会。

- **1822年10月22日，巴黎，24岁**

由于皮埃雷的腿不好，我把他送回家里后，坐下来休息了一会儿。我竟然无意中看见了他那个漂亮女仆几乎整个侧身的影子，

① 德拉克洛瓦的兄长查理•德拉克洛瓦将军（General Charles Delacroix）诞生于1779年，比他年长19岁，在法兰西帝国军队里曾有过光辉的功绩。曾任欧仁王子（Prince Eugène）的侍从长，1815年在德维纳（Dwina）航道负伤，并被俘往俄国圣彼得堡（St. Petersburg）；1816年晋升为元帅，后以半俸退役。卢洛（Le Louroux）是法国洛什（Loches）省的一个小村子，查理在这里有些小产业，德拉克洛瓦有时候就到哥哥这里来度假。

② 拉斐尔（Raphael Sanzio, 1483~1520），16世纪意大利文艺复兴盛期著名画家和建筑家，他与达•芬奇、米开朗基罗并称“文艺复兴三杰”，也是三杰中最年轻的一位，去世时年仅37岁。但他一生勤勉，留下300余幅作品，其中圣母像占多数，其画作博采众家之长，风格独特，体现了人们从希腊起一直在追求的理想美，他把这种美的理念塑造成有血有肉的现实化身，成为后世古典主义者不可企及的典范。代表作有《雅典学院》（*The School of Athens*）、《西斯廷圣母》（*The Sistine Madonna*）、《草地上的圣母》（*Madonna of the Meadow*）等。

③ 让•巴•皮埃雷（Jean-Baptiste Pierret）是德拉克洛瓦的同学与好友，他们曾是多年至交，但其晚年的情谊大不如前。德拉克洛瓦在1853年12月14日的日记中写道：“……我和皮埃雷

一起回家时，天上已挂出一轮奇妙的明月，当我们走到香榭丽舍（Champs-Élysées）时，我使他回想起，大约在30多年前，差不多就是现在这个时候，我们在圣-日耳曼（Saint-Germain）看过索莱尔（Soulier）的母亲后，返回时也正是经过此地，而且也一样是在冰天雪地里，一起——走路回来的。那时与我把臂同行的皮埃雷难道就真的是这个皮埃雷吗？我们的友谊曾经何等温暖亲密！现在又何等冷酷疏离！”皮埃雷于1854年去世，其时德拉克洛瓦56岁，他在1854年6月8日的日记中写道：“今天早晨，我几乎是在同时听到了皮埃雷和雷松（Raisson）逝世的噩耗。亲爱的皮埃雷，他的死亡，将在我的生命中留下一块无法比拟的空白。”

① 这里指德拉克洛瓦姐姐的儿子，查尔斯•德•维尼纳克（Charles de Verninac）。德拉克洛瓦的姐姐亨丽埃特（Henriette, 1780~1827），在德拉克洛瓦出生的1798年，与雷蒙•德•维尼纳克（Raymond de Verninac）结婚。德拉克洛瓦幼年丧父之后，与母亲长期寄居在姐姐家里，22岁时与姐姐意见不合，才搬出来独居。法国新古典主义代表画家路易•达维特（Jacques Louis David）曾在1798年给亨丽埃特画过一张很出名的肖像。

那侧影的线条干净单纯，迷人而可爱。那挺直修长的鼻梁和皮埃雷老婆的塌鼻梁相比，形成了多么鲜明的对比啊！这也是我看人的老毛病，我总觉得塌鼻梁是一种天生的缺陷，而高鼻梁则足以弥补身体其他地方的许多不足。但就事实而言，塌鼻梁的确难看，这也是明摆着的事情。

和往常一样，我那不够匀称的身材又让我烦恼起来。当我一见到我外甥①，就忍不住因他那漂亮的仪表而感到妒忌。总之，我心里不大痛快……我不想往下说了！

这是路易•达维特为德拉克洛瓦的姐姐亨丽埃特、后来的维尼纳克夫人所绘的肖像，德拉克洛瓦对姐姐的这张画像非常欣赏，认为一定要送到卢浮宫去收藏。

《雷蒙·德·维尼纳克夫人肖像》（*Portrait of Madame Raymond de Verninac*）
1798~1799 年，路易·达维特，布面油画，145 厘米 ×112 厘米
法国巴黎卢浮宫

染料店里的姑娘

1823 年 12 月 30 日，巴黎，25 岁

今天一直和皮埃雷呆在一起。我和他约好了去参观一个画展，展出的大多数是意大利作品……离开美术馆之后，我们来到一家染料店。在那儿我看到了一位姑娘，她的头和身材都十分令人称赞，那种完美的和谐感简直就像我刚欣赏过的那些美丽动人的意大利画像。看来今后我应当经常去那儿走走。画展里有几幅很好的威尼斯人肖像（Venetian portraits）。还有一幅拉斐尔的画，一幅柯罗乔①的……拉斐尔的还是那幅完美的《圣家族》（*The Holy Family*）呢！

雅基诺的侄女

1824 年 1 月 12 日，巴黎，26 岁

上个星期二，1 月 6 日，我在里兹内尔舅舅②家和雅基诺一起吃午饭，同桌的还有他那位上校哥哥的女儿。论容貌，她倒并不怎么标致，但是她那种意大利式的仪态，却令我十分惦念，无法忘怀。尤其是她那清新秀丽的面容——虽然并不是特别的漂亮——但干净纯洁的身形轮廓却给我的印象更深；她的皮肤细腻而富有弹性，只有处女才会有那样的肌肤。这本来是一个值得保留的创作素材。不过，我感觉我对她的印象已经开始逐渐淡忘了。

① 柯罗乔（Antonio Correggio, 1499~1534），16世纪意大利文艺复兴时期画家，在画风上受威尼斯画派的影响较大，画面色调明快，诗意盎然，笔下女性形象美丽动人。

② 亨利•弗朗索瓦•里兹内尔（Henri François Riesener，1767~1828）的父亲在1766年续娶了家具制造家欧本的寡妻（德拉克洛瓦的外婆），于是亨利•弗朗索瓦•里兹内尔与德拉克洛瓦的母亲维克多瓦尔•欧本（Victoire OEben）成为继兄妹，是德拉克洛瓦的舅舅。他和儿子雷昂•里兹内尔（Leon Riesener）都是画家，德拉克洛瓦与雷昂多有交往，曾给他画过肖像。参见79页的“雷昂•里兹内尔”条目。

《圣家族》（*The Holy Family*）
1518 年，拉斐尔，木板油画，207 厘米 x 140 厘米
法国巴黎卢浮宫

罗尔的艾德琳

1824 年 6 月 9 日，巴黎，26 岁

罗尔（Laure）带着她那耀眼的艾德琳（Adeline）来了；16 岁的年纪，高高的个子，体形很匀称，头部生得很美很迷人。我将以她为对象画一幅肖像，估计效果一定会不错；我正在构思呢。

那个扮作梦游病患者的姑娘

1849 年 3 月 5 日，巴黎，50 岁

阳光好极了。过去这半个月天气非常好，是整个冬天里面气候最好的时候。但即使如此，还是没能让我逃掉这一场如此厉害的伤风感冒，以至于我对今天晚上是否还去布瓦萨尔（Boissard）家一事犹豫不决。

然而尽管重感冒，我还是去了。那个扮作梦游病患者的姑娘本来早就应该在那里了，但直到 11 点以后，她才由戈蒂埃（Gautier）陪着一起到达。戈蒂埃去找她时，发现她已经上床睡了。她的头部很迷人，气质也很优雅。她那佯装入睡的姿态真是美妙绝伦。她的姿势曲折有致——相当诱人——对画家来说太完美了。

“魅惑魔女”波托茨卡伯爵夫人① 和卡莱吉夫人②

1849 年 3 月 30 日，巴黎，50 岁

我好多天没写日记了，这是一件始终叫我后悔的事情。今晚在肖邦家见到魅惑魔女波托茨卡伯爵夫人。我以前曾听过她的两次独唱，我想我还没见过比她更完美的人。特

① 戴尔芬•德•波托茨卡伯爵夫人（Countess Delphine de Potocka, 1807~1877），这位被德拉克洛瓦称为“魅惑魔女”（The enchantress）的波兰伯爵夫人是当时最漂亮的女人之一，她也是著名的波兰裔音乐家肖邦的红颜知己。肖邦很喜欢听她唱歌，直到他弥留之际仍然如此。

② 玛丽•卡莱吉夫人（Mme Marie Kalergi, 1882~1874），是肖邦的另一个崇拜者，也是一位绝色美人，据说她激起了当时的法国浪漫诗人、文艺批评家泰奥菲勒•戈蒂埃（Théophile Gautier）写诗的灵感，创作了一首名为《白色交响曲》（*A symphony in White*）的诗。

别是第一次，那时正值日暮黄昏，她身穿黑色天鹅绒晚礼服，发型精心梳理过。在我看来，她全身上下的每一样东西都是那样的高贵优雅，无不令人销魂。

我记得在以前的某次表演中，先登场的是卡莱吉夫人，她的表演感觉倒并不是很出色，但她抬起双眸的一刹那，却极其美丽动人，就像圭多・雷尼③或鲁本斯④画的圣母一样美。

《花环中的圣母子》（*The Virgin and Child in a Garland of Flowers and Putti*）
1620 年，鲁本斯，布面油画，185 厘米 × 209.8 厘米
德国古代绘画博物馆

③ 圭多•雷尼（Guido Reni, 1575~1642），17世纪意大利巴洛克风格盛期（high-Baroque style）波伦亚画派（Bolognese school）画家，卡拉奇兄弟（Caracci cousins）的学生，后来接任波伦亚美术学院（Accademia degli Incamminati）院长。他对拉斐尔式的理想主义的形式美和古典主义风格颇感兴趣，还曾受过卡拉瓦乔的聚光明暗法的影响，他的宗教和神话题材作品在素描与构图上展现了高度技巧，具有古典的理想美，后期作品带有伤感和娇媚的情调。

④ 彼得•保罗•鲁本斯（Peter Paul Rubens, 1577~1640），是一位多产的17世纪佛兰德斯巴洛克画家，巴洛克风格早期的代表人物和艺术巨匠。他特别擅长以旋转运动的结构来表达激动人心的场面，利用色调强烈的明暗对比和流动的线条来加强画面的运动感。他的绘画题材虽然大多数是宗教与神话，但画面充满着世俗欢娱，他善于运用健康丰满、生机勃勃的形象去表现自己的审美理想与趣味，形成了一种气势恢宏、色彩丰富、运动感强的独特风格。德拉克洛瓦对鲁本斯十分景仰，从他身上获得关于色彩运用的大量灵感。德拉克洛瓦反反复复地在自己日记中提到鲁本斯，可以说他曾提到次数最多的画家就是鲁本斯。1838年9月，德拉克洛瓦曾到比利时旅行过一次，短时参观了鲁本斯的作品；1850年8月，又利用第二次去比利时旅行的机会，沉迷于鉴赏和学习鲁本斯的画作，他在同年8月间的日记中就鲁本斯的一些作品进行过一些详细分析。参见170页“参观卢浮宫”、183页“在布鲁塞尔博物馆等地参观”、186页“参观安特卫普博物馆”的条目和336页“鲁本斯”条目。

《波托茨卡伯爵夫人》
19 世纪 30 年代，达芬格尔（Moritz Michael Daffinger, 1790~1849），布面油画

《圣家族与圣安娜》（*The Holy Family with St. Anne*）
1628 年，鲁本斯，布面油画，115 厘米 × 90 厘米
西班牙马德里普拉多博物馆

音乐会上的美丽姑娘

● 1849年3月9日，巴黎，51岁

今天晚上在普莱耶尔①家里参加普鲁登特的音乐会。演奏的是《魔笛》（*Magic Flute*）和《自由射手》（*Freischutz*）的序曲，前后演奏了两次。我坐在布瓦萨尔（Boissard）和漂亮的阿格拉伊亚（Aglaia）旁边，还又一次看到了那个本来在花园里的漂亮的陌生姑娘。她在演奏的过程中把身子转过去了，为了更好地看看她，或者说完全是为了看她，在音乐会结束之前我离开座位专门端详了她一会儿。我第一次从窗口远远看着她时就没有看错，虽然她这次的头发梳得和上次有所不同，还戴了耳环，也许她是为了今天的晚会才换装打扮的。她的容貌并不是特别漂亮，但却是可以想象到的最迷人的美人儿。她让我有点想起了年轻时候的道尔顿夫人（Mme Dalton）。

德拉克洛瓦在1825年随菲尔丁②和波宁顿③游历时结识了道尔顿夫人，一直交往到1830年。这位年轻的舞蹈家也爱好美术，后来与一位英国人结婚。她的这位英籍丈夫曾是德拉克洛瓦和波宁顿的模特，曾对她倾心追求多年。

①卡米尔·普莱耶尔（Camille Pleyel），肖邦好友，肖邦曾用普莱耶尔的钢琴演奏他的两部钢琴协奏曲——《Piano Concerto No.1 in e minor, op.11》和《Piano Concerto No.2 in f minor, op.21》，在巴黎的Salle Pleyel音乐厅上演（肖邦后来还得到一架1839年制造的普莱耶尔三角钢琴）。身兼钢琴家与制琴师之子的卡米尔·普莱耶尔和肖邦是十分亲近的朋友，因此主动提供肖邦免费的普莱耶尔钢琴，而肖邦也以在演奏会及教学时的宣传作为回报，并且认为普莱耶尔钢琴才是最适合自己作品的乐器。李斯特也曾写道：“肖邦的确是特别珍爱普莱耶尔钢琴，因为它们能发出如银铃般清脆却又稍稍蒙上面纱的朦胧音响，而且弹奏起来不费力气。”

② 这里指泰利斯·菲尔丁（Thales Fielding），菲尔丁兄弟四人都是英国水彩画家，分别是西奥多（Theodore）、科普利（Copley）、泰利斯（Thales）和牛顿（Newton），其中泰利斯·菲尔丁曾在巴黎一度和德拉克洛瓦共用一个画室，1825年，他曾积极动员德拉克洛瓦去英国游历。

③理查德·帕克斯·波宁顿（Richard Parkes Bonington,1801~1828），英国浪漫主义水彩画家，1817年随家移居法国，后结识了德拉克洛瓦。波宁顿的作品大受法国同行赞赏并多次获奖，成为法国水彩画的启蒙者。他的绘画风格虽然源自古代大师，却完全是现代式的应用。令人遗憾的是，波宁顿仅仅活了27岁，不过却是他那个时代影响最大的英国画家之一。

旅馆里的年轻女人

1852年9月11日，54岁

旅馆里有个年轻的女人，她说她感到孤独寂寞。我在码头见到她时觉得她挺好看的，黑色使她显得更为迷人，减少了她的平凡感。有时候她看起来真的相当美丽，不免激起我颇为强烈的兴趣，特别是当她走下海滩，让海水的微波溅湿她的双足时，那场景多么令人心旷神怡啊。但在吃午饭的时候，我又觉得她相当平凡，毫无特别之处。这个可怜的姑娘，总是竭尽所能地向四面八方投出她的探钩；她所有的抛送媚眼，强颜欢笑，无非是为了完成猎取丈夫的任务，为了钓上一条海里没有的善于躲避的大鱼。

她有一个脾气不好的爸爸……很久以来，我都以为他是个哑巴，可是他一开口之后（我也得声明，他是很少开口的），我心目中对他的尊重就更低了。早前，还只不过以为他的外表不讨人喜欢而已。

玛丽埃特・拉布拉什[1]

1853年5月1日，巴黎，55岁

今天晚上蒙塞先生和夫人（M. and Mme Moncey）带我去拜访了让提尔先生（M. Gentil），在那里我看到了漂亮的玛丽埃特・拉布拉什，还听到一些不错的音乐——但是，我主要在看漂亮的玛丽埃特。她光彩照人，像女神一样站在普通的凡人之间，使周围的所有人相形见绌。其他的北方姑娘在南方姑娘的这种丰腴端丽面前，就好像发育不良一样。我在聚会结束之前就离开了，回到家时已经很晚了。

① 玛丽埃特•拉布拉什（Mariette Lablache），后来的德•凯特斯男爵夫人（Baronne de Caters），是一个著名的歌剧演员拉布拉什（Lablache, 1794~1858）的女儿。

德·卡昂夫人和马塞琳公主②

● **1854 年 10 月 30 日，巴黎，56 岁**

今天晚宴上，德·卡昂夫人（Mme de Caen）看起来漂亮极了，她一走近我，我的心就像被紧紧抓住了一样，但这仅仅指她穿着全身晚礼服，露出她的胳膊和肩膀之际。第二天，等她穿回平日的着装时，我就又变得十分清醒了。

今天早晨，她曾到我的卧室中来看画，然后又毫不犹豫地带我穿过她的化妆室，去她卧室里看一些东西。我觉得我的操守非常坚定。可是，我却发现这两间房子曾招待过那玲珑娇小的马塞琳，所以又情不自禁地想起了她。我猜，马塞琳并没有德·卡昂夫人这样的胸脯，这样的胳膊，但却有她某些独特的诱人之处——也许是她的机智风趣，也许是她的眼睛中的伶俐顽皮，总之正是她的这些独特之处，让人无法忘怀。

② 马塞琳·查托雷斯卡公主（Princess Marcelline Czartoriska），是一位波兰公主，她和波托茨卡伯爵夫人在上流社会都以美貌著称，她们也都是肖邦的崇拜者，公主同时也是一位很可爱的弟子。

马塞琳·查托雷斯卡头像

弗朗索瓦的女仆那标致的妹妹

● **1855 年 9 月 16 日，佩里格（Périgueux），57 岁**

早晨七点，与弗朗索瓦（François）、杜索尔（Dussol）一起动身前往布里夫（Brive），在路上遇到了弗朗索瓦的女仆和她那可爱迷人的妹妹——我们有一次在土伦（Turenne）看赛马时曾经见过她。那时她光着双脚，衣衫褴褛地站在马群附近。而这一次，她却穿着整齐漂亮的衣服去布里夫置办嫁妆了，因为一个星期之内她就要做新娘子了。她的丈夫真有福气！她是那种娇小玲珑而又妩媚动人的类型，甚至还是个金发女郎，她具有她这一类姑娘所拥有的那种独特而无与伦比的魅力。这一点早在最初邂逅之时，我就已经看出来了。

佩里格的餐馆女老板和美女

● **1855 年 9 月 16 日，佩里格，57 岁**

在佩里格吃完午饭，付给餐馆女老板 3 法郎 50 苏的饭钱。借着付钱的机会，我近距离地欣赏了她那夸张的球形时髦衣服，以及她穿庭入院、出入于餐厅和灶间的那优美动人的体态。

离开旅店的时候，我觉得所遇到的种种事情都令人感到高兴。当然，当地女人的漂亮对我的情绪不无影响，她们是可以想象得到的最有吸引力的美人儿。我在大街上闲逛了很久，注目观看那形形色色、前挤后拥的游人，还有那沿街叫卖的小贩，流浪街头的乐师，兜售有奖彩券和所谓灵丹妙药的江湖骗子。在人群之中，我竟然又发现了一个真正的美女，她非常迷人，是某种高贵优雅与天真无邪的结合体。这种类型在北方是罕见的，在巴黎则更是绝无仅有。

车上的女人

● **1856 年 10 月 21 日，尚罗塞，58 岁**

我和朋友们一起旅行，从埃当普（Etamps）到求西尼（Jusigny）。车上有位很漂亮的女士，是一种非常罕见、奇特的美丽，真是画画的好对象。甚至令我的邻座旅伴也印象深刻，他们之中有一位在许多方面的欣赏水平都不低，让我描述的话，也算是十足的法国风度。第二天，我立刻凭着记忆，给那位美人画了一张素描。

模特

● **1859 年日记扉页，61 岁**

柯罗①给我开的一些模特的地址：

赫希夫人（Madame Hirsch），勒莫路（rue Lamée）6 号。头型很好，浅黑色，和拉里斯托里（La Ristori）属于同一种类型。

阿黛勒•罗森菲尔德（Adèle Rosenfeld），马尔谢 - 圣凯瑟琳路（rue Marché-Sainte-Catherine）5 号，横卧的姿势在我看来似乎异常优美。

约瑟芬•勒克莱尔（Joséphine Leclaire），德加莱路（rue de Calais）4 号。很文雅，体形很美，胳膊修长。

罗丝琳•金佩尔（Rosine Gimpel），德佩蒂 - 加诺路（rue de Petit-Carreau）17 号。

《呈坐姿的裸女》（*Seated Female Nude*）
1820 年，德拉克洛瓦，布面油画
81 厘米 ×65 厘米
法国巴黎卢浮宫

① 卡米尔•柯罗（Camille Corot, 1796~1875），19世纪法国最杰出的风景画家，巴比松画派（Barbizon school）的代表画家之一。参见353页的“柯罗”条目。

2. 德拉克洛瓦看服饰

① 康弗兰夫人（Madame de Conflans）是德拉克洛瓦的好朋友吉尔玛德兄弟（菲利克斯和爱德华）的姐妹。参见41页旁注①。

康弗兰夫人①的圆帽子

1824年4月12日，巴黎，26岁

和吉尔玛德先生一起吃饭，晚间康弗兰夫人来了，她艳光四射、魅力非凡。在场的可怜的懒虫就是我！我必须得承认，我现在的生活相当充实，但我也很容易陷入一时的兴奋和狂热，从而变得十分脆弱。我觉得她最有吸引力的地方就在于那顶插着一小撮羽毛的圆帽子。她似乎还挺喜欢我。别忘了把那家卖阳伞的店铺名字告诉她。可能的话，明天就去告诉她。

修女的服饰

1847年9月2日，巴黎，49岁

在公共马车上与两位修女同行。当我想起普通人道德败坏和行为不端时，两位修女的着装给我带来了很深刻的印象。我很喜欢看这种宗教服饰，它吩咐指导，至少教诲穿着这套衣服的人们绝对尊崇这种美德——虔诚笃信，尊重自己也尊重其他人，哪怕只是做做表面功夫也好。

德·福舍夫人[2]的裙子

● **1851年2月21日，巴黎，53岁**

今天晚上去了冬日花园(Jardin d'Hiver)，陪伴德·福舍夫人去参加巴黎第九区的舞会，我捐了一些款项。德·福舍夫人今天……竟然轻率地冒着这样的风险穿上一件土耳其绸制作的玫瑰红色的新礼服，站在这种非常拥挤、人来人往不停踩踏的柏油路面上。我担心衣服的鲜艳色泽恐怕要受到一些损失了。

② 约瑟芬·德·福舍（Joséphine de Forget），是德拉克洛瓦的一位表妹，也是他成熟年代的亲密朋友和伴侣。参见62页的“约瑟芬·德·福舍”条目。

女巫般的阿尔贝瑟[3]

● **1853年11月20日，巴黎，55岁**

今天拜访了亲爱的阿尔贝瑟。去的时候，她正蹲在她那间像炼丹师住的大房子里，冷冰冰的，也不生火炉。她穿着一身奇奇怪怪的衣服，看起来真像个女巫一样。她对巫师式样的打扮颇有偏好，即使在她正当妙龄之际便是如此，那时候，她的美丽可是她最名副其实的魅力。我还记得当时她的房子里所挂的黑色帐幔和象征哀悼的陈设，她那黑天鹅绒外衣和缠在头上的红色头巾等，所有这些细节，加上她那个上流朋友圈子（她似乎也有意无意地跟他们保持一定的距离），都曾让我一度迷失心神。

③ 阿尔贝瑟·德·卢邦普莱（Alberthe de Rubempré，1804~1873），是德拉克洛瓦的一位表妹，也是当时的时髦美女，曾是小说家司汤达（Stendhal）的一位情人（1929年结识），有研究者认为，《红与黑》中的“玛蒂尔德·德·拉莫尔（Mathilde de la Mole）的原型就来自阿尔贝瑟。

1840年代的阿尔贝瑟照片

① 勒特雷波尔（Le Tréport），是法国北部上诺曼底地区塞纳河沿海的港口城镇。

② 丹吉尔（Tangier），是北非摩洛哥北部的古城和海港，考古学家认为丹吉尔是公元前6世纪由腓尼基人所建造的世界上最古老的城市之一，当时是腓尼基人的重要贸易站。

伯爵夫人的头巾和勒特雷波尔①女子的服饰

● 1854年9月20日，迪普（Dippe），56岁

当我正在参观欧氏（Eu）的墓园时，我留意到有一位伯爵夫人的头巾极为类似那些勒特雷波尔妇女所戴的头巾，只不过所用料的质地和配饰的珠宝有所不同而已。勒特雷波尔女子所戴的只是一种军用便帽，但是非常优雅，她们全身的服饰也有魅力，紧身胸衣配双层裙，里面一层露在外面一层的下面，袖子一直挽到胳膊肘。那里的女人走起路来放荡随意，就像摩洛哥丹吉尔②的妇女一样。

德·卡昂夫人的裙子

● **1854 年 12 月 19 日，巴黎，56 岁**

跟拉格兰奇夫人（Mme la Grange）一起吃饭，贝里耶[③]和公主也在座。晚间，德·卡昂夫人也过来了：黑色的长裙，绿色的缎带，这一身打扮太适合她了，简直完美。我和马塞琳畅谈了一些最亲密的话题。当时情形虽然有些奇特，但是真的非常有趣，时间在不知不觉中就过去了。

马塞琳公主的闪光裙

● **1855 年 2 月 6 日，57 岁**

与公主一同进餐，我发现她依然非常有吸引力。她穿着一条很不容易制作的长礼裙，衣料是如此华丽，看起来像是用 20 码闪闪发光的盔甲做成的一样。这些奇怪可笑的材料把所有的女人打扮得像个木桶似的。

③ 皮埃尔-安东尼·贝里耶（Pierre-Antoine Berryer），是德拉克洛瓦的第二个侄子，一位著名的律师。他在距巴黎 40 公里左右的奥热维勒（Augerville）乡间有一处住宅，那里是德拉克洛瓦很心爱的消遣所在地。

3. 德拉克洛瓦看美景

尚罗塞（Champrosay）的落日

● **1849年6月24日，尚罗塞，51岁**

今天早上，情绪不太好，我试着给《参孙和大拉利》①画了一幅草图，从头到尾使用白粉笔。

今天下午，我从侯爵家那边的入口处走进森林；自从去年以后，我再也没去过那地方。我想起来要摘采一束野花，就在那小树丛中钻进钻出，付出了把手刺破了、衣服也撕烂了的代价。这是一次令人迷醉的远足。早晨曾经打过雷，十分闷热，但是下午天气已经好了一些，落日的余晖把万物映照得格外美丽，我还从未见过晚霞照耀下的这般景色。我发现，随着年龄的增长，我逐渐变得不再像过去那样，见了大自然的山光水色就容易触景生情，感慨万千。这一点我一边走一边为自己感到庆幸。青春的消逝又使我丧失了一些什么东西呢？……有时候，一点幻想确实为我带来过很大的欢乐，但是从这个事实来看，却也不过是会导致同样的痛苦而已。

当我随着年龄的增长，我们才被迫认识到，几乎每一样东西都戴着一副假面具，而我们面对这些虚伪的表象，非但逐渐地感到不那么讨厌，反而日益习惯于把我们所看到的东西都当成是最美好的东西了。

① 参孙和大拉利（Samson and Delilah），参孙是传说中以色列人的大力士，《旧约》的《士师记》中记载了他的故事。参孙带着上帝的应许和眷顾出世，他的力量来源于他的头发。大拉利是他的情人，同时也是当时与以色列人为敌的非利士人，她诱骗参孙说出自己弱点的秘密并偷偷割掉了他的头发。失掉力量的参孙被非利士人剜去双眼囚禁在狱中，受尽折磨。后来参孙在非利士人的祭祀中虔诚向上帝祈祷，头发长出，力量恢复，他扳倒了非利士人神殿的柱子，大殿塌毁，与敌人同归于尽。

《一束花》（*Bouquet of Flowers*）
1840~1850 年，德拉克洛瓦，树胶水彩画，650 厘米 ×654 厘米
法国巴黎卢浮宫

雨后的花园

● 1849 年 10 月 7 日，瓦尔蒙特（Valmont），51 岁

走进那被大雨浇透了的花园，我的幻想原来并没有完全破灭。那些树木长得真奇怪，它们使花园看起来比过去显得更令人悲伤了。但是它们遍布在花园里，看起来确实显得高大巍然。左边是山峦，当你来到小瀑布之前，从下面就可以看到桥旁边的树木上绕满了常青藤。可惜的是，尽管这些缠着树枝的常青藤看起来很漂亮，但它们迟早会把树干缠绕致死。

卡尼（Cany）的景色

● **1849年10月10日，卡尼，51岁**

接下来的一天，我呆在卡尼。路边的小树丛虽然已经没有了，但还没有把房子的外观完全破坏掉。对这令人陶醉的地方，我从来没有像这样喜欢过。我应当尽力记住那些一丛一丛的树林，还有那小径，或者不如说是林中的草地沿着山麓向上蜿蜒盘旋时形成了树木层层叠叠的效果。花园里栽满了高大雄伟的树木，枝桠垂到地上。我走到花园尽头时，还特别注意看了一下栽在右边的梧桐树。泉水也很清澈透亮。回家时，我们途经乌尔维尔（Ourville）的那条路。当我们爬上卡尼外面那座山时，一片壮丽的景色展现在眼前。在绿色背景的衬托下，紫藤色和鲜绿色的色调交相辉映，而前景中的金色调若隐若现。

玉兰花与阳光山色

● **1850年5月8日，尚罗塞，52岁**

工作了一早上，但没什么激情，觉得有点不太舒服，午饭之前，什么也不想吃。

下午三点钟左右，我决定强迫自己到弗罗芒（Froment）走一走，除了绿房子通向公路拱门的一部分外，一路上什么山野树林的景色都没见到。但尽管如此，我还是觉得这趟外出散步不错。路上我看到两三株玉兰花，有几朵正在开放。这些玉兰花究竟有多么漂亮，我倒并没有十分在意，但这些由叶子衬托着的大朵的花儿才刚刚开放，那芬芳馥郁的香气和地上掉落的花瓣真叫人无限珍惜。我，正是在这样一种氛围下，驻足观赏，一时间颇觉心中怡然。在绿房子面前还有好些红石楠花和小朵的山茶花。

归来时途经里斯（Ris），在路上买了几个水果馅饼。我往山上走时，从一座桥上远眺山景，真是美妙无比。春天的树叶密密匝匝，云影横掠山间，恍恍惚惚，目眩神迷。到家之后，我用色粉笔画了一幅风景，以表现阳光的效果，画的时候，我抬头望着天花板。

《天空习作：落日》（*Study of Sky,Setting Sun*）
1849 年，德拉克洛瓦，色粉笔，190 厘米 x 240 厘米
法国巴黎卢浮宫

小花园中的月光

● **1850年5月23日，52岁**

下午五点左右，外出散步。这次走得很远，几乎走到通往隐居处的那条路上去了。天气非常舒适，虽然有一点热。在那美妙的黄昏时分，虽然并没有像往常一样产生那种触景生情的忧伤感，但心绪却狂乱迷醉起来。我发现了一条小径可以远离大道通向一些美妙的隐秘所在。我一时情不自禁地想起了那位身穿彩色长袍的夫人。

今天晚上，在我的小花园里，月光简直美得无与伦比。我在花园里散步，直到深夜。那柳树梢上的温柔月色，那幽泉的呜咽声，还有那好像只肯在静夜里开放的植物的芳香，使我流连忘返，不想回家睡觉。

柯贝尔（Corbeil）的美景与河流

● **1853年5月19日，巴黎，55岁**

下午，与珍妮①一起从入口处走到花园里散步。我们遥遥远望柯贝尔那边的景色真是美丽：云彩堆在地平线上，而一轮闪耀的红日在云彩之上。小小的溪水从舆洗室和高大的白杨树旁边流过，我们在那里停下来欣赏，然后又一起回家吃饭。

……

当我回家的时候，总是很喜欢这条河和两岸的景色。一走到河边，仿佛就能抛弃我的束缚。一跨过这条河流，我的所有烦恼和困扰似乎就都扔在河的那一边了。

① 珍妮（Jenny）是一位忠心耿耿照顾了德拉克洛瓦近30年的女管家，参见160页的“忠仆珍妮”条目。

最美丽的早晨

● **1854年4月13日，尚罗塞，56岁**

这真是世界上最美丽的一个早晨，一推开窗户，我不觉精神一振。在此地所产生的这种宁静与自在感，对我来说实在有种说不出的安慰。我蓄起了胡子，几乎还穿上了木屐。整个早上我都在画《浴女》（*Women Bathing*），只是偶尔才到花园里、田野里逛一逛。

下午快到三点钟的时候，我在树林里散了会儿步。我从通向普里厄橡树（Prieur oak）的那条小路出发，再从横贯修道院街道的那条大路转回来，最后顺着修道院街，踏着篱墙周围的树荫回到家中。没有什么太多的想法，除了有一种幸福的感觉，我对自己，对我的工作还感到满意。

捡到了两根美丽的羽毛，是雄鹰身上的。

《耕稼的圣母》（*Vierge des Moissons*）
1819年，德拉克洛瓦，布面油画
125厘米×74厘米
奥斯蒙圣塔贝教堂

墓园

● **1854年9月6日，迪普（Dippe），56岁**

早晨，我离开码头，取道碉堡后面左侧的一条小道往山后走去。我走了很远，竟然快走到墓园附近了。还没到墓园之前，我曾经路过一个山谷，那上面的景色简直让人心旷神怡。远方的山径沐浴在晨曦中，又逐渐消失在山毛榉树丛中。我也进到墓园里去了，这个地方与拉雪兹神甫②的那座公墓比起来，显得没那么讨厌，也没那么空洞、华而不实。总之，不是那么一副中产阶级的调调。埋葬在翠竹下面的，是一群被人遗忘了的人的坟墓。在这长眠的幽暗之所，空气中散发着玫瑰与铁线莲的芳

② 拉雪兹神甫（Père-Lachaise）公墓位于巴黎，德拉克洛瓦的母亲和舅父亨利·里兹内尔都葬在此地，德拉克洛瓦在1847年6月7日的日记中曾记载和珍妮一道去拜祭母亲。参见235页的“拜祭妈妈”条目。

香，此外的一切就是绝对的孤独与寂静。这种感觉与这个地方的气氛协调和谐，也与那些长眠于此的人们那不可避免的结局是一致的——那就是，安静和易于为人所遗忘。

码头海景

• 1855年10月11日，迪普，57岁

一早我就到码头上去了。大海的感觉棒极了。海港内此刻已经停泊了很多艘船只和捕鱼船，我仍能看见有一些正在不断入港。我站在风雨中，一直呆了两到三个钟头。

从码头回来之后，我觉得非常疲惫，白天剩下的时间就一直呆在家里。这种闲散，倒也没有不愉快的感觉。这种阴沉、下雨的天气不免让我变得更懒散了。

小睡一觉之后，傍晚时分，我到码头上去接珍妮。那里一波巨大的海浪涌上来，我差点没有站稳。两艘捕鱼船像箭一样从我身边驶过，看见第一艘时，我禁不住跳了起来；他们已经把船上所有的灯点亮了。这倒是创作夜色效果的好素材。我还应该记住，勒波莱（Le Pollet）上空那累累厚厚的云层，以及那一丛丛在明净的天空中闪耀的星星。

《迪普海景》(*The Sea from the Heights of Dieppe*)
1852 年，德拉克洛瓦，木板、厚纸板上油画，35 厘米 ×51 厘米
法国巴黎卢浮宫

尚罗塞的旧花园

1857 年 5 月 9 日，尚罗塞，59 岁

下午一点十五分，动身来到尚罗塞，我们抵达时正值大雨滂沱，我被淋得湿透了，珍妮也是。我们中途停了一会儿，去看了看我们的旧花园。它现在已经开放了，并且由于康达（Candas）的所作所为已经被毁坏得差不多了。我看到了那条小溪流，他们现在正在用它清洗衣物，到处是污水和肥皂泡。我栽的那颗樱桃树已经长得很粗壮茂盛了，还能看见我开辟的那些小路，痕迹依然可辨。当我回忆起那些曾经在此度过的岁月时，感觉更多的是眷恋而非悲伤。我依然爱着这处乡下的居所。我喜爱我所住过的地方，在我的感觉中，它们都好像是有生命的物体一样。

CHAPTER 2

艺术大师的浪漫
和想象力源于什么

1. 德拉克洛瓦的爱情

与莉塞特的吻

● **1822 年 9 月 3 日，卢洛，24 岁**

她（莉塞特）来的那会儿，我们正在吃饭。那天正好是星期天。虽然在平时我并不喜欢看她那套礼拜日的装扮，衣服把身子箍得紧紧的，然而在那一刻，我却觉得她格外地妩媚动人，尤其她笑的样子是那么美。那时，正有人在讲一个有关男女私情的故事，她又想听又害羞，羞得把头都低了下去，眼睛瞄着别的地方。当时，她是真的不好意思了，跟我答话的时候，声音甚至都有些颤抖，而且尽可能不用正眼看我。而我发现：在她的头巾下面，她的胸脯也正在一上一下，起伏不定。

我记得，就是在那天晚上，我们一道从村里回来，走过通向花园的那条幽暗小径时，我吻了她。我紧紧地跟在她身后，故意让别人都走到前面去。她不断央求我别吻她了，神态十分温柔而又甜蜜。

但这一切都没什么关系，也没什么要紧；我虽然喜欢她，却还不至于大害相思病。这只不过是一个美妙的回忆，犹如回忆路边的一朵花儿一样。不过莉塞特的声音却使我想起了伊丽莎白·绍尔特①，我已经渐渐开始忘掉她了。

① 伊丽莎白·绍尔特（Elizabeth Salter），是个年轻的英国姑娘，曾经是德拉克洛瓦的姐姐维尼纳克夫人的女佣。德拉克洛瓦曾与她谈过恋爱，并在 1817 年为她画过肖像。1824 年 3 月 1 日，26 岁德拉克洛瓦又在日记中写道：“整天没做工作。在一家咖啡馆里消磨了黯淡的黄昏，直到十点才回家。我把一些旧信又翻出来重读，其中也有伊丽莎白·绍尔特的信。过了这么久再来读这些信，心中真有股说不出的滋味。”

《伊丽莎白・绍尔特的肖像》（*Portrait of Elizabeth Salter*）
德拉克洛瓦，1817 年

德拉克洛瓦对这张画像是比较满意的，他曾在1824年4月11日的日记中提到过这张画像，认为这张画在头部处理上带有某些米开朗基罗头像作品的特点，并且自己平日也在努力追求这种感觉："面颊处理得很单纯，鼻子上也没有琐碎的描绘。"

星期天早上，我收到了一封菲利克斯①的信，从这封信，我知道我的作品（《但丁和维吉尔》②）已经在卢森堡宫③挂出来了。今天已经是星期二，但我仍然时刻想着这件事。这幅画对我是有相当好处的，这一点必须承认。当我一想到它，就好像天地为之开阔。目前，我的脑子里什么都装不住；这张画使我渴望返回巴黎。但是从各种可能发生的情况来看，在巴黎除了会看到别人内心的嫉妒之外，我别无所得；现在让我感到兴奋的事情，到时候很快就会使我厌烦，更何况，巴黎既没有莉塞特，也没有月光，更没有这种安静的环境呢！

① 菲利克斯·吉尔玛德（Félix Guillemardet），菲利克斯是德拉克洛瓦从小长大的亲密朋友，他的兄弟爱德华也是德拉克洛瓦的朋友。他们的父亲斐迪南·吉尔玛德（Ferdinand Guillemardet）是欧仁的父亲查理·德拉克洛瓦的朋友和同事。斐迪南曾任法国驻西班牙大使，西班牙大画家戈雅曾经给他画过肖像，该画现藏于卢浮宫。参见76页的“爱德华·吉尔玛德”条目。

② 《但丁和维吉尔》（*Dante and Virgil*）又译《但丁之舟》（*The Barque of Dante*），是德拉克洛瓦早期非常重要的一幅油画作品，以13世纪末文艺复兴前夕意大利诗人但丁的《神曲》为题材，描绘了地狱中但丁在头戴月桂花环的诗人维吉尔的引导下乘舟航行于冥海的情景。该画1822年曾在沙龙展出，后被政府以1200法郎的价格收购，曾在卢森堡宫，现藏于法国卢浮宫。

③ 卢森堡宫（Luxembourg Palace），位于巴黎第六区卢森堡公园内，始建于1615年，原为法国皇家宫殿，由亨利四世的王后玛丽·德·美第奇（Marie de Médicis）在原有的公馆基础上委托建筑师按她的故乡意大利佛罗伦萨的皮迪宫（Palais Pitti）风格改建而成。但建成后卢森堡宫的建筑风格更接近传统的法国城堡。18世纪中叶，卢森堡宫向公众开放了东廊绘画博物馆，100多幅绘画展现在参观者面前，西廊则悬挂有鲁本斯为玛丽王后所作的展现其一生荣耀的《玛丽·德·美第奇的生平》大型历史组画（共21幅，现藏于卢浮宫）。近200年来，卢森堡宫一直常驻法国的各种政治机构，现为法国参议院所在地。

《但丁和维吉尔》（*Dante and Virgil*）
1822 年，德拉克洛瓦，布面油画，189 厘米 x 246 厘米
法国巴黎卢浮宫

但丁和他的向导维吉尔由船夫驾驶小舟在波涛汹涌的冥海中航行，水中全是永堕地狱之人。这是德拉克洛瓦第一次展出的大型作品，由于人物的动作姿势和色彩的强烈鲜明而受到社会舆论的猛烈批评，然而有评论家却指出了该画的作者已显示出了他的天才。法国新古典主义画家，路易·达维特的学生格罗男爵（Baron Gros）曾经关注并有力地支持此画，当他祝贺这位年轻的画家时，曾经说过这样一句著名的评语：“他是一位朴素的鲁本斯。”虽然现在此画的色彩已然暗淡了许多，但仍然散发出力量与戏剧性的恢宏之感。

德拉克洛瓦于1822年9月开始写日记，在第二页上就提到了国家已将该画购去挂在卢森堡宫的消息。

《抽烟的土耳其人》
(*Turk, Smoking on a Divan Giclee Print*)
1825 年，德拉克洛瓦，布面油画
24.8 厘米 ×30 厘米
法国巴黎卢浮宫

1822 年 9 月 5 日，卢洛，24 岁

晚上，我们又一起去找莉塞特，她也正要来给我补几件衬衣。我想办法走在别人后面一点，想偷偷地吻她一下。可这次她却躲着我，不让我吻，而我也看出她竟然是认真的，这让我非常气恼。

后来我又遇到了她，再想吻她时，她又很快地挣脱了，并且对我说，如果她需要我的吻的时候，她一定会让我知道的。这下我的感情可真的受到了打击，我推开了她。夜空中明月正在冉冉升起，我在小径上独自徘徊。后来当她出来打水做晚饭时，我又遇到了她。虽然我很想板起脸不再理她，可是却终于憋不住说道："那么你并不爱我啊？"——"是的。"——"那你喜欢别人吗？"——"我谁也不喜欢。"……她说的就是一些这样令人可笑的话，那意思就是说："你别缠着我！"这一次我是真正受到了刺激，真的生气了，我把她的手一甩，掉头就走。她淡淡地笑了一下，但这并不是表示她真的想笑，而仍表现出了她那半认真的拒绝，这种笑容留下了一种不愉快的气氛。

我走回小径，然后回到房子里，心中尽力不去想她。我急切地想把她从心中抛开。虽然我并没有爱上她，但心中仍然愤愤不平，尤其是我得想办法报复一下。现在我正在写日记，我必须吐露一下自己的心声。我原本打算明天去看她洗衣服的。我应该向她屈服吗？假如我这么做，事情恐怕又会纠缠个没完没了，难道我真的会像傻瓜一样，把这被拒绝了的一切又从头再演示一遍？我希望，而且相信，我不会这样做。

● 1822年9月13日，卢洛，24岁

前天，我和莉塞特又言归于好了。那天，查理的老婆①、亨利②都和我们在一起。我们一起跳舞直到深夜。但在那天晚上，我心中却特别恼怒和尴尬，因为亨利一个劲儿地对莉塞特说些不着边际的下流粗话。面对这样一位女子，早就应该知道她已经不是一个什么都不懂的小姑娘了。我是很尊重女性的，绝不会对她们说那些乱七八糟的下流话。不管我心里把她们想得多么糟糕，只要我一旦表现有失态之处，我是禁不住要脸红的。而对待她们，至少在表面上，绝不应该放肆。我心想：可怜的胆小鬼，你所矜持的这一点并不能用来讨得女人的欢心；而正可能由于这一点，才会让亨利这个浪荡子在女人面前很轻易就能取得成功。

意大利剧院中的那位夫人

● 1822年10月27日，巴黎，24岁

我还正在犹豫，是否应当去看看意大利剧院中的那位夫人呢？每次去那里，从准备出发直到回来的路上我都欣喜若狂。我做梦都梦到那种感觉，就好像是一种无法获得的喜悦，只能在梦中——这也是另外一种生活的回忆——重溯一样。我得到的这种快乐本来也许单调平淡，但现在却被我的幻想涂抹得丰富多彩，而幻想就是我的一切喜乐与伤悲的源泉。

大概是在星期四或者星期五的时候，跟帕斯科叔叔（Uncle Pascot）一起吃饭时，我稍微地喝了一点酒，并没有喝很多，但足够让我有些熏熏然的醉意。不管清教徒们怎么说，微醉的感觉还是相当不错的！

① 德拉克洛瓦哥哥的妻子，他的嫂子。他哥哥查理退休后和一个旅店老板的女儿结婚，给他们家庭落下了一个不好的名声。尽管如此，德拉克洛瓦对他的兄长始终是深怀敬意的。

② 亨利·雨果（Henri Hugues）是德拉克洛瓦的一个表兄弟，他的名字曾在日记中出现过好几次。

与索莱尔[①]的情妇 J

1822 年 10 月 27 日，巴黎，24 岁

亲爱的索莱尔已经回来，我们今天碰面了。起初，久别重逢令我感到非常高兴，接着我突然感到忐忑不安起来。正当我们一起走向我的房间时，我忽然记起房间里有一封可怜的信，信的笔迹他一定能认出来的。我犹豫起来，重见的欢愉一下子便化为乌有。我扯了几句谎话，推说钥匙不见了什么的，于是他就走了，约好晚上再来找我玩。我们一起散步走了一会儿，我衷心希望我所做的那些对不起他的事情不致影响到他与 J 的关系。我祈求上帝永远不要让他知道这件事。但是，为什么我竟然在这种时刻，产生了一种虚荣心得到满足的快感呢？噢！如果他听到了什么风声，肯定会很伤心。他现在正忙着搞他的音乐，这一点我很高兴；我期待哪天晚上再和他一起共度时光。我时常感觉到，一个人想要在同样的情景中与同样的人再现那种最生动鲜明的快乐，是件多么困难的事啊！但是，话说回来，并没有什么障碍阻止我和索莱尔重温那些快乐时光，那时候我们在一起，那种感觉在我的记忆里依然清晰如往日。可是，我又有种不祥的预感，索莱尔属于一个不一样的世界，而且，我也相当清楚，为什么我越接近他，心中就越感到不安。关于这件事，我必须下个决心，在这件事上做得越少越好。昨天我对 M 谈起了此事，他同意我的看法，觉得我这是对朋友不够忠实。不过他又认为，我们有选择的自由。自从与他谈过之后，我感到几分宽慰。

① 雷蒙·索莱尔（Raymond Soulier）是德拉克洛瓦最亲近的朋友之一，当时他正在意大利佛罗伦萨给法国公使做秘书。索莱尔在英国受过教育，所以曾以教授英文课程来挣外快，也正是由于教授英文课，他在 1816 年结识了德拉克洛瓦。索莱尔还教过德拉克洛瓦画水彩，当时水彩画在法国还不流行，这种画法是索莱尔在英国时由水彩画家科普利·菲尔丁介绍给他的。德拉克洛瓦与科普利·菲尔丁的兄弟泰利斯曾一度在巴黎共用一个画室，并在泰利斯的鼓舞下于 1825 年前往英国游历。日记这里指索莱尔从佛罗伦萨回来了。德拉克洛瓦当时所担心的情况是索莱尔外出的时候——他与索莱尔情妇之间的恋情。她的名字不知道叫什么，但是显然，她进入了上流社会。在德拉克洛瓦的日记中只用了字母 J 来简称她。

1823年4月15日，巴黎，25岁

在荒废多时之后，我又重新来写日记了。要使长期困扰着我的紧张刺激的情绪平静下来，我想写日记也许是一个方法。自从索莱尔回来以后，我好像比以前更加心烦意乱——几乎不能掌控自我。我紧张得像个孩子一样。我所有的事情都乱成一团，钱的问题是这样，日常生活的问题也是这样。

今天我下了几个很好的决心。要是以后我的记性不管用，至少这些日记可以为此责备我——遗忘自己的决心真是愚蠢，如果我真的忘记了，只能令我感到不快。

……

"我以为我能顺利平安地再去看你一次。②我预料你可能会非常冷淡地接待我，但是你实在对我太好了。为什么要把两个人都折磨得很可怜呢？我几乎相信我已经把你忘记了。不管你对他③有什么想法，他都是你的朋友，而且是你整个家庭的朋友。他想什么时候去看你，就能什么时候去看你。"

……

"我真不该再去看你；迄今为止我所关心的一切事情，现在又从记忆中被唤醒了。你那样冷淡地接待我，真是太仁慈了！事情最后会发展成什么样？我已经开始承受要命的痛苦了！难道我们两个能够共同分享占有你？不管你对别人有什么感情，他总归是你的朋友，是你们家的朋友。当他和你在一起的时候，我是否应当去你的窗下独自徘徊？我曾经十分信赖我那意愿的坚强程度，然而现在你把一切都毁了。但是这没有关系，既然我们也许不再见面，我将珍藏与你告别的最后一次宝贵记忆。而你，也请记住那爱你的朋友。"

② 这是德拉克洛瓦写给J的信的草稿，第一段被删去了。

③ 这里的"他"指索莱尔。

《黑白混血女人》（*Mulatto Woman*）
1824~1826年，德拉克洛瓦，布面油画
80厘米 ×68厘米
法国蒙彼利法布尔美术馆

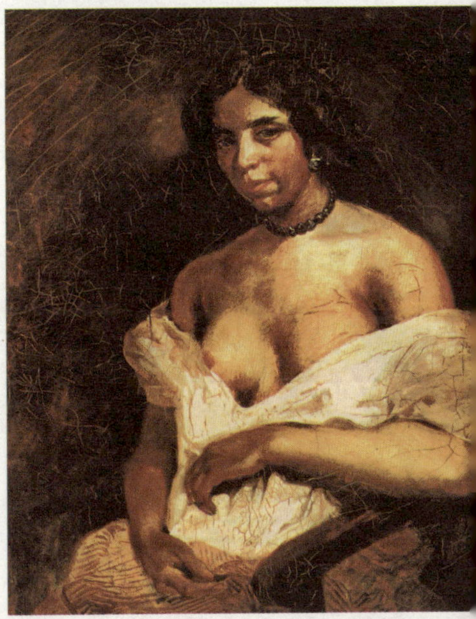

1823年5月16日，巴黎，25岁

“你怎么会这样地招待我呢？你又想再逼得我发疯吗？”

5月10日，星期六那天，我又见到了她。我不打算在这里写下她是如何接待我的。我永远也不能忘记这件事，这所有的一切使我十分心烦意乱。

现在我又完全平静下来。我曾感受过强力的嫉妒所带来的痛苦。今天晚上与皮埃雷一起吃饭。

1823年11月9日，巴黎，25岁

又见到了我心爱的人，她到我画室来了。我现在感觉平静多了，伴随着欣喜若狂。她有一点爱我（这样说的意思也只有情人才能理解）。我敢肯定，她对我有点感觉，正如我对她有点感觉一样。多么奇妙的一种情绪啊！我摸了下她的大腿，甚至还斗胆把手向上移了一点点。无论如何，我今晚还是和表兄弟在一起吃饭，我心中一刻不停地在想——亲爱的姑娘，请不要再给我新的折磨了！在她走后，我又想起许多许多事情想对她说。我觉得现在已经不必在乎是否保守秘密了，这已经不是让某个人不高兴的问题了。但是如果她还是在和某人眉来眼去的话，我也不用她假装告诉我她爱我了。

1823年11月10日，巴黎，25岁

我希望一个女人能坦白直爽，在她有了男朋友以后，大家之间的对话能就像两个男人一样痛快。是什么促使你来到格勒内勒街[1]呢？这肯定不仅仅是一次普通的拜访吧。我最讨厌含糊不清了，亲爱的，请明确地告诉我吧，你同时爱着我们两个人。为什么为此而羞愧呢？难道女人和男人不一样吗？这一刻有人迷住了我们，我们就与她谈情说爱不是很正常吗？还有什么顾虑呢？来吧，请承认你的爱吧。如果我们两个都不是你的情人，那么请说，你的胸怀足够宽广，能够同时容纳下两个朋友吧。那样，我就不再妒忌了，而且我想我也不再会因为占有你而产生罪恶感了。我真的很想完全地独占你，将你搂在怀中的感觉真像在天堂般一样美妙！当你说那句话的时候："自从我能够像这样看着你以来，亲爱的，已经过去多久了啊！"声音听起来满溢着诚挚真情。但是我真的将再也无法看到你了吗？当然，如果你生病了，我也许可以来关心问候你？通过你的兄弟，一定会有办法能安排我们见面的，不是吗？

而你，我可怜的朋友[2]，我感觉真是对不起你。你一定非常的难受。我想我可能比你开心一点，因为我比较容易满足。如果为了我们之中的一个而抛弃另一个的话，她是一点都不会指责我们的，因为她说："我完全把自己交到你们手中了。"我真的希望你不要再爱她了。我渴望她下个星期四能来，不过那也意味着结束。对她来说，那表示她已经非常冷静地决定要怎么去做了，而这其中的一切却不再有我！其实，如果她真的亲口这样对我说的话，我倒也好死了这条心。

● **同日，巴黎，25岁**

"最亲爱的，最仁慈的J，我利用假期

① 格勒内勒街（Rue de Grenelle）是巴黎塞纳河左岸政商名流频繁往来的高级地段，是法国诸多政府机关所在地。1805年11月，德拉克洛瓦的父亲去世了，第二年，母亲带着8岁的他定居于姐姐亨丽埃特的家中，就在格勒内勒街50号。1820年时他搬出了姐姐家独自居住，后来在日记中所提到的这个时间，他又在格勒内勒街118号租用了画室。

② 这里指索莱尔。

给你写信，这也是我再见到你之前的一种安慰。下个星期四——这样的日子对一个男人来说是多么难得啊，我对它寄予了无限的期望。亲爱的，多么令人激动痛苦啊，幸福快乐的日子就要到来了！我真担心这封信会使你厌烦。可不要以为我只是在写信告诉你我所做的梦——唉！这是一个既甜蜜又心酸的梦啊。在那间我昨天还见过你的房间里，在你曾如此温柔地对我的地方，我做了这个梦。”（之所以说这个梦是心酸的，因为即使仅仅作为一个朋友，她最忠实的朋友，我也无法去看她。）

“我想要问一些昨天没想起来的事情，你能不能在明天去看你儿子之前先到我这里来一下，等你看完儿子之后，又回来一趟呢？请你记得，下个星期四过后，我就将被你遗忘，所以这是我在未来那么长的一段时间内，所能争取的唯一的机会了。你找一个例如像头痛或其他什么的借口早点溜出应该不难。我会永远感激从你儿子那偷来的一点与你相处的时间，但愿上帝日后能设法为那孩子补偿。我还更大胆地热切盼望，你是那样的温柔可亲，希望能在去过学校之后，安排更多的时间赐予我。而且你可以事前提醒他们，这段日子你有不少时候不能在家。我是不是恬不知耻、轻率无礼呢？但是，要知道，过了下个星期四，你就要把我忘在脑后了。最亲爱的 J，为什么不允许你自己对我更坦率一点呢？对于一个时刻把你放在心头，可以为你去做任何事的追求者，为什么不能彻底地把他当做一个朋友来对待呢？我是多么地爱你！但不要让我们老是只想着那些感情。那些奇怪而纤细脆弱的情感总是既多又复杂地纠结在一起，当我试图去控制它们的时候，却又不知所措起来。别人对我有许多看法，但考虑这些还不如依赖自己的心灵，只有心灵才是我唯一可靠的向导，使我不会误入歧途。

“那么，再见了！再见！我正期待着你的仁慈，另外，你知道我们还有许多安排需要商量，我还有许多数不清的事情想要告诉你，它们是在你走了以后我才想起来的。一切都需要相当多的时间。因为我那愚蠢的痴心，我仿佛都能看见你所露出的充满同情的微笑了，多么悲剧的人生！有所得必有所失，好事总是那么多磨！什么？假如你不幸病倒了，我难道也不能来探访你，慰问你，照顾你吗？不，我是一定要来的。再说一次再见吧，我的亲爱的，此情真诚无悔，终生不渝。”

- **1823年12月17日，巴黎，25岁**

“刚刚收到你的来信，前两天我一直呆在家里，没有去画室。J，有关你的记忆，对我来说，永远是最亲切的；你所感受到的痛苦，对我来说，也同样是痛苦的。我也有我自己的麻烦，而且目前亟待解决的事情还不止一件。我担心时间过得太快，另外金钱方面的压力也比较大。但这些麻烦事不会影响到我对你的感情，我对你怎么可能冷漠？千万不要胡思乱想那些讨厌的东西。尽管效果并不显著，但最近你对我的事情感兴趣，很关照。其实我早就想要来看你了，但我怕在这个时候来看你，会让你以为也许这只是一次普通的拜访，一次寻常的应酬而已。这里有个朋友我要真心地感谢，你要相信我并不是因为拿到你的信才知道你最近的情况。你的孩子怎么样了？我真替你感到忧心！但我却只能空自担忧，而无法为你分担。再见，我的亲爱的，深深地爱你。”

《斜躺在沙发床上的土耳其女奴》
(*Odalisque reclining on a divan*)
1828年，德拉克洛瓦，布面油画
37.8厘米 ×46.4厘米
英国剑桥费兹威廉美术馆

女模特西多妮娅①

1823年5月16日，巴黎，25岁

上个星期二，我见到了西多妮娅。那是多么销魂的时刻啊！她裸露着身子躺在床上的姿态是多么可爱啊！那段时间几乎全部花在和她做爱和接吻上面了。

她下个星期一再来。

与爱情作斗争

1823年5月X日，巴黎，25岁

这里是一些无聊的废话，前几天我在画一张小画《弗洛辛和梅里朵》②的时候，用铅笔草草记下了这些琐碎片断。那是一段关于欢愉过后，结果情绪却十分糟糕的叙述。

“你为什么不冷漠地对待我，就像你心里所想的那样呢？我有什么资格向你索取呢？你为什么要见我？天哪！看看我们分享了什么事情！那是疯狂！当我离开你的时候，我安慰自己说，你的眼睛已经透露了你的真情。你把我看作朋友，这样就够了；这至少是你能做到的。除了这些，我还向你要求过什么吗？抱着可以爱和可以被爱的希望回到你身边，这将是个多么卑鄙的念头！我想我还是可以克制自己的，同时也要依靠你的帮助。你的眼睛想告诉我什么呢？”

“你对我的吻是多么残忍！当我已经爱上了你，难道你能想象我还可以和这个人相处下去吗？当你出于同情，而毫无保留地把一切都给他的时候，难道你能想象

① 西多妮娅（Sidonia）是德拉克洛瓦《希奥岛的屠杀》一画中的女模特，该画完成于1824年，描绘1822年土耳其军队在希奥岛大肆屠杀手无寸铁的希腊平民的情景，现藏于法国卢浮宫，是德拉克洛瓦早期的杰作之一，参见295页的“《希奥岛的屠杀》创作心路”条目。

② 《弗洛辛和梅里朵》（*Phrosine and Mélidor*）是18世纪法国大革命时期著名作曲家艾蒂安·梅于尔（Étienne Méhul）所创作的歌剧，又名《梅里朵和弗洛辛》（*Mélidore et Phrosine*），剧情借鉴希腊神话中“英雄与利安德”（*Hero and Leander*）的故事改编而成，1794年首映于巴黎，是非常重要的早期浪漫歌剧代表作之一，梅于尔也是第一位被称为“浪漫派”的作曲家。

我还会容忍他来接近你吗？这一类的怜悯，不适合一个情人，我没有那么富有同情心。我想你可以鄙视我。”

* * *

现在我的神智又清醒了。苏格拉底说过，远走高飞是与爱情作斗争的最好手段。

我最好再去读一读《达佛尼斯与克洛伊》③，这是一本读的时候很伤心，但我们读过之后却感觉很快乐的书。

与普赛格夫人（Mme de Puysegur）的女仆

● 1823年5月X日，巴黎，25岁

我刚刚和亲爱的皮埃雷出去走了很长一段路，散步归来。我们畅谈爱情之事，那种关于爱情的快乐情趣，这些东西让我们心慌意乱。现在，我脑子里除了普赛格夫人的女仆那美丽曲折的身材之外，什么都没有。自从她到这里住下以后，我每次都以一种很友好的方式同她打招呼。前天，我出门去拜访朋友却扑了个空，傍晚回来的时候在林荫大道上遇到了她。她正和另一个同样为普赛格夫人服务的姑娘手挽手地走在一块儿。我非常想把她们两个都搂进我的怀抱。当时我脑子里产生了各种各样愚蠢可笑的念头，但是这样一耽搁，我倒离她们越来越远了。我对自己非常愤怒，真是个笨蛋！我告诉自己，应该抓住时机——和她搭讪说两句，握握手什么的，至少随便做点什么。但是她的朋友——两个女仆在一块儿呢——我

③达佛尼斯和克洛伊是希腊文学作品《达佛尼斯与克洛伊》（*Daphnis and Chloe*）中的主角，达佛尼斯是西西里岛的牧羊人。他是奥林匹亚十二主神之一的赫耳墨斯（Hermes）和仙女生出的儿子，生下来便被母亲遗弃。长大后俊美异常，受仙女们的教养。牧神潘（Pan）教他吹笛。他时常和仙女克洛伊一起出现，一起过着田园生活并逐渐产生爱慕之情。在一场战争中，克洛伊不幸被敌人抢走。达佛尼斯悲痛欲绝地请求水仙帮助，最后有情人终成眷属。在西方文化中，Daphnis and Chloe 常用来喻指“恩爱夫妻”。

哪里能把她们俩都邀请到托尔托尼咖啡馆去吃冰淇淋①呢？于是我加快了脚步，走到海宁先生（M.Hénin）那里时，我才知道他已经回来了。最后，当我知道已经无法赶上她们了，就只好远远跟在她们后面，漫无目的地在林荫大道上转来转去。

昨天我曾经和尚马丹（Champmartin）研究过死马的形态②。当我回到家后，我看到芬妮（Fanny）和善良的F太太（Mme F）——看门人的妻子，坐在一起。我也坐下跟她们足足闲聊了一个钟头，然后我安排了点事情，使得我们俩能够一起上楼。一阵美妙的兴奋窜上我心头，这可预示着一个好机会。我的脚碰到了她的腿和脚，真是令人高兴极了。当我的脚踏上楼梯第一级台阶时，我一下子没有了主意，真不知道该说什么或做什么好，但我有预感一定会有什么事情发生。我用胳膊轻轻地搂着她的腰，上了楼以后，我热切地吻了她并强吻了她的嘴唇，而她也并没有推开我的意思。她只是说害怕被别人看见。我是不是应该有进一步的行动呢？但是要形容人的感情时，言语显得多么冷淡无力啊！我把她抱在怀里，一遍又一遍地吻着她；然后，我放她走了，心想今天还能看到她的。哎呀！现在已经是今天了，除了她我简直什么都没办法去思考。今天我已经看到她了，但我始终猜不出她的想法。她似乎是在躲着我，不然就是装着没看见我。然而现在，这个晚上，此时时刻，我的门敞开着，我正盼望着一些事情——究竟盼望些什么我还并不清楚——盼望着那不会发生的事情。我预感得到，困难是无穷的，但它又多么甜蜜啊！这还不是爱情，这个姑娘自己也还没有真正地陷入到爱情中来，这是一种奇特的感觉。每当我想起女人的时候，那种神经中刺痛的感觉就使我激动不安。其实她

① 托尔托尼（Tortoni）是一种用浓奶油、杏仁、樱桃等制作成的意大利风味的冰淇淋。18世纪末一个叫托尔托尼的意大利人在巴黎开的咖啡馆中首先制出了这种冰淇淋。

② 德拉克洛瓦热爱画马，并曾专注地研究各种马的形态和前辈大师们画马的方法，他自己也曾经画过很多马。

《达索在费拉尔的圣安娜医院》（*Tasso at the Sainte-Anne Hospital of Ferrara*）
1824 年，德拉克洛瓦，布面油画，50 厘米 ×61 厘米
苏黎世私人收藏

也并不是特别有吸引力，不过这倒无所谓，她与我的双唇相碰的那一刻才是我应该珍藏的美妙回忆。

我想我应该写张小便条给她，问一些她不得不答复的事情，然后再写另一张，但是不能谈那些会让她当真的东西。因为我们见面的机会不多，所以我只打算简单地问她一下：什么时候能让我看到那张她答应给我看的肖像画啊？噢，可笑啊！可笑啊！又想谈恋爱，又想逃跑，多荒谬啊！不！这并不只是幸福，这比幸福的滋味还要美好，或者可以说这是甜蜜的痛苦。我是多么可怜的人哪！哎，不料我是真的坠入情网了！我那颗怯懦的心，使我不愿选择平凡的宁静，而宁愿选择那狂暴的恋爱，那种恋爱，既是美妙的但同时也会让人感受到极痛苦的折磨。逃走，是唯一的补救办法，我们总觉得好像随时都可以逃走，然而实际上，逃走将不得不冒极大的风险，即使是逃离苦难本身。

对我未来妻子的设想

1823年6月9日，巴黎，25岁

为什么不去利用那些文明的解毒药——优秀的典籍呢？它们能够给予思想力量和平静。什么才是真正的好东西？对这一点我不能表示任何疑问，但是跟狂热分子、阴谋家在一起，谁都必须有所保留。

当事物本身发生改变时，我们却太容易去责怪我们自己，认为是自己又变了。没有比这更令人心烦的事了！例如，我有两个或三个，甚至四个朋友，但是面对他们每一个人我都得被迫装出一副不同的面孔，或者说，只把我性格中他所能理解的那一面展示给他看。我们不能被任何一个人所完全懂得和理解，这正是生活中最可悲的事情之一。现在我想到了这个，这是生活中最可恶的东西——我们那被谴责的心灵所无法排遣的孤独。娶一个能力相当的妻子实在是世界上最幸福的事情，我是宁愿我的妻子处处比我高明而不愿反之的。

德拉克洛瓦后来在日记本这里的空白处写道：“感觉总是与思想紧紧联系在一起的。我所选择将与我共度一生的就是这样的女人：她是一个好女人。”

德拉克洛瓦虽然曾经有很多情人和红颜知己，但终身未婚，不知是否与他这种渴望爱情，又害怕靠得太近的心理状态有一定关系。德拉克洛瓦成熟时代的长期情人是他的表妹约瑟芬·德·福舍男爵夫人 (La baronne Joséphine de Forget)，如今德拉克洛瓦保存下来的信件中，第一封写给约瑟芬的信始于1833年11月。德拉克洛瓦在日记中也经常提到她，有时是称呼她的姓氏，有时亲昵而神秘地称之为字母“J”。两人曾一起吃饭，一起听音乐会，一起看歌剧，一起探访朋友，一起讨论各种话题，她来我家，我去她家，温馨而朴实。直到德拉克洛瓦死前，她都是他最忠实的朋友。参见本节中62页的“约瑟芬·德·福舍”条目。

艾米莉·罗伯特[1]

● **1823 年 11 月 9 日，巴黎，25 岁**

天哪！我做事太拖拉了。还有艾米莉，可怜的小家伙，她已经被我全忘掉了。我甚至连提都没有提到她，不过想起来感觉一切还是非常甜蜜的。

那是上个星期一，我曾经和她在一起。那天我去了雷尼尔（Régnier）的画室并且再次观摩了康斯太勃尔[2]画的速写——画得真好，令人难以置信的好！

● **1824 年 3 月 3 日，巴黎，26 岁**

去探望了艾米莉·罗伯特，她病了，胃痛。

① 艾米莉·罗伯特（Emilie Robert）是德拉克洛瓦最喜欢的女模特之一。在《希奥岛的屠杀》这幅画里，绑在土耳其巴夏的马上的裸体女人，就是照着她画的。

②约翰·康斯太勃尔（John Constable, 1776~1837），19 世纪英国的著名风景画家，1799 年他 23 岁时曾进入皇家美术学院学习，但后来他认为临摹古典风景画不如向大自然学习，于是长期在家乡萨福克（Suffolk）描绘自然的乡村风景。他的作品真实生动地表现瞬息万变的大自然景色，与学院派的虚构呆板形成了鲜明对照，其画风对后来法国风景画的革新和浪漫主义的绘画有很大启发作用。康斯太勃尔的画给德拉克洛瓦留下深刻的印象，并使他大幅地改变了《希奥岛的屠杀》一画中天空和光线距离的色彩处理。

《康斯太勃尔的自画像》（*Constable' s Self-portrait*）
1806 年，康斯太勃尔，纸本铅笔
英国伦敦塔特绘画陈列馆

没有什么事情好做，我考虑了一下《在威尼斯的受刑人》（《马力诺•法列罗总督受刑图》）[1]这张画的构图。艾米莉曾来顺便走访，小坐了一会儿。我利用了一下这个大好机会，这让我感到好受了一些。

应当努力画画！要默想但丁，把他的作品再读一遍。应当尽力把你的思路集中到一些有价值的想法上。如果头脑中只有平庸的思想，那我怎么才能从这几乎是独居的生活中获得益处呢？

今天，星期三了，难道我真是一个惰性十足的呆子吗？非得要人拿根干草叉打醒我，如果没有东西刺激我，我又要跑去昏昏沉睡了吗？

①《马力诺•法列罗总督受刑图》（*Marino Faliero*）这幅画1855年曾在展览会上展出，后来在1856年以12,000法郎售出，现藏于英国伦敦华莱士收藏馆。该画表现威尼斯总督马力诺•法列罗（1285~1355）在一次政变失败后，被斩首处死的场面。马力诺•法列罗的故事曾在1820年由拜伦改编为剧本，1835年又由多尼采蒂（Donizetti）改编为歌剧。参见237页的“出售画作的记账单”条目。

《马力诺·法列罗总督受刑图》（*The Execution of Doge Marino Faliero*）
1825~1826 年，德拉克洛瓦，布面油画，146 厘米 ×114 厘米
英国伦敦华莱士收藏馆

与罗尔（Laure）谈谈恋爱

1824 年 4 月 18 日，巴黎，26 岁

上午九点时去了画室，罗尔来了。我们继续画那张肖像。在她摆好姿势让我画的整个过程中，我一直想跟她谈谈恋爱，而一旦当她动身要走的时候——事实上她走得相当匆忙——我就一点也不想谈了，这真是一件稀奇的事情。我认为应该需要点时间来让自己镇定一下了。

情感和欲望

1824 年 6 月 14 日，巴黎，49 岁

当我离开画室的时候，大概是晚上八点左右，我突然碰到了那个个子高高的、漂亮的妓女（working-girl）。我尾随着她走到格勒内勒街那样远的地方，整段时间我一直在考虑怎么做才好，完全有机会做任何事的，感觉真令人难受。我总是这样。本来我想找各种借口跟她搭讪的，但是事到临头，我又创造出最荒唐的反对理由。每当付诸实行时，我的决心常常就动摇了。我需要一个情人，让我的肉体有个归宿。这件事让我特别地忧心烦恼，并常常为此在画室里作自我斗争。有时候我甚至渴望不管与什么女人发展都好。上帝保佑，让罗尔明天来吧！可是当有个姑娘真的到我这里来了，我又差不多厌烦了。我真希望不用做一些不得不做的无聊事情。这才是我真正的症结所在。我是否应该下定决心呢？或者干脆不再懒惰下去？我每次都得等待模特前来，即使我时间很紧急，当她迟到时我也能心安理得地等着，然而一听到她敲门的声音却紧张得打颤。每当我离

《路易·奥古斯都·舒威特男爵》（*Louis-Auguste Schwiter*）
1826~1830 年，布面油画，218 厘米 ×143.5 厘米
英国伦敦国立美术馆

开一个会有点让我感到不安的地方时，我承认，离开的那一刻是个极为愉快的时候，因为我又再次获得了自由。但是我确实也有烦恼和灰心的时候，这时我正面临严峻的考验，今天早上在画室时就有过这样的体会。我每天都缺乏足够的日常活动，能让我总有点事情可以忙碌。当我没有灵感的时候是很无聊的。有的人通过给他们自己设定任务，并不停地去完成任务的办法来消除这种无聊。

今天我曾经这样想过，尽管我们为琐事有过口角，但我还是很喜欢索莱尔；我懂得他，他也懂得我。我也喜欢勒布隆，非常喜欢，还有我那亲爱的老哥①，我十分了解他。我希望我能比现在更有钱一些，那样我就能不时地给他带来一些小乐趣。记得给他写信的事。

① 德拉克洛瓦的哥哥查理比他年长 19 岁。

性需求

1824年6月19日，巴黎，26岁

见到了柯涅（Cogniet）和籍里柯（Géricault）[1]的作品，还有康斯太勃尔的作品。一天之内做了太多事情。那些康斯太勃尔的画让我大开眼界。大概在五点钟的时候回家，在画室里消磨了两个钟头，急需性安慰。我是彻底地被抛弃了。

“最心爱的人儿，我能否期望在星期四来见你呢？之前我未能来拜访你，是否能得到你的原谅呢？我自我安慰地设想，你对我不会如此冷酷吧，更不会无情到路过我家的黄色大门而不入吧？我和过去一样，盼望能在午后见到你。假如不算特别冒昧的话，我能否请求你给我更多一点时间呢？”

现在要挣扎了！我是把这封信寄出去呢，还是不寄出去呢？

① 籍里柯的《梅杜萨之筏》（The Raft of the Medusa）此时已经挂出来出售，关于籍里柯和德拉克洛瓦的情谊以及他对德拉克洛瓦的影响，参见350页的“籍里柯”条目。

约瑟芬·德·福舍[2]

和她在一起……吃饭、约会、听音乐、看歌剧、鉴赏艺术品、探访朋友……

1847年3月3日，巴黎，49岁

今天星期三，……

星期二晚上，曾跟德·福舍夫人一起去看了歌剧《清教徒》（Puritans），我很欣赏它的音乐。[3]

1847年3月18日，巴黎，49岁

今天晚上本来受邀去贝尔坦（Bertin）

② 约瑟芬·德·福舍（Joséphine de Forget），即日记中提到的德·福舍夫人（Mme de Forget）和1847年以后的日记中的字母“J”。约瑟芬·德·拉瓦莱特（Joséphine de Lavalette）是德拉克洛瓦的表妹，她的丈夫德·福舍男爵（Baron de Forget）于1936年溺水身亡。她非常聪明，才华横溢，后来成为德拉克洛瓦最亲近、最密切的女朋友，也是他的情人和慰问者，后来有法国艺术评论家雷蒙德·埃绍利耶（M. Raymond Escholier, 1882~1971）把这位德·福舍夫人称为“德拉克洛瓦成熟时代的伴侣”。

③ 详见267页的“歌剧《清教徒》的布景色彩”条目。

《珍妮和约瑟芬头像习作》
(*Study for Jenny Le Guillou and Joséphine de Forget*)
德拉克洛瓦，素描，32 厘米 ×20.8 厘米
荷兰鹿特丹博曼斯美术馆

家，但我打消了去的念头（耳朵痛，喉咙痛）。

下午四点钟左右出去买了一束花送给 J。出去走了走，非但没让我好受一点，反而感觉更难过了。

● **1847 年 3 月 30 日，巴黎，49 岁**

与德·福舍夫人一起去意大利剧院看最后一次演出。看了奇马罗萨（Cimarosa）的《秘密的婚姻》④（*Secret Marriage*）第一幕，威尔第的《尼布甲尼撒》⑤第二幕以及《奥赛罗》（*Othello*）第二、第三两幕。

《婚姻》看起来比以前更出神入化了，我觉得相当完美。当然，演出必然会有虎头蛇尾的情况，但是《尼布甲尼撒》的水

④奇马罗萨《秘密的婚姻》，详见 194 页的“歌剧《秘密的婚姻》中完美的音乐”条目。

⑤《尼布甲尼撒》(*Nebuchadnezzar*)，19 世纪意大利歌剧作曲家威尔第（Verdi,1813~1901）的成名歌剧作品，于 1842 年创作，又名《纳布科》（*Nabucodonosor*），描述犹太人被巴比伦君王纳布科（尼布甲尼撒二世）击败并逐出家园的故事。德拉克洛瓦不太欣赏威尔第的音乐，曾在欣赏鲁本斯的

准有相当退步！剧未结束我就先走了。

1847 年 4 月 2 日，巴黎，49 岁

晚上，与德·福舍夫人一起去音乐学院。在那里听了一首门德尔松[1]的交响乐，我觉得它除了一段急奏部分外，其余各章都过分乏味，十分无聊。还听了一首凯鲁比尼[2]在《路易十六的弥撒曲》（*Messe de Louis XVI*）中所作的一首美妙的曲子，还有我非常喜欢的莫扎特的一首交响乐。

当时真是热得不得了，我也感觉很累，但是我却体验到了一些以前我从来没有体验到的东西。在我倾听莫扎特的交响乐时，它不仅在一切方面都显得绝妙优美，而且把我的所有倦怠都驱散得不见踪影。它完美而圆满，这些微妙的音调变化，将使一切有感受力和鉴赏力的音乐家们相形见绌。

1847 年 5 月 4 日，巴黎，49 岁

下午五点半，J 来看我。我和她共进晚餐，共同度过了一个幸福而宁静的黄昏。

1847 年 5 月 11 日，巴黎，49 岁

大约在十一点钟的时候去探望肖邦。

和 J 一起吃的晚饭。晚上九点左右她又带我去见肖邦，在那儿一直呆到过了午夜。

1847 年 10 月 9 日，巴黎，49 岁

我和德·福舍夫人一起在梅格雷（Maigret）家时，看到了一张中国的墙纸。[3]

1849 年 2 月 9 日，巴黎，51 岁

画作时在日记中嘲弄过他，参见 155 页的“鲁本斯‘狩猎’等相关作品”条目。

① 菲利克斯·门德尔松（Felix Mendelssohn, 1809~1847），19 世纪德国犹太裔作曲家、钢琴家和指挥家等，是早期浪漫派音乐代表性的人物之一。他的家庭条件优越，在良好的人文环境下成长，仅只 38 岁的短暂一生在平静幸福中度过。门德尔松的作品包括交响乐、协奏曲、清唱剧、钢琴音乐和室内乐。他的审美趣味和创作天才都深刻地影响了后来的浪漫主义音乐。代表作品有《e 小调小提琴协奏曲》《婚礼进行曲》（《仲夏夜之梦》第四乐章）等。

② 路易吉·凯鲁比尼（Luigi Cherubini, 1760~1842），是出生于意大利的作曲家，主要创作活动在法国。他最重要的作品是歌剧和宗教音乐（包括大量弥撒曲和安魂曲）。贝多芬曾把凯鲁比尼看作是自己同时代人中最伟大的作曲家。

③详见 160 页的“观摩中国的墙纸”条目。

（……拜访了肖邦后），我又去了德·福舍夫人家，跟她一起度过了晚上余下的时光，逗留到很晚。

● **1849 年 4 月 2 日，巴黎，51 岁**

今天晚上，或者是昨天星期六的晚上，我曾陪德·福舍夫人去总统包厢听《阿达莉》（*Athalie*）④。

● **1849 年 4 月 5 日，巴黎，51 岁**

晚上去了德·福舍夫人那里，她把巴尔贝斯（Barbés）在审判官面前所作的演说念了一部分给我听。

● **1850 年 2 月 24 日，巴黎，52 岁**

晚上与德·福舍夫人一起去听奇马罗萨的佳作《秘密的婚姻》，像那样完美的杰作，在人类的创作中还是不多见的。⑤

● **1852 年 2 月 21 日，巴黎，54 岁**

今天晚上去了冬日花园（Jardin d' Hiver），陪伴德·福舍夫人去参加巴黎第九区的舞会，我捐了一些款项。这个舞会已经举行两天了，前两个晚上一直在持续。我在更衣的时候本来不很想参加，但去了以后又觉得挺喜欢。那些张灯结彩的异国情调大树——其中有些真的长得很高大粗壮——使我目眩神迷。那喷泉和喷溅的水声显得那样精致完美。有一个喷水池里还有两只天鹅在水柱下的水草间游来游去，那喷泉的水柱高达 40 到 50 英尺。我对这次舞会很有兴趣。那通俗乡土的管弦乐队，小提琴手们那生气勃勃的鞠躬敬

④详见 203 页的“阿达莉”条目。

⑤详见 194 页的“歌剧《秘密的婚姻》中完美的音乐”条目。

《夜晚的战场》
1824 年，德拉克洛瓦，布面油画
48.3 厘米 ×56.5 厘米
拉海叶国立美术馆

礼，那些鼓和那些短号们，那些服饰漂亮激动不安的小助手们的热情，都让我觉得很有意思。我肯定，只有在巴黎，一个人才会从这样的场合中感到这样的兴奋和激动。德·福舍夫人今天没能与我一起分享这种快乐，她竟然轻率地冒着这样的风险穿上一件土耳其绸制作的玫瑰红色的新礼服，站在这种非常拥挤、人来人往不停踩踏的柏油路面上。我担心衣服的鲜艳色泽恐怕要受到一些损失了。

● 1854 年 6 月 5 日，巴黎，56 岁

晚上和德·福舍夫人一起度过，年轻的狄德维尔（d' Ideville）告诉我，我的那些画卖得很好……

● 1855 年 2 月 2 日，巴黎，57 岁

和德·福舍夫人一起吃饭，然后又到瑟夫比尔夫人（Mme Cerfbeer）家里去玩，那里的气氛简直沉闷得令人窒息。

● 1856 年，12 月 16 日，巴黎，58 岁

我乘坐一辆敞篷马车到德·福舍夫人那里去看她家的天顶……

● 1857 年 5 月 18 日，尚罗塞，59 岁

德·福舍夫人每天都给我来信，告诉我关于那可怜的维埃亚尔（Vieillard）的病情。

德·福舍夫人母亲的葬礼

● **1855年6月19日，巴黎，57岁**

今天晚上收到欧仁·德·福舍（Eugène de Forget）的信，告知我德·拉瓦莱特夫人①去世的消息。

● **1855年6月20日，巴黎，57岁**

早上六点半就出门了。因为我不知道什么时候出殡，就告诉车夫直奔到德·福舍夫人家里。我发现她心烦意乱已极。我对她说，在我看来在一家小教堂里举行仪式恐怕不太合适，那样显得太不郑重了……

爱情

● **1852年9月15日，巴黎，52岁**

当有人在索福克勒斯②的垂老之年问他是否为爱情的欢愉而感到后悔时，他回答说："爱情？谢天谢地，我就像躲避野蛮人和粗暴的主人一样，想要摆脱它。"

女人

● **1853年12月8日，巴黎，55岁**

布洛昂小姐（Mlle Brohan）本来邀我去她家，在这虽然冷冽却令人愉快的好天气里散步归来后，我早就应该去赴约了，但我却依然呆在家里，读起大仲马为我写的第二篇文章来。他把我写得像个小说里的英雄，如果在十年前，我一定会为了他的这番美意而拥抱他，因为那时候，我的确对女人抱有

① 德·拉瓦莱特公爵夫人（Mme la Conmtesse de Lavalette），即约瑟芬·德·福舍夫人的母亲，欧仁·德·福舍的祖母。她在1815年拿破仑倒台后的一次偶然事件中成为一位传诵一时的女英雄。她曾冒着极大的个人生命安危设法帮助她的丈夫从监狱中逃跑。她的丈夫由于企图协助拿破仑从其第一次被流放的所在地厄尔巴岛（Elba）返回法国，因此被判处死刑，等待执行。拉瓦莱特夫人体弱多病，在她女儿的照顾下以半隐居状态生活。

② 索福克勒斯(Sophocles，前496～406），古希腊剧作家，他大致生活于雅典奴隶主民主制的全盛时期，是古希腊悲剧的代表人物之一，和埃斯库罗斯（Aeschylus）、欧里庇得斯（Euripides）并称古希腊三大悲剧诗人。

好感；然而今天我却十足地鄙视这种欲望，虽然有时也还偶尔在回想她们迷人的魅力时得到片刻的满足。今天，我认为她们只有一个地方还值得迷恋，不过对于我来说已经毫无用处了。随着年纪渐长，阅历渐丰，观点自然而然也会有所改变，只有那专制的暴君才会妄想统治一切！

第一次遇到布洛昂时，她显得格外地妩媚迷人！她那样的眼睛，那样的牙齿，那样的面容肤色，如此美貌动人！但两三年前我在维隆（Véron）家再次遇见她时，她已经徐娘半老了，只是风韵犹存而已。她特别地机智诙谐，但往往为了追求效果而显得过于卖弄。我记得那天晚上我们离开餐厅时，她吻了我，这是因为别人曾经给她介绍过我的缘故——我想，这恐怕也跟那张肖像画有关系。整个饭局的过程中，豪赛（Houssaye），就是她当时的导演（就算不是她的心肝儿，也算是她的宝贝儿吧）看起来妒忌得脸色发青——应当可以设想，一个剧院的经理对自己手下女演员的这种叽叽喳喳、夸夸其谈、撒娇卖弄应该是司空见惯了的，而这一切更是他本人所促成的，他这样吃醋妒忌可真是滑稽可笑。

今天晚上我不去了，懒得再去与那帮满脸堆笑的人打交道，看见他们我就恨不能飞到九霄云外去。

恋爱

• 1855 年 3 月 31 日，巴黎，57 岁

我觉得身体舒服了一点就又开始工作了。大概在下午四点钟左右，公主来看我的画，并邀请我星期一一起去听古诺①的作品。她戴的

① 古诺（Gounod, 1818~1893），19 世纪法国作曲家，其代表作是创作于 1959 年的歌剧《浮士德》。他是虔诚的教徒，也创作了大量宗教题材的音乐。

一条绿色的披肩实在太不相配了，看出来她还是尽量想把自己打扮得娇媚迷人。在恋爱这种事情上，人们的想法会有很大影响。也许与这位女人谈谈恋爱可能很简单，毕竟她已经不再年轻也不再美貌无敌，更没有一副好的肤色面容。这是多么奇怪的念头啊！我看这种念头的根源还是在于占有，然而对一个韶华已褪的女人来说，你又企图占有她的什么呢？肯定不是她那已经不再诱人的身体，但是如果你爱的是她的思想头脑的话，即使没有她那缺乏吸引力的肉体，你也同样能够满足。成百上千的漂亮女人我全都不以为意，但一个女人一旦打动了你的心，你就想要把她据为己有，这也许是出于好奇心——所谓恋爱中的巨大驱动力——但也可能出于你在逐渐深入探察她的心思和灵魂深处的秘密后所产生的一个幻想。所有这些感觉结合成为一种单一的情感，它足以使我们的目光所到之处没有别的，只有一件外表上不太吸引人的物体。这时，与我们心灵深处的一些东西相呼应的某种诱惑力就驱使我们本能地冲动起来了。一个女人，只凭她那眼睛的表情，就足以把我们俘获了。

过去的快乐时光

● 1855 年 8 月 25 日，巴黎，57 岁

我沐浴着迷人的月光独自踏上归途。路过圣克卢路（Saint-Cloud road）时，我想起了 1826 到 1830 年间我人生中的那些快乐时光。当时的 E……s，A……s，和 J……s，等等[②]。

② 这里德拉克洛瓦大概指的是他在创作《萨丹纳帕勒斯之死》（*Death of Sardanapalus*）这幅画期间所画过的几个模特，有艾米莉（Emilie），艾德琳（Adeline）、朱丽叶（Juliette）等人。

《萨丹纳帕勒斯之死》（*The Death of Sardanapalus*）
1827 年，德拉克洛瓦，布面油画，392 厘米 ×496 厘米
法国巴黎卢浮宫

据古希腊历史学家克泰西亚斯（Ctesias）记载，萨丹纳帕勒斯是古亚述的最后一位国王，他战败后杀尽他后宫中所有的妻妾犬马，以免落入敌人之手，而后放火自焚。克泰西亚斯的著作虽然已经失传，但其后古希腊亚历山大大帝时期的历史学家狄奥多努斯（Diodorus）却编撰保留了关于这位古亚述末代国王的故事内容。1821 年英国诗人拜伦在狄奥多努斯记载的基础上改编了悲剧诗篇《萨丹纳帕勒斯》，1827 年德拉克洛瓦又根据拜伦的文字描述用巨幅的油画描绘了这场杀戮。

该画的构图非常奇特，呈对角线分割画面，来自各方的线条汇聚于对角线的顶点——白衣的国王。虐杀和死亡充斥着整个画面，有人自缢、有人服毒、有人被杀，力士毫不留情地砍杀裸女和宝马，男性暴力与女性躯体并置，所有的人物都在扭曲运动之中，只有萨丹纳帕勒斯是整个画面中的唯一安定因素，在一切动荡之中显得如此平静且无动于衷。华丽而凌乱的后宫中，到处是纠缠的男女躯体，丝绸和珠宝闪耀着昔日的奢华，刺目的血腥杀戮将王朝覆灭的悲情气氛渲染到极致。

此画在当时显得太过奇特，在沙龙展出后责骂之声不绝于耳，几乎成了德拉克洛瓦继续前进的障碍。1825~1827 这两年内他还画成了《女人和鹦鹉》以及其他一些精美小巧的裸体画。

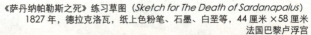

《萨丹纳帕勒斯之死》练习草图（*Sketch for The Death of Sardanapalus*）
1827 年，德拉克洛瓦，纸上色粉笔、石墨、白垩等，44 厘米 ×58 厘米
法国巴黎卢浮宫

《萨丹纳帕勒斯之死》练习草图（*Sketch for The Death of Sardanapalus*）
1827 年，德拉克洛瓦，纸上色粉笔、石墨、白垩等
法国巴黎卢浮宫

《女人和鹦鹉》（*Woman with a parrot*）
1827 年，德拉克洛瓦，布面油画，24.5 厘米 ×32.5 厘米
法国里昂美术馆

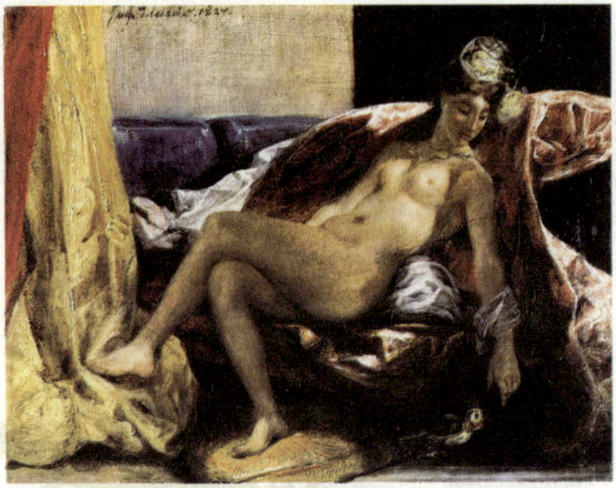

《斜靠在长沙发上的女人》（*Female Nude Reclining on a Divan*）
1825~1826 年，德拉克洛瓦，布面油画，25.9 厘米 ×33.2 厘米
法国巴黎卢浮宫

《路易·德奥尔良展示他的情妇》（*Louis d'Orléans Showing his Mistress*）
1825~1826 年，德拉克洛瓦，布面油画，35.2 厘米 ×26.8 厘米
西班牙马德里提森 - 波那米萨美术馆

回想过去

● 1860 年 7 月 27 日，尚罗塞，61 岁

十二点差一刻从迪普动身，四点二十分到达巴黎，因为时间匆忙，只能赶上五点一刻去柯贝尔（Corbeil）的车。

车里坐着一位年轻的少妇，我估计她的旅伴是坐在对面角落里那个沉默而难看的家伙。在海关时，这位少妇居然开口跟我说起话来，我当时真是受宠若惊。只是因为这是去柯贝尔的车，因为我的年纪，我才没有一直尾随这位偶遇的佳人。她使我回想起了 D……夫人。

2. 德拉克洛瓦的友谊

德拉克洛瓦和他的朋友们

爱德华·吉尔玛德[1]

与爱德华的约定

1822 年 9 月 24 日，巴黎，24 岁

在经过令人痛苦难受的旅程之后，我于星期天早晨抵达巴黎。我坐在车厢外面，一路上狂风暴雨，冻得令人恐惧。以前我是非常热切地渴望重返巴黎的，但是不知怎么的，当我越靠近巴黎的时候，心情却越来越沮丧起来。我和皮埃雷拥抱的时候，心里也感到很不自在。我回来了的这个消息是个麻烦。后来我到卢森堡宫去看自己的那幅画[2]，回来后与朋友共进晚餐。我非常高兴在回到巴黎的第二天就重遇爱德华，他告诉我他正在非常认真地研究鲁本斯。这让我觉得更高兴了，他的作品最缺乏的地方就在于色彩。我真期待他能从这些学习中让他的才能真正得到发挥并获得成就，获得那种我所寄望于他的成就。目前沙龙[3]不收他的作品，那是一件很遗憾的事情！我们约定，今年冬天要互相看到对方的作品。

① 爱德华·吉尔玛德（Edourad Guillemardet），是德拉克洛瓦父亲的同事兼好友吉尔玛德大使的儿子，菲利克斯·吉尔玛德的兄弟，他们兄弟二人都是德拉克洛瓦的好朋友，参见 41 页旁注①。

② 指《但丁和维吉尔》（Dante and Virgil）这幅画，参见 43 页花絮。

③ 沙龙（Salon），意大利语原意为“大客厅”，后在法国引申为贵妇人在客厅接待名流或学者的社交聚会。在美术方面，沙龙于 17 世纪传入法国时最初为卢浮宫画廊的名称，当时法国皇家美术院会员的作品都在这里举行展览。逐渐该词不再仅指陈列艺术品的房间，而更多的是指一种在欣赏艺术作品的同时，谈论艺术和聊天评论的集会了。起初沙龙并不是定期举办的，后来发展为每年举办一次。沙龙配有审查委员会，会员能够通过势力来排挤他们所不认同的画家。1863 年，经拿破仑三世批准，为一些被官方沙龙评选委员会拒绝接受的作品在巴黎举办了美术展览，这就是著名的“落选者沙龙”（Salon des

讨论观摩

● 1822 年 10 月 5 日，巴黎，24 岁

今天天气很好。我和好朋友爱德华一起度过了整个晚上。我把我的关于处理造型问题的理论解释给他听，他对我的观点很有兴趣。

我还把一些索莱尔的速写作品拿给他看。

找画室

● 1822 年 10 月 8 日，巴黎，24 岁

当我们在卢浮宫的时候，爱德华告诉我，他已经找到了两间对我们来说还算合适使用的画室，而且它们都在同一座房子中。整日在世界上最糟糕的贫民窟中消磨时间——我深陷忧愁之中。

爱德华和菲利克斯母亲的葬礼

● 1855 年 6 月 20 日，巴黎，57 岁

……后来，我就连忙赶回自己的画室，以便尽快地离开巴黎。但是到那里以后，却收到一封吉尔玛德（这里指爱德华）的信，告诉我他明年将要送他的母亲前往最后的安息之地。这下子，我就不再作尽快赶回尚罗塞的打算了，是否耽误时间什么的问题也不放在心上了。

● 1855 年 6 月 21 日，尚罗塞，57 岁

早晨不到六点钟就起床了。这次去巴黎，由于什么人都没带，一切事情都要自己操办，再加上如此忙碌，所以更加感到疲惫。

九点钟之前到达了帕西（Passy），看到了可怜的卡洛琳[④]，我拥抱了她。这是一

Refuses），当时参加展览的画家有后来著名的印象派大师马奈（Manet）、毕沙罗（Pissarro）等人。

④ 卡洛琳（Caroline）是吉尔玛德兄弟（菲利克斯和爱德华）的姐妹。

个悲伤的仪式，但却比巴黎的任何一个葬礼的气氛更加令人感动，这对一切真实的感受来说，都是很沉重的。祭奠本来是一个高贵的典礼，但是一加上出殡、僧侣等等就让它变得俗套起来。帕西，与那富有感染性的巴黎仅仅相距半个钟头的路程，但是在这里，一切却是那样的不同。无论仪式，还是送殡的行列，甚至每个参加葬礼的人的面目表情都各个不同。但所有一切都显得庄重肃穆，每个从窗户处目送灵柩的人，表情态度也是如此。

我和我的挚友，她的好儿子爱德华一起到圣衣室去验证死亡证明。当他在死亡登记表上签了字之后，又在他自己的名字前面加上了她的儿子的字句，然后我又接着签字，我觉得我似乎也差不多有同样的权利像爱德华那样做。后来我们一起回去的时候，他的表情极其悲痛，他伤心地对我说：“你知道，我的老朋友，此时此地你就是菲利克斯①啊！”这是他的肺腑之言，我们俩心意相通。

① 菲利克斯与爱德华都是德拉克洛瓦的老朋友，其中菲利克斯与德拉克洛瓦的关系更为亲密，他于1840年去世。在兄弟二人母亲的死亡证明上，德拉克洛瓦觉得自己也可以在名字之前署上“她的儿子”，所以爱德华才说：“你就是菲利克斯啊。”

雷昂·里兹内尔[1]

里兹内尔来了

● 1822年9月12日，卢洛，24岁

里兹内尔舅舅带着他的儿子（即雷昂）和亨利·雨果（Henri Hugues）突然来看我们，于是我有了一段非常愉快的时间。其实，早在我们和一位神甫邻居一起吃饭时，就听到了他们要来的消息，从那时起我就高兴得要命。

里兹内尔说的是对的

● 1847年4月25日，巴黎，49岁

对于有些人对米开朗基罗的绘画所感到的过度兴奋，里兹内尔有句话说得非常好。我告诉他柯罗[2]认为米开朗基罗的许多作品是无比优越的。里兹内尔非常公正地说，不管什么作品一旦放到米开朗基罗的东西旁边，作品中原有的那种宏大的特征，那种夸张性，那种单纯性，都必然会遭到破坏。在印度和拜占庭（Byzantine）的图像旁边，古希腊古罗马的雕塑作品就会显得枯燥萎缩并且偏于物质感，而许多绘画作品即便是莱苏尔（Lesueur），甚至委罗内塞[3]的作品，又何尝不是如此。里兹内尔说我们不应当为这种现象而困惑，每种东西，只要放在合适的位置上，都是好的。他说的是对的。

①雷昂·里兹内尔（Leon Riesener），他的父亲是德拉克洛瓦母亲的继兄，因此他也算是德拉克洛瓦的表兄弟之一。他们父子二人都是画家，1815年，正是在里兹内尔舅舅的推荐下，17岁的德拉克洛瓦进入学院派画家葛林（Pierre-Narcisse Guérin, 1744~1833）的画室学画，参见164页旁注①。德拉克洛瓦与雷昂·里兹内尔曾经交好，但自从珍妮（Jenny）这位对德拉克洛瓦忠心耿耿的女仆在画家的生活中占有特殊地位之后，德拉克洛瓦同里兹内尔的友谊就渐渐疏远起来了。参见106页的“忠仆珍妮”条目。

② 德拉克洛瓦在写这篇日记的一个多月之前，刚去柯罗的画室参观过，他对柯罗的评价很高，认为他是一位真正的画家。参见353页的“柯罗”条目。

③保罗·委罗内塞（Paolo Veronese, 1528~1588），16世纪意大利文艺复兴时期威尼斯画派画家。他因出生地而获得“委罗内塞”的绰号，并以此闻名。他和提香、丁托列托（Tintoretto, 1518~1594）三人被称为威尼斯画派中的“三杰”。委罗内塞的绘画人物众多，场面宏大，色彩富丽，充满世俗生活情趣，偏重装饰趣味，受到市民和豪门显贵的欢迎。

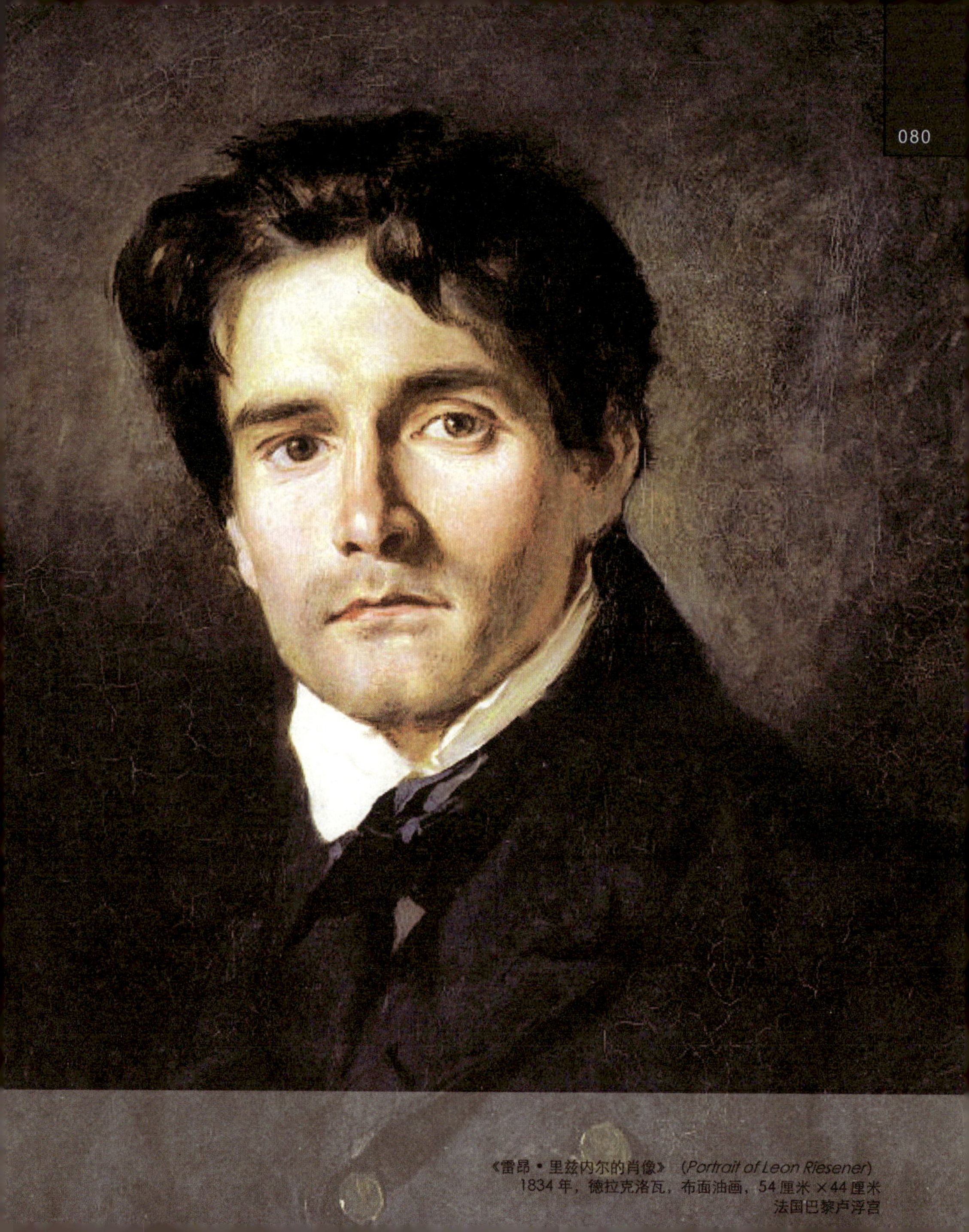

《雷昂・里兹内尔的肖像》（*Portrait of Leon Riesener*）
1834 年，德拉克洛瓦，布面油画，54 厘米 ×44 厘米
法国巴黎卢浮宫

里兹内尔的冷嘲热讽

● **1854年1月29日，巴黎，56岁**

今天早上，里兹内尔不怕麻烦地冒着倾盆大雨和泥泞，只是为了来告诉我，昨天晚上我那天顶画是个完全彻底的大失败。他是个脾气多么好的家伙啊！一位多么好的表兄啊！当他发现我对他的评价反应非常冷淡（他就看出来了我是觉得那幅天顶画不错的）时，也只有扫兴离去了。他未免太吃准我的好脾气了，每当他眼睁睁看着天顶画等创作任务从他手里飞走的时候，他的脸马上变得很长很绿很难看。

里兹内尔的境况

● **1854年10月4日，巴黎，56岁**

……这些思索①就是我与里兹内尔会谈后的结果，今晚晚餐后他来拜访过我，他跟我讲了一些关于皮埃雷的事情②。里兹内尔自己的境况似乎也不怎么好，而且就目前的情形来看，未来也不太乐观。在他的一生中，尽管他的所做所为看起来似乎稍微有点疯狂，但他头脑里也还有这一般的基本常识，只是从来没有把这些常识表现在行动中。

① 是指德拉克洛瓦关于金钱和人生问题的一段思索，参见243页的“对金钱的态度”条目。

② 皮埃雷与里兹内尔一样，也是德拉克洛瓦从少年时代就密切往来的好友，但晚年他们俩的友谊也同样出现了一些问题，德拉克洛瓦写这篇日记的大概四个月前，即1854年6月8日，他收到了皮埃雷去世的消息，这位儿时好友的离去令他感到生命中留下了一块无法比拟的空白，参见13页旁注③。

这位夫人是德拉克洛瓦的舅母，雷昂·里兹内尔的母亲，他非常敬爱这位阿姨，当夫人去世时，德拉克洛瓦给朋友乔治·桑写信说道：“痛失亲人令我非常悲伤，我的阿姨她爱我就像妈妈一样。”

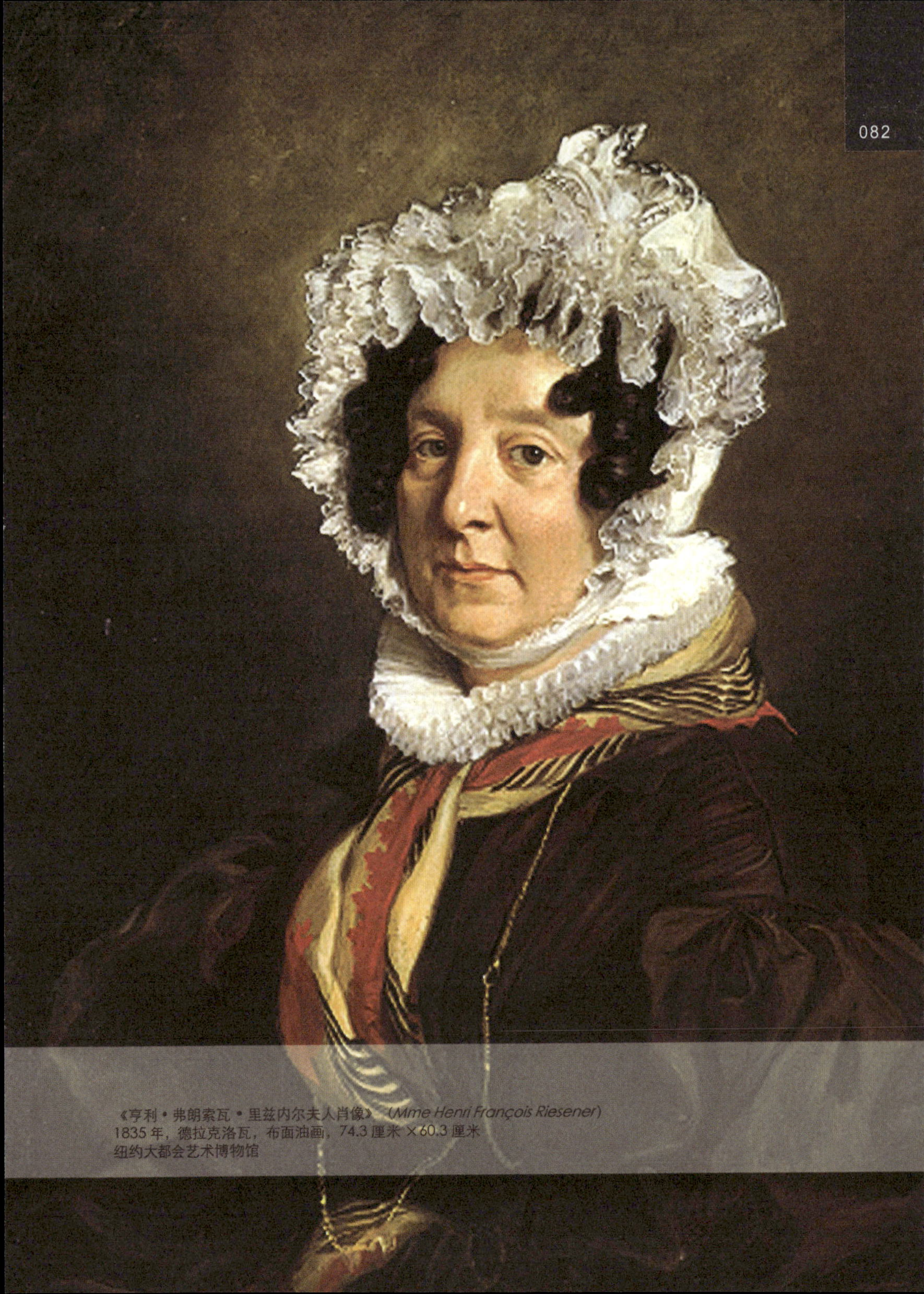

《亨利·弗朗索瓦·里兹内尔夫人肖像》（*Mme Henri François Riesener*）
1835 年，德拉克洛瓦，布面油画，74.3 厘米 ×60.3 厘米
纽约大都会艺术博物馆

籍里柯①

籍里柯来看我

● **1823 年 5 月 X 日，巴黎，25 岁**

第二天，星期三，籍里柯来看我。他对我的这一关注让我十分感动——瞧我多傻！

探访病重的籍里柯

● **1823 年 12 月 30 日，巴黎，25 岁**

前几天，我和籍里柯在一起度过了整个晚上。多么悲惨啊！他快要不行了。他那骨瘦如柴的模样看起来简直有些令人害怕——大腿还没有我的胳膊粗，脑袋就像僵尸的头颅一样。我虔诚地祈祷他能活下去，但是恐怕没有多少希望了。这变化太可怕了！我还记得因为看了他的那些作品，特别是《步兵头像习作》（*Study for the Head of a Rifleman*）那幅画后，兴奋不已地回家时的情景。我必须记住这些很宝贵的回忆。那是多么精美的作品啊！那么坚实！那么娴熟！然而，他将要在这一切当中死去了，在那些以他全部的精力和青春的火花创造出来的作品中默默地死去了。现在，要是没有别人帮助，他甚至连在床上翻个身也不行了。

● **1824 年 1 月 27 日，巴黎，25 岁**

今天早晨接到一封信，得知了籍里柯的死讯。我简直不能接受这个事实，虽然不久之前我们每个人都知道将不可避免地失去他。但我几乎以为只要拒绝接受死亡的噩耗，死亡就能被驱除。然而死神是不愿意放弃他的战利品的，到了明天，大地就要把他最后的遗体给吞噬了。

他那无穷的精力，他的热情与丰富的想象力，难道就不能带给他全然不同的命运

① 泰奥多尔·籍里柯（Théodore Géricault, 1791~1824），19 世纪法国浪漫主义画派的先驱者，他的画大胆昂扬，充满如诗如画的激情，其代表作《梅杜萨之筏》（*The Raft of the Medusa*）创作于 1819 年。籍里柯自幼爱马，喜欢骑马、画马，但在 1823 年，他不幸因坠马而脊椎受到重创并引发并发症，33 岁时便去世了，若非他英年早逝，很可能在绘画上还能取得更高的成就。他曾是法国学院派画家葛林（Pierre-Narcisse Guérin）最杰出、最得力的学生之一，当德拉克洛瓦在葛林画室学习时（参见 164 页旁注①），籍里柯还常常去老师的画室拜访，两人由此结识。他是在精神上和技术上给予这位年轻画家主要影响的人。在《梅杜萨之筏》这张画里，德拉克洛瓦曾被作为一个画中人物的形象画了进去（据德拉克洛瓦自己在日记中说，坐在木筏最尾端的那个少年的胳膊是照着他画的）。后来在 1820 年，籍里柯还曾把自己所接受的绘画创作委托转让给了德拉克洛瓦，这就是《圣心圣母》（The Virgin of the Sacred Heart）这幅画，现藏于法国地中海岛屿科西嘉岛（Corsica）的阿雅克修大教堂（Cathedral of Ajaccio）。德拉克洛瓦很崇拜籍里柯，并在晚年的日记（1857 年 3 月 5 日，59 岁）中对籍里柯和达维特的画作进行过比较。参见 351 页的“籍里柯与达维特的作品对比”条目。

法国科西嘉岛阿雅克修大教堂

吗！严格来讲，其实他还不算是我的朋友，但这悲剧却深深刺痛了我的心。它打断了我的工作，以至于我把已经画好的东西一下子都抹掉了。

仰慕籍里柯

1824 年 4 月 1 日，巴黎，25 岁

我见到了可怜的籍里柯死后的石膏面容模型。那是一个多么好的纪念品啊！我几乎想吻一吻它，他的胡子，他的睫毛……他那非凡的《梅杜萨之筏》①。多么好的手啊，多么好的头啊！我真是难以表达我对他的仰慕之情。

要用短而小的画笔，用稀薄的油的时候一定要当心。

我内心渴望临摹籍里柯的《梅杜萨之筏》。我必须快点动手去做。它将是一个多么卓越的范本，同时也是对这位非同寻常的画家的一个宝贵纪念。

① 该画是籍里柯最重要的代表作品，取材于真实海难，充满震撼人心的悲情力量，饱含深切的人文关怀，也是 19 世纪浪漫主义绘画最重要的代表作之一。

1816 年法国的“梅杜萨号”巡洋舰在驶往非洲途经西非海岸时触礁沉没，无能而不负责任的船长和一群高级官员率先乘救生船逃命，剩下 150 多名船员和乘客被抛在临时搭制成的一只木筏上，他们在汪洋大海里任凭命运摆布，半个月后获救时，仅有 15 人生还，上岸后又死去 2 人。这一人间惨剧发生在路易十八复辟时期，后来震动了法国内外。籍里柯四处走访幸存者，聆听他们的叙述，并对腐烂的尸体、重危的病人等进行现场写生，还做了一只类似的木筏模型，请黄疸病人为他做模特，为了能够更真实地表现出海浪和天空，他还亲自去海边进行写生研究，将人体浸于海水中观察色彩变化等等。籍里柯通过极为严谨的写实研究，以此为题材创作了一张饱含悲情和想象力的画作，画中的人群构成了一个个动荡而富于激情的金字塔三角形，再现了木筏上的最后绝望时刻人们向远处呼救的震撼场景，整幅画充满了悲剧性的力量和深切的人文关怀，与新古典主义画派静止肃穆的风格迥然有异。

这件作品初次在巴黎展出时曾受到激烈的批评，但却深深地打动了德拉克洛瓦，德拉克洛瓦曾说："籍里柯在他还没有画完《梅杜萨之筏》这幅画时就让我去看。这幅画给了我极深刻的印象，以至于我一走出他的画室，就像发了疯似地奔跑起来，一步不停地跑进我自己的房间。"这不仅描述了德拉克洛瓦的感受，也反映出籍里柯画作巨大的感人力量。画中所显示出的戏剧性的结构、鲜明的色调以及那不受习惯约束的动作姿势，使德拉克洛瓦相信自己也有能力去创作这样的作品。经过长期专心致志的努力后，1822年德拉克洛瓦在沙龙展出了《但丁和维吉尔》一画，在新的浪漫主义运动中初次崭露头角，籍里柯的作品和人格对这位青年画家的成长具有最强烈的影响。

《梅杜萨之筏》（*The Raft of the Medusa*）
1819年，籍里柯，布面油画，491厘米×716厘米
法国巴黎卢浮宫

为《梅杜萨之筏》所做的素描人物练习
籍里柯，纸上炭笔，289 厘米 ×205 厘米
法国巴黎卢浮宫

肖邦[1]

与肖邦相互来往

● **1847 年 5 月 9 日，巴黎，49 岁**

晚上去了玛利阿尼夫人（Mme Marliani）家里，她告诉我说肖邦病了。这个可怜的家伙从上个星期起就病倒了，而且还相当严重，近来才略见起色。

● **1847 年 5 月 10 日，巴黎，49 岁**

早上去肖邦那里探病，但是没让我进去看他。

● **1847 年 5 月 11 日，巴黎，49 岁**

大约在十一点钟的时候去探望肖邦。

①弗雷德里克·弗朗西斯·肖邦（Frédéric François Chopin, 1810~1849），19 世纪著名的波兰作曲家、钢琴演奏大师。肖邦的父亲是法国人，母亲是波兰人，自幼生活在波兰首都华沙（Warsaw）并在这里接受了音乐教育，他从小就被称为作曲及钢琴演奏的“神童”。1830 年 11 月华沙起义前夕，肖邦离开祖国经奥地利维也纳到法国巴黎定居。他在维也纳和巴黎结识了许多文艺巨匠，如法国作曲家柏辽兹（Berlioz）、匈牙利音乐家李斯特（Liszt）、德国诗人海涅（Heine）、意大利作曲家贝利尼（Bellini）以及德拉克洛瓦等人，特别与法国女作家乔治·桑（George Sand）的关系，对他的思想、生活产生了深刻的影响。从 19 世纪 30 年代初到 40 年代中期，肖邦的思想和艺术高度成熟，创作上获得极其丰硕的成果。肖邦一生创作了大约 200 部作品，其中大部分是钢琴曲。

这是德拉克洛瓦在1838年为肖邦所画的肖像，这张画原本是一张大肖像画的一部分，但并未画完，后来被人裁切。另一半画的是法国著名女作家乔治•桑。1838年德拉克洛瓦给他这两位朋友画像时，他们正在热恋，从卢浮宫收藏的原画草图中可以略见此画的原样。

乔治•桑比肖邦大六岁，离异，是两个孩子的母亲，过往的情人众多，是个非常有魅力、有争议的女性，他们结识于1836年底，大约在两年后热恋并同居了，一直到1847年才决裂分手。在这将近十年的岁月中，肖邦的音乐想象力达到高度兴奋，是其创作的全盛时期。

《肖邦肖像》（*Portrait of Frederic Chopin*）
1838年，德拉克洛瓦，布面油画，46厘米×38厘米
法国巴黎卢浮宫

《肖邦与乔治·桑的画像草图》
1838 年，德拉克洛瓦

后世有好事者，根据德拉克洛瓦的原始构图和局部绘画，进一步完成了这幅《肖邦与乔治·桑》。

《肖邦与乔治·桑》
佚名，布面油画

和J一起吃的晚饭。晚上九点左右她又带我去见肖邦，在那儿一直呆到过了午夜。

● **1847年5月26日，巴黎，49岁**

肖邦今天早上来访，他将在星期五去阿夫赖城（Ville-d'Avray）。

● **1847年7月1日，巴黎，49岁**

早上去议会大厅。然后又去肖邦那里参加了一个在三点钟举行的聚会。他真是神赐的天才。福逊（Fauchon）等人为肖邦演奏了他自己所作的三重奏，后来肖邦又亲自弹奏，演奏时那真是大师风范啊。

● **1849年2月9日，巴黎，51岁**

一吃完饭就到肖邦那里去了。他非常愤慨，看见一帮庸碌之辈剽窃侵吞大师们的观点，对这些观点他们不是进行歪曲毁坏，就是按照他们自己理解的方法把它们运用得令人作呕。

与肖邦谈乔治·桑

● **1849年1月29日，巴黎，51岁**

从清晨起就响起警报，是由于警卫队兵变的缘故。

晚上去看肖邦，在他那里一直呆到十点钟。亲爱的伙伴！我们曾谈到桑夫人，说起她那奇怪的生活和她那些优点和缺点不寻常的混合。所有这些都是根据她的“回忆录”来谈的。肖邦说她将再也无法写回忆录了。过去的事情她已经忘记了，她的情感，奔放起来不可收拾，但事情一过，很快就抛到脑后了。例如，她曾经为她的老朋友皮埃雷流过眼泪，但之后就再也不去想他了。我对肖邦说，我可以预见到她那不幸福的晚年，但肖邦并不这样认为。她对朋友们所责怪她的种种事情，从来不感到有愧。她的健康状况非常好，很可能就这样持续好下去。只有一件事情会使她觉得伤心，那就是莫里斯[①]的死，或者是他的彻底堕落。

至于肖邦，他遭遇的痛苦使得他对一切都不感兴趣，特别是他的工作。我说，就年纪而言，就现在这种不安定的时局来看，我离那逐渐丧失激情、开始厌倦人生的日子也不远了。但他觉得我有足够的力量可以支持下去，他说："你可以享有你的才华，这是一种难得的权利，它并不比对声名的狂热追求价值更低。"

①莫里斯（Maurice）是乔治·桑的儿子。

与肖邦谈音乐

1849 年 2 月 2 日，巴黎，51 岁

晚上，我和肖邦、格齐马拉（Grzymala）、艾尔肯（Alkan）一起谈论音乐。肖邦觉得贝多芬（Beethoven）被巴赫（Bach）的思想迷住了，他的许多作品都是基于巴赫的作品启发而创作的。海顿（Haydn），这位作曲家，他的第二和第三部分（就是说紧跟在第一主题之后的音乐）是最好的，有时候他曾经尝试用三四种不同的手法来写。这一点让我很吃惊。他说莫扎特（Mozart）在他的作品中也投入了大量艰苦的劳动。他肯定是这样做的，但不是用这种方式。在创作过程中，他应该接受了整个作品的创作意图的指引，而这样就不允许他完全地改动自己最初的想法。

1849 年 4 月 7 日，巴黎，51 岁

大概在下午三点半左右，坐肖邦的车

一起出游。尽管觉得很累，但我很乐意为肖邦服务。香榭丽舍大街，巴黎凯旋门，金鸡纳酒的瓶子，把车停在城门口，等等。

我们谈起了音乐，这似乎让他挺兴奋。我请他解释，是什么给音乐中带来了一种“逻辑的”印象？他于是给我解释和声②和对位③、赋格④和纯逻辑（pure logic）在音乐中又如何相配。他让我了解到，如果精通了赋格曲式，就能理解音乐里一切理论和旋律展开的要素。我想，如果能明白这些那群平庸无能的音乐家们断然不懂的东西，我会多么高兴啊。它使我领会到了一些真正的哲学家在科学中有所发现的那种快乐，事情原来是这样的，真正的科学，并不像我们从它字面上所理解的那样，好像是一些与艺术无关的学问。不，它绝不是那样的科学，根据像肖邦这类人的看法，科学本身就是艺术。但是从另一个方面来看，艺术也并不像一些普通人所理解的那样，只是一种没有来源的空洞的灵感，它只会自己盲目地活动，或者只表现了一些肤浅花哨的东西，仅仅是事物的表象而已。其实艺术是具有严密哲理的，它由天才人物润色修饰，遵循一套完整的章法，接受高级法则的约束。这里，我再回过头来看看莫扎特与贝多芬之间的区别。正如肖邦对我说的那样，“贝多芬有些地方看起来比较隐晦，那些看上去缺乏统一性的地方，并不像人们所想的那样，是出自于一种狂野的特性——这原本是受到人们艳羡的一点长处——而是由于他能够回归自我本性，不拘于遵循那些永恒性的法则之故”。莫扎特却从来不这样做，他的作品每一部分都有自己的节奏，乐曲各部之间虽然也很和谐，但却都能够独立成章，恰到好处。这也就是对位的意义所在，即所谓“一点对住一点”。肖邦还说，在对位之前，一

② 和声（harmonies），音乐术语，指两个以上不同的音按一定的法则同时发声而构成的音响组合，包括和弦与和声进行；它具有明显的浓、淡、厚、薄的色彩作用，还有构成分句、分乐段和终止乐曲的作用。和声的处理是音乐创作的重要写作技巧，也是对位、配器、曲式等其他作曲技法的基础等等。

③ 对位（counterpoint），音乐术语，指把两个或几个有关但是独立的旋律合成一个单一的和声结构，然而每个旋律又保持它自己的线条或横向的旋律特点，从而使音乐在横向上能保持各声部的独立与相互间的对比和联系，在纵向上又能构成和谐的效果。对位法分为严格对位和自由对位两大类，是音乐史上最古老的创作技巧之一，也是复调音乐的主要写作技术。

④ 赋格（fugue），是复调音乐的一种固定创作形式，是一种音乐写作方法，其基本特点是运用模仿对位法，使一个简单的而富有特性的主题在乐曲的各声部轮流出现一次（呈示部）；然后进入以主题中部分动机发展而成的插段，此后主题及插段又在各个不同的新调上一再出现（展开部）；直至最后主题再度回到原调（再现部），并常以尾声结束。

般都先学习和声，这也就是说，先从音符的连续学起，然后会逐步达到和声。在柏辽兹（Berlioz）的音乐中，则是先设置好和声，然后再尽他最大的努力去填充音程①。

那些把风格看得比什么都重要的人，宁愿变成傻瓜，也不愿意表现得不够严肃。这岂不正是安格尔和他的画派？

探访肖邦的病情

● **1849 年 4 月 14 日，巴黎，51 岁**

今晚去看肖邦，我发现他的病情突然恶化，呼吸已经很微弱了。过了一会儿，我的在场似乎对他有点好处。他说无聊是他不得不去忍受的最大的痛苦。于是我问他，是不是在生病以前从来没有过那种很难耐的空虚感，这种感觉我倒是常常有所体会。他说，他总是在找一些事情做，这样或那样，只要有事情可做，不管多么琐碎，只要能填满时间就能消除胡思乱想。然而真正的悲痛是有些不同的。

● **1849 年 4 月 20 日，巴黎，51 岁**

晚饭后去了肖邦那里。他又是一个让人的心灵感到乐于亲近的人，更不用说，也是一个让人的灵魂乐于亲近的人。我们谈起在他家里我遇到的一些人，如卡莱吉夫人等等。他总是想勉强自己去看梅耶贝尔②的《先知》（*Le prophète*）的首场演出。那个狂想曲令他惊恐！

肖邦去世

● **1849 年 10 月 20 日，瓦尔蒙特，51 岁**

午饭过后我听说了肖邦的死讯。十分

① 音程（Intervals），指两个乐音之间的音高关系。用“度”来表示。孤立的一个音、一个弦是不能表示什么音乐思想的，但两个音结合在一起，在一定的节奏和音色中，就能表现出一定的情感，因此音程是音乐表现的基本要素之一。以简谱为例，从 1 到 1，或从 2 到 2 都是一度，从 1 到 3 或 2 到 4 都是三度，从 1 到 5 是五度。八度以内（包括八度）的音程，叫作单音程。超过八度的音程，叫作复音程。

② 梅耶贝尔是当时欧洲被捧得最高、最成功、声名最煊赫的音乐家，但今天已经很少有人听过他的名字了。德拉克洛瓦在与肖邦交流过后的第二天写了一段关于《先知》狂想曲的评论，参见 192 页的“《先知》狂想曲”条目。

奇怪，在今天早上起床之前，我就有了这种预感。迄今为止，我已经有了好几次这一类的预感了。他的去世是多么大的损失啊！那么多令人讨厌的流氓还留在世上捣乱，而美好的灵魂却先消失了！

肖邦的墓碑塑像

1849 年 X 月 X 日，巴黎，51 岁

克莱桑热③，我在街上碰到他了，他让他老婆带我去看他为肖邦墓做的雕像。出乎我的意料之外，雕像令人完全满意！我觉得我可能应该自己也动手做一个这类的东西。不过从另一个方面来看，那个胸像做得还不算成功。他那里还有一些别的男子胸像，我看了都不喜欢。索兰吉告诉我，克莱桑热正在尝试着改变风格。

③ 奥古斯特·克莱桑热（Auguste Clésinger, 1814~1883），是个雕刻家，他娶了乔治·桑的女儿索兰吉(Solange)。他和索兰吉的婚姻争吵是引发肖邦和乔治·桑于 1947 年分手决裂的导火索。肖邦墓碑上的头像和墓碑顶上的少女雕像都是他的作品。

《英国乡间风景》
德拉克洛瓦，水彩，14.3 厘米 ×23 厘米
法国巴黎卢浮宫

肖邦墓碑之《欧忒耳佩为破损的七弦琴而哭泣》
（*Euterpe weeps over broken lyre*）
1850 年，奥古斯特 • 克莱桑热，大理石雕刻

肖邦墓碑上的头像和墓碑顶上的少女雕像都是乔治•桑的女婿克莱桑热的作品，德拉克洛瓦在日记中提到过这件事，他还曾去看过雕像。肖邦葬于巴黎拉雪兹神甫公墓，德拉克洛瓦的母亲、里兹内尔舅舅以及后来的德拉克洛瓦本人都葬于此地。

《乔治·桑肖像》（*Portrait of George Sand*）
1838 年，德拉克洛瓦，布面油画，81 厘米 ×56 厘米
丹麦哥本哈根奥德拉普豪美术馆

乔治·桑①

与乔治·桑相互来往

1847 年 2 月 8 日，巴黎，49 岁

一天的工作结束后，当我回到家时发现，桑夫人来信告诉我她已经归来。

我期待着与她重逢。

1847 年 2 月 10 日，巴黎，49 岁

昨天九号，曾经去拜访过桑夫人，但是她身体不大舒服。我又见到了她的女儿和那未来的女婿。

①乔治·桑（George Sand, 1804~1876），19 世纪法国著名女作家，浪漫主义女性文学和女权主义文学的先驱，她被认为是第一个获得重大声誉的法国女作家。她是法国贵族出身，在与男爵丈夫离婚后，来到巴黎生活，乔治·桑是她的笔名。在巴黎生活期间，她热衷于乔装成男性出入各种公开场合，尤其是出席一些禁止女性参加的集会，这在 19 世纪的法国是一种惊世骇俗的举动，而她和诗人缪塞（Musset）以及钢琴家肖邦的恋情使得她的人生更富传奇色彩。乔治·桑的小说以自身早年的感情生活为基础写成，表达作者对爱情的感受与观点。她认为爱情崇高至上，应克服一切偏见和习俗，摆脱一切羁绊和束缚。她的作品从一开始就具有显著的浪漫主义元素。

● **1847 年 2 月 21 日，巴黎，49 岁**

今天的访客实在太多了，最后我只好把门锁上来应对他们。今天在画《阿拉伯的滑稽演员》（*Arab Comedians*），开始得早一点，因为下午两点我要去参加弗朗肖姆①的音乐会。走到半路上，桑夫人看到了我并邀请我坐她的车一起去。我真的非常高兴又看到她，她实在太美妙了。

● **1847 年 3 月 7 日，巴黎，49 岁**

皮埃雷来访时是一点半，我正要换好衣服去音乐学院。我还是准时到达了，但第一个节目开演时，只有我一个人在包厢里，桑夫人还没有来。她只是想来听一下昂斯洛（Onslow）的作品，但我却觉得非常单调。总的来看我不太欣赏这次音乐演出，但有一节钢琴二重奏和一首贝多芬的大提琴乐曲吸引了我的注意力，不过我也并不算特别欣赏它们。最后以一个莫扎特的四重奏结束。坐车回家的路上，我跟桑夫人说，由于贝多芬是我们同时代的人，对我们来说似乎更有魅力，他的浪漫主义功底真是极为深厚。我和桑夫人共进晚餐，我觉得她真是无比漂亮。我们将一起去卢森堡宫，到下议院去。

● **1847 年 3 月 12 日，巴黎，49 岁**

吃晚饭后，出门去拜访桑夫人。当时正在下大雪，我只能淌着雪水泥浆来到圣拉扎尔路（rue St.Lazare）。那个性情温和的伙伴肖邦为我们演奏钢琴。真是个讨人喜欢的天才！雕刻家克莱桑热也在那里，可我没怎么搭理他。

①弗朗肖姆（Franchomme，1808~1884），19 世纪法国大提琴家和作曲家，他是肖邦和乔治·桑的好朋友。

● **1847年4月1日，巴黎，49岁**

十一点时与桑夫人和肖邦一起去卢森堡宫，我们看过圆屋顶的装饰后又到画廊去参观了一下。他们驱车送我回家，我到家时大概是下午三点。后来我又跟他们一起吃了晚餐。桑夫人晚上还要去看克莱桑热，建议我跟她一起去，但是我已经觉得很累，就直接回家了。

● **1847年5月7日，巴黎，49岁**

收到桑夫人的一封信，这位可怜的女人，信写得非常委婉，但内心伤心至极。

● **乔治·桑与肖邦决裂**

1847年7月20日，巴黎，49岁

这一天我离开了尚罗塞，我在那里已经呆了超过两个星期。也正是在这一天，或前一天，我收到了桑夫人的信，她告诉我她和她女儿之间的争吵。

我在卢浮宫接到了一个关于临摹《警卫队》（Corps de Garde）的委托任务。从卢浮宫回来吃午饭时，肖邦来了。他把他所收到的一封信的内容告诉了我。其实，自从我回到巴黎以后，他差不多已经把信件的全部内容都念给我听了。我必须承认，这是一封很残忍的信。痛苦而激动的情绪和长期压抑的烦闷在信中袒露无遗。相比之下，整件事如果不是这样悲伤，反倒成了真正的笑话。她一次又一次显示出女人的本色，一说话就滔滔不绝，就像直接从小说中抄下来的，或者像哲学中喋喋不休的说教。

《梅菲斯托费勒斯现身于浮士德前》
(*Méphistophélès in Faust' s study*)
1826~1827年，德拉克洛瓦
布面油画，46厘米×38厘米
英国伦敦瓦勒斯博物馆

肖邦去世后的乔治·桑

● 1849 年无日期（但至少是 10 月 20 日获知肖邦去世以后），巴黎，51 岁

以后几天过得十分闲散，去拜访了几位朋友。

见到了玛利阿尼夫人，她曾写过信给我。她在诺昂（Nohant）呆了一个月，但却在那儿生了一场病。桑夫人消沉而烦闷。她现在疯狂地喜欢上玩多米诺骨牌（dominoes），可怜的夏洛特（Charlotte）因为极其不能欣赏这种高级游戏的妙处，被她骂得半死。她也参加她们玩的猜字谜游戏，穿衣打扮成天忙得团团转。

● 1852 年 2 月 2 日，巴黎，54 岁

大概在下午四点钟桑夫人来看我……自从她回巴黎之后，我一次也没有去拜访过她，实在过分。目前她的身体状况不太好，除了有肝炎之外，类似以前肖邦得过的那种气喘病，她也得了。

● 1852 年 2 月 21 日，巴黎，54 岁

我和桑夫人、莫里斯（Maurice）、兰伯特（Lambert）和芒索（Manceau）在一起吃饭。看到这些年轻人跟这个可怜的不幸的女人在一起，我有一种很奇怪的感觉。

《大仲马画像》（*Alexandre Dumas père*）
德拉克洛瓦，布面油画

大仲马[1]

喋喋不休的大仲马

1847年4月26日，巴黎，49岁

皮埃雷过来了，晚上有一部分时间与他一起度过。总的来说，今天一天过得还不错。

皮埃雷把有天晚上他在尚马丹家里的情形告诉了我，当时大仲马正在那里大肆谈论，以图证明拉辛[2]的软弱、布瓦洛[3]的空虚，以及所谓的伟大世纪中的作家完全缺乏敏感忧郁的情绪等等。我愿意为他们辩护一番。

大仲马毫不歇气地照例又谈起“公共广场”或者“宫廷门廊”那些地方所发生

① 大仲马（Alexandre Dumas, 1802~1870），本名亚历山大·仲马，是19世纪法国浪漫主义作家，为区别他同名的作家儿子小仲马（Dumas, fils），被人称为大仲马（Dumas, père），其代表作有传奇小说《三个火枪手》《玛戈皇后》《基督山伯爵》等。成名后的大仲马在生活上一掷千金，时常负债累累，必须依靠大量的作品赚取巨额的酬劳，因此他的作品普遍良莠不齐，饱受研究者的批评。

② 让·拉辛（Jean Racine，1639~1699），17世纪的法国著名三大戏剧作家之一，另外两位是莫里哀（Molière）和高乃伊（Corneille）。拉辛虽然也创作喜剧，但主要是悲剧作家，他的剧作如《安德罗玛克》（*Andromaque*）《阿达莉》（*Athalie*）等是新古典主义作品的完美典范，参见203页的“阿达莉”条目。

③ 布瓦洛（Boileau, 1636~1711），17世纪法国著名诗人、美学家和文艺批评家，被称为古典主义的立法者和发言人。1674年出版的《诗艺》是其最重要的文艺理论专著，这部作品集中表现了他的哲学及美学思想，被誉为古典主义的法典。

的事情，那一切都曾在我们的悲剧和莫里哀[①]的戏剧中出现过。他要求的是一种没有预先规定过形式的艺术。不过这类所谓的荒唐言论，倒也不会对别人造成困扰。真正令人大为震惊的，是大仲马和其他一些作家的作品中所出现的，这种与艺术并不相容的夸张的现实主义，还有那些最虚伪、最矫饰的情趣和性格以及剧情搅在一起的大杂烩。雕塑和素描都没有色彩，他们为什么不说这也是毫无意思的东西呢？假如这帮人是雕塑家的话，他们说不定也会给自己的作品涂上颜色，甚至装上弹簧好让自己的作品能走路，并且相信，这样的作品是更接近于真实的。

好可怕的大仲马！

- **1853 年 11 月 25 日，巴黎，55 岁**

好可怕的大仲马，他是从来都不放过别人的，三更半夜手里拿着个空白笔记本跑来叫醒我。我可真是够傻的，把什么细节都告诉他了，天知道他打算用来做什么！我相当喜欢他，但我们不是同一类人，所追求的也不是同一个目标。他交往的圈子跟我不一样，我们要是弄到一起，总有一个人会发疯。他留了他手稿的前几页给我，读起来还是挺讨人喜欢的。

可怜的大仲马

- **1855 年 5 月 22 日，巴黎，57 岁**

今天早上大仲马来了一趟，问我什么时候有空在家，于是我跟他订了一个下午两点钟见面的约会。他要求我给他提供各种各样的素材，比如我如何动手去创作一件作品，我对色彩的看法等等。我觉得把这些东西公布出去，是完全没必要的。他

① 莫里哀（Moliere, 1622~1673），本名让 - 巴蒂斯特•波克兰（Jean-Baptiste Poquelin），莫里哀是其艺名。他是 17 世纪法国三大著名的戏剧作家之一，与拉辛、高乃伊齐名。他是古典主义喜剧的创建者，其代表作有《伪君子》《吝啬鬼》等。

提出，我能否跟他一起吃饭，方便多点时间聊天。对于这样一个令人感到愉快的机会，我当然答应下来。后来他转身出去办了些事，一直到晚上七点才回到我这里。那时我已经饿得要命，正准备吃饭，不想再等他了。

饭后我们同乘一辆马车去接一位正接受他庇护的年轻姑娘，然后一起去看意大利悲喜剧表演。之所以要来看这一类的演出，唯一可能的缘故就是——提高意大利语的水平。再没有什么东西能比这演出更单调乏味了。

大仲马对我说，他正在打一场官司，这案子可以保障他的未来。一开始大概可以捞到8,000法郎，以后还会增加。这个可怜的家伙，昼夜不停地写作却捞不到一分钱花，开始有些烦躁了。他说："我算是和他们对上了，我打算给他们留下几部未完结的小说然后走开。我应当去旅行，等我再回来之后，我们就能看到，他们是不是能找到一位'阿尔西德'②来写完这两个没完成的合同。"他就像尤利西斯③一样，非常自信地以为自己留下了一张弓，别人谁也拉不开。同时，他一点也不觉得自己变老了，不过事实上，在某些举止行动上，他也的确还像是个年轻人。他有好几个情妇，但是又不打算和她们过于亲近。比如我们带去戏院那个姑娘就想过要退出，她说他走路太快了，如果按照他那个速度行走，她一定会得心脏病而死的。慈爱的老仲马，每天都像个父亲似的去看她一次，给她安排生活费用开支，至于她怎么样消遣度日则漠不关心！大仲马真是个幸运的人啊！像他这样漫不经心倒也十分快活逍遥！他真应该像个战场英雄那样，光荣战死在沙场上，那样就不用去操心老年时代的种种痛苦，那些无望的贫困与孤独。

② 阿尔西德（Alcide），希腊神话中大力神赫拉克勒斯（Heracles）的名字，罗马人称他为海格力斯（Hereules）。他神勇无比，完成了十二项英雄伟绩，还帮助伊阿宋（Jason，拉丁语Easun）觅取金羊毛，解救了普罗米修斯（Prometheus）等。此词代表"大力士"的意思。

③ 尤利西斯（Ulysses），希腊神话中英雄奥德修斯（Odysseus）的拉丁名字（Ulixes，转写：Ulysses）。他曾参加特洛伊战争，献木马计攻破特洛伊。荷马史诗《奥德赛》讲述了奥德修斯在战争中取胜后返航途中长达十年的历险故事。奥德修斯十年未返，人们觉得他一定死掉了，当地贵族纷纷追求他的妻子佩内洛普（Penelope）。她设法拒绝求婚者，约定用她丈夫留下的弓，谁能拉弓一箭射穿十二把斧头的穿孔谁就能娶她为妻。最后只有奥德修斯本人能够做到。

他告诉我，他和自己的两个孩子住在一起，但就跟独居是一样的。他们只顾管自己的事情而任凭他去和他的伊莎贝尔（Isabelle）找乐子。而另一方的看法是，据卡维夫人（Mme Cavé）第二天对我说，他的女儿抱怨说跟她住在一起的父亲，只打发情妇上门来看她，而他自己从来都不在家。这真是个奇怪的世界啊！

大仲马讲故事

- **1856 年 1 月 19 日**

与杜塞（Doucet）一起吃了饭，和大仲马一起回家。他告诉我他和一个处女谈恋爱的事。她是个寡妇，第一个丈夫已经死了，她在第二次嫁人前还是贞白无瑕的。

亨利·贝尔·司汤达[1]

- **1850 年 1 月 31 日，巴黎，52 岁**

可怜的贝尔[2]有次写信给我，说道：“不要忽略任何能够使你成名的事情。”

舍纳瓦尔[3]

名人趣事

- **1849 年 3 月 2 日，巴黎，51 岁**

今天晚上，在去看肖邦的路上，我碰到了舍纳瓦尔，我停下来和他谈了差不多两个小时。其中有一部分时间，我们躲在喜歌剧院的过道里，也就是仆从们等候的地方。他说，真正伟大的人物，看起来是

①亨利·贝尔·司汤达（Henri Beyle Stendhal, 1783~1842），19 世纪法国杰出的批判现实主义作家，他从 30 多岁才开始写作，作品包括数部长篇，数十个短篇或故事，数百万字的文论、随笔和散文和游记，代表作有小说《红与黑》(1830) 和《巴马修道院》（1839）等。

②司汤达已于 1842 年去世，德拉克洛瓦于 1847 年才续写中断了 20 多年的日记，所以日记中只有对“贝尔”（司汤达名字）的几点零星回忆。德拉克洛瓦早年和司汤达的关系并不怎么样，但后来成为好友，德拉克洛瓦还在 1929 年把自己那美丽风骚的表妹阿尔贝瑟（Alberthe）介绍给司汤达，两人展开了一段恋情。有关阿尔贝瑟可参见 27 页的“巫女般的阿尔贝瑟”条目，以及 110 页的“阿尔贝瑟家的舞会”条目。司汤达是最早欣赏到德拉克洛瓦惊人才

很朴实的，从来不装腔作势。例如说，伏尔泰（Voltaire），他就经常在公众场合发点小脾气。他还把一个叫休伯特（Hubert）的人画的讽刺漫画描述给我听，这些漫画把伏尔泰各种场合的可笑情景都画下来了。他又谈到波舒哀④，他是一个头脑很简单的人，但却喜欢在虔诚的老太太面前风骚调情等等。人人都知道蒂雷纳⑤被他的仆人打了一耳光的事情，还有一次，他在林荫大道上（那时候的大道一定不挤）主动跑去给玩木球的人当裁判时，首先是把自己的手杖借给别人测量距离，后来，他索性自己也参加到球赛中去了。

他与大师相反

● **1850 年 2 月 11 日，巴黎，52 岁**

舍纳瓦尔在吃饭时说，他不喜欢拉斐尔，因为他认为拉斐尔是一个冷淡的缺乏人情味儿的画家，这意思是说，要是有位更强大的名家给他以更深刻的影响的话，他的风格就会完全改变。而米开朗基罗、柯罗乔、伦勃朗等人，则恰恰跟他相反。

辩驳舍纳瓦尔的观点

● **1853 年 5 月 19 日，巴黎，55 岁**

……舍纳瓦尔是把音乐看成低等艺术的人。舍纳瓦尔具有这样一种典型的法国式脑袋，那里面只能容纳各种通过文字来表达的思想，一旦遇到文字所不能表达的思想时，他就把它们排斥于艺术的领域之外。……他把文学放在第一位，绘画其次，音乐则仅居其三。如果从事这些艺术门类的任何一名艺术家，能够以一种艺术去包括或者替代其他两种艺术的话，那舍纳瓦

华的人之一，早在 1824 年，他就称德拉克洛瓦是“丁托列托的一名弟子”了。

③保罗·舍纳瓦尔（Paul Chenavard, 1808~1895），他是安格尔的学生，一位眼高手低的画家，德拉克洛瓦曾与这位以善辩见长的家伙争辩过许多有关美学和伦理学的问题，有时候，舍纳瓦尔教条死板的理论，让德拉克洛瓦生气得要命，但德拉克洛瓦还是多次与他聊天谈话、进行讨论。

④波舒哀（Jacques Bénigne Bossuet, 1627~1704），17 世纪法国神学家、作家，是路易十四的宫廷牧师，以雄浑华丽的布道辞而闻名，号称法国历史上最卓越的演说家之一。

⑤蒂雷纳子爵（Viscount de Turenne, 1611~1674），法国贵族，路易十四时代的法国大元帅（Marshal General of France）。

尔的理论或许还有些依据。然而，如果你用文字去表现绘画或者交响乐的话，要把作品的内容概括地传达出来也许并不太难，但如果想让读者能对作品有一个形象的了解，就无法做到了。因为在这些方面，文字是不够准确的。凡是给眼睛预备的东西，就应当去看；为耳朵预备的东西，就应当去听。一篇演讲辞，如果是从演说家口中说出来，其效果就远远要比照本宣科地把它读出来要好得多。一段戏剧，经名家演绎，就会生动浮现……哎，算了……我也说得够多了……

● 1854年8月31日，迪普，56岁

今天晚上我和舍纳瓦尔在海边和街道上散步时，谈了很久。……舍纳瓦尔今天又跟我讲起了他那著名的衰落论。他实在是太教条了。不仅如此，他对一些艺术作品所具有的真正优点也估计不足。他还说，200年前的人和300万年前的人的水平不会一样，现代人也和过去50年到100年前的艺术家不能相提并论。但我却觉得，像格罗①、达维特②、普吕东③、籍里柯和夏勒特（Charlet）这些令人景仰的画家，他们都具有像提香和拉斐尔那样的才华。我甚至认为，我自己的某些作品，前辈大师们也未必一点都看不上眼呢，说不定我所构想的某些意境，在他们看来还觉得很新奇呢。

● 1854年9月1日，迪普，56岁

晚上我把舍纳瓦尔打发走了；昨天听过他的那些长篇大论之后，觉得很厌烦腻味。无论有意无意，他就好像外科医生动手术一样，令人情绪低落。美的东西就是

①格罗（Gros, 1771~1835），19世纪法国带有浪漫主义倾向的新古典主义画家，擅长大型历史画，参见166页旁注③及170页“参观卢浮宫”条目。

②达维特（David, 1748~1825），又译大卫，是18至19世纪法国新古典主义绘画大师及奠基人，格罗、席拉尔等人都是他的学生或助手。参见235页旁注①。

③普吕东（Prud'hon, 1758~1823），18至19世纪的法国古典主义画家，但他的作品充满抒情味，带有一些浪漫主义色彩。参见158页的“观摩普吕东的《约瑟芬画像》”条目。

《纳榭人》（*Natchez*）
1823~1835 年，德拉克洛瓦，布面油画，90 厘米 ×117 厘米
美国纽约大都会美术馆

美的东西，不管处于什么时代，也不管它是为谁而诞生的。

1854 年 9 月 8 日，迪普，56 岁

舍纳瓦尔这个见鬼的家伙，对于凡是我们所能亲眼见到的人物，从来是不屑一顾的，在他的眼里，只有康德和柏拉图那才是真正了不起的人，几乎成了神！只要我一提到某个当代人或者某个我们还能看到的人，他立刻就把别人说得一钱不值，而且还强迫我一道来贬低那人，直到把别人批评得体无完肤为止。他说他天生不会赞扬，这句话倒是说对了，在这一点上他本来也就表现得非常明显。舍纳瓦尔这个人的确很有意思，但是我看见他又想躲开他。一个高尚而有道德又非常诚实的人怎么可能反倒叫人不愿意接近呢？一个心思不纯良的人又怎么可能拥有一个通情达理的心灵呢？如果拿出一幅素描来让他审视，他一边会对作品漫不经心地随意摆弄，一边会用手在纸上东指西点，到处挑剔，就好像一幅作品一无是处。

《珍妮肖像》(*Portrait de Jenny Le Guillou*)
1840 年，德拉克洛瓦，布面油画，45.5 厘米 ×37.5 厘米
巴黎德拉克洛瓦博物馆

忠仆珍妮①

● **1853 年 10 月 17 日，巴黎，56 岁**

路虽然很不好走，我还是带着我那可怜的珍妮去树林里，穿过贝维特（Bayvet）的庄园散了会儿步。我很高兴地看到，她现在的健康状况似乎有所好转。这位造化的子民，她拥有多么丰富的常识啊，在她那些古怪的偏见中，又蕴含了多么难得的智慧啊！

● **1854 年 8 月 18 日，迪普，57 岁**

我那可怜的珍妮，她的命运看来注定

① 珍妮·勒吉尤（Jenny Le Guillou，1801~1869），她原本是一个农妇，曾经是德拉克洛瓦好友皮埃雷家的女仆，1834 年成为德拉克洛瓦家里的女管家。德拉克洛瓦很喜欢并信任珍妮的单纯质朴和勤劳勇敢，最终把他在巴黎和尚罗塞两地的所有家务都托付给珍妮照管。德拉克洛瓦评价珍妮“对人极为忠诚，就像一个值勤的卫士一样关怀我的生活，珍惜我的时间”。但在后期，珍妮的个性变得猜忌多疑，把德拉克洛瓦的朋友都拒之于门外。德拉克洛瓦的一些老友，如皮埃雷、里兹内尔等人对于珍妮在德拉克洛瓦的生活中所具有的这种举足轻重的地位，以及她对他们的态度，都感到十分厌恶。无论如何，珍妮 30 年来忠心耿耿地照料着德拉克洛瓦的生活，几乎是各种有关德拉克洛瓦的传记中不可缺少的人物。

要像我一样了（从来未有过不同），但这并不是她的善良所应当承受的。面对这样一些残酷的考验，没有谁能比她的品质更高贵，更忠诚。为了补偿她能够拥有慷慨宽厚的心态安然忍耐那些穷困的岁月，上天应赐她多享一些福运，少受一些磨难！

● 1855 年 10 月 3 日，迪普，57 岁

又见到珍妮了，我心中的欢喜真是难以形容。可怜的、亲爱的女人！她的小脸看起来清瘦多了，但是看到又有人能与她聊天，她眼睛里焕发着欢欣雀跃的神采；我不顾天上下着雨，与珍妮一起步行回家。接下来的几天，也许我在迪普逗留的全部时光，我都将沉浸在久别重逢的喜悦中，在世界上，她是唯一毫无保留地全心全意爱我的人。

● 1856 年 5 月 6 日，巴黎，58 岁

晚上，我给珍妮高声朗诵了《阿达莉》[②]中的几场戏。

② 参见 203 页的“阿达莉”条目。

德拉克洛瓦的社交活动

与朋友讨论“天才与杰出人物”

• **1824年4月27日，巴黎，26岁**

今天就天才（geniuses）与杰出人物（outstanding men）的问题，在勒布隆那里进行了一场很有意思的讨论。狄米耶（Dimier）认为，崇高的情感是一切天才的源泉！而我认为只有想象力，或者与之接近的——敏锐的感觉才是天才的源泉。敏锐的感觉能让一些人看到其他人的盲点，或者说是能通过不同的方式认知事物。我还说，即使是崇高的情感与想象力结合在一起，却往往会导致混乱的思维。杜弗瑞作出了非常准确的评论。他说，从根本上看，一位杰出人物的产生，是在于对事物有绝对独到的看法。他根据这一点扩展，认为一些伟大的军事领袖等都属于这样的人，但事实上他已经把各行各业的伟大人物都包含进去了。因为大人物的产生并无规律可循，有规律的仅仅是那些有才华的人物，而这种才华是可以获得的。证据在于，天才是不能被传授的。

受到赞扬并学习格言

• **1824年8月19日，巴黎，26岁**

在卢浮宫碰到席拉尔男爵①。他那些赞扬的话实在太溢美了。

① 弗朗西斯·席拉尔（François Gérard, 1770~1837），18至19世纪法国新古典主义画家，是新古典主义大师路易·达维特的助手和学生，他是个能言善辩、风度翩翩，擅长与王公贵族打交道的画家，为拿破仑、路易十八等服务。他的

他邀请我明天到他的乡村别墅去吃饭。

与贺拉斯·韦尔内②及席弗（Scheffer）共进午餐，学到一句贺拉斯·韦尔内喜爱的格言：当你抓住了一件事，就一直把它做完。这是完成大量作品的唯一方法。

与朋友在蒙特莫伦西（Montmorency）

● **1824年10月5日，蒙特莫伦西，26岁**

在蒙特莫伦西康弗兰夫人家度过了一整天。曾在林中散步。傍晚，和菲利克斯（康弗兰夫人的兄弟之一）一起回家，我们分别走在这位女士的两旁。今晚收到索莱尔的一封信。

作品比达维特更华丽柔美，画面像瓷器一样光滑，带有优美的幻想气质。席拉尔曾经由塔列朗介绍成为路易十八的宫廷画师，他这一派在当时的影响很大，德拉克洛瓦和他们这一派人相处得很好。

② 贺拉斯·韦尔内（Horace Vernet, 1789~1863），法国画家，擅长画战争题材和肖像，还是一位关于阿拉伯的东方文化学者。

德拉克洛瓦年轻时代的日记到此日中断，没有什么特别显著的原因，除了画家活跃的生活吸引了他越来越多的精力。从1826到1830这几年是浪漫主义运动全面高涨的年代，维克多·雨果（Victor Hugo）是文学运动上的主将。而在绘画方面，没有任何人能在这场运动中超过德拉克洛瓦的天赋；但他并不愿意接受作为主将的限制和约束，很快与雨果的合作就陷入了疲惫，两人分道扬镳。再一次写日记的时候是1847年，这时德拉克洛瓦已经快50岁了。参见214页的“写日记”条目。

无聊而又乏味的时髦宴会

1847年1月26日，巴黎，49岁

今天画《阿拉伯的骑兵》（*Arab Horsemen*）。和梯也尔先生①一起吃饭。在他家里遇到的那些人，我从来不知道要对他们说些什么好。当他们发现我极其讨厌谈政治、议会等时，就不时地转过头来跟我谈艺术。

这种摩登时尚的宴会实在是既无聊又乏味！整场宴会都是由一群仆人们在挑大梁，除了把食物喂进人们嘴里之外，什么事情都是他们在做。吃饭的事情大家是最后去考虑的，大家好像觉得吃饭像是一些令人讨厌的差事，得赶紧敷衍过去。这种宴会既不真诚又不友好。到处都是脆弱的玻璃杯——愚蠢的附庸风雅！我一拿到这杯子就不能不手颤，总要洒一半东西到桌布上。我尽可能迅速地逃离了。

阿尔贝瑟②家的舞会

1847年2月23日，巴黎，49岁

晚上在阿尔贝瑟家里参加了一场小型舞会，非常高兴再次见到她，她真是我亲爱的朋友。她穿上舞裙后，看起来仿佛青春再生，整个晚上充满活力。她的女儿也十分动人，舞跳得非常优雅，特别是那种耗费体力的波尔卡③。看到了德·荣纳先生（M.de Lyonne）和德·拉波美先生（M.de la Baume）。那家伙从来没有一天见老过。

① 梯也尔（Louis Adolphe Thiers，1797~1877），19世纪法国政界人士、历史学家，七月革命后，先后担任内阁大臣(1832年,1834~1836年)、首相(1836年)和外交大臣(1840年)之职。1871~1873年，担任法兰西第三共和国首任总统。德拉克洛瓦和梯也尔长年有交往，早年曾颇受他的教益，但有一段时期对待梯也尔颇为冷淡。

② 阿尔贝瑟（Alberthe）是德拉克洛瓦一位妩媚多情的表妹，曾是司汤达的一位情人，参见27页的“女巫般的阿尔贝瑟”条目，以及102页的“亨利·贝尔·司汤达”条目。

③ 波尔卡（Polka），是一种捷克民间舞蹈，也指这种舞蹈的舞曲，该词是从波希米亚语中的“半”演化而来的。波尔卡舞曲出现于1830年左右的捷克，19世纪中叶至19世纪末流行于欧美，是一种快速舞曲，舞者们常站成一个圆圈，舞步很小，半步半步地跳，因而得名。

与拉马丁[④]、梅里美[⑤]的聚会

● 1849年2月14日，巴黎，51岁

在比克肖（Bixio）家里和拉马丁、梅里美、马尔维尔（Malleville）、斯克瑞布（Scribe）、梅耶贝尔（Meyerbeer）以及两个意大利人一起吃饭。这真是一个最愉快的夜晚。我以前还从来没有跟拉马丁在一起呆过这么长时间。吃饭的时候，梅里美故意要拉马丁谈谈普希金（Pushkin）的诗，因为拉马丁自称读过他的诗，尽管还没有翻译过来。拉马丁给人以这样一个痛苦的印象，他好像总是会让别人来捉弄自己。他自视甚高，总是不断地提醒人们说，他对一切都负有责任。其他人都把他当做一个和蔼可亲的疯子对待，而他似乎与别人对他的这种态度很有默契，心照不宣，从容不迫。他那粗重的嗓门似乎对此也无动于衷。

维隆[⑥]家的宴会

● 1849年4月4日，巴黎，51岁

今天是维隆设宴请客的日子。在赴会之前我曾感到十分疲惫，但一到那里就恢复过来。他居住得令人惊异地豪奢。宽敞的房间里包括天花板在内，都挂满了锦缎饰品。宴席上所用的银器非常精美，宴会间还有乐队伴奏。顺便说一句，这种哥特式的旧习俗非但不能增进食欲，反而妨碍了人们进餐时的交谈。

瑞秋（Rachel）在场，还有莫莱先生（M. Molé）、西班牙的奥苏纳大公（Duke of Osuna）、吕利埃将军（General Rulliere）、阿尔芒·贝尔坦（Armand

④ 拉马丁（Lamartine, 1790~1869），19世纪法国第一位浪漫派抒情诗人，也是浪漫主义文学的前驱和代表人物之一。他的诗歌用语朴素，节奏鲜明，但情调低沉哀伤。他认为诗是心灵的语言，是感情充溢时的自然流露。他在代表作《沉思集》中写下了许多悲叹爱情、时光、生命消逝的诗篇，着重抒发内心深切的感受。德拉克洛瓦非常喜欢读诗，年轻时代的他曾在1824年4月11日的日记中记载，他想要从但丁、拉马丁、拜伦的诗中获取创作题材和灵感。参见291页的“选择并处理创作题材”。

⑤ 梅里美（Mérimée, 1803~1870），19世纪法国剧作家、历史学家、考古学家和短篇小说家。他家境富裕，终身衣食无忧，学识渊博，也许最因他的中篇小说《卡门》而广为人知。《卡门》经法国音乐家比才（Bizet, 1838~1875）改编成同名歌剧而取得世界性声誉，“卡门”也成为西方文学上的一个典型形象。

⑥ 维隆博士（Dr. Véron）是《巴黎杂志》（*La Revue de Paris*）的创办者，是德拉克洛瓦结识的一个年轻人。维隆曾在他所写的《一个巴黎中产阶级的回忆录》（*Mémoires d' um bourgeois de Paris*）中对德拉克洛瓦作了一些生动的评述。但德拉克洛瓦本人却认为那都是些表面而不可靠的东西。

Bertin），以及坐我旁边的、非常客气有礼的富尔德先生（M. Fould）。瑞秋非常机智，诙谐健谈，在各个方面都表现得很得体。像她那样的出身和成长经历，能变成现在这个样子，对任何人来说都是很不容易的。后来在晚上，我和吕利埃就拉辛的剧作《阿达莉》①等内容在一起聊天，他是个很易于相处的人。

和阿尔芒·贝尔坦谈了很长时间关于音乐的话题。我们也谈到拉辛和莎士比亚（Shakespeare）。他说，在法国，不管他们怎样去做，到头来他们总是要回到那个关于“美”的概念，这个概念在他们民族接受后认为放诸四海而皆准。我认为他说得对，我们永远也不会产生优秀的研究莎士比亚的学者。英国人都是莎士比亚——实际上正是莎士比亚造就了英国人今天的一切！

① 参见203页的“阿达莉”条目。

在聚会中回忆巴尔扎克②

- **1852年2月10日，巴黎，54岁**

在里沃利路（Rue de Rivoli）参加了谢瓦利尔先生（M. Chevallier）的宴会。他那底层的房间宏伟华丽，但墙上挂的画却不堪入目；书柜也很豪华，但也和书柜里的书一样，从未打开过。任何东西都很没有品位。我在那里见到了德·塞加拉斯夫人（Mme de Ségalas），她使我回想起，自从1832年或1833年我们在奥莱利夫人（Mme O’ Reilly）家聚会过后，就再也没有碰过面。就在那时，或者在诺迪埃（Nodier）家，有一天傍晚，我第一次见到了巴尔扎克。他当时穿着一件蓝色的

② 奥诺雷·德·巴尔扎克（Honoré de Balzac, 1799~1850），19世纪法国著名作家，法国现实主义文学成就最高者之一。他创作的《人间喜剧》（Comédie Humaine）总共包括91部小说，写了2400多个人物，被誉为法国社会的“百科全书”。

外套，还配了一件黑色的马甲。总之我记得当时他穿的衣服是不太得体的，而他的牙齿那时也开始出现裂痕了。当年那些日子的巴尔扎克，正值冉冉上升之时。

被旧友孤立的感觉

● **1853 年 5 月 2 日，54 岁**

在皮埃雷家里吃饭，和里兹内尔一起，还有他的朋友拉索斯（Lassus）、费耶（Feuillet）、迪里厄（Durieu）。这些家伙在暗中不太喜欢我，我心情很难受地离开了。这种情绪一直持续到第二天，只是在工作的时候，我才暂时把它们忘怀。他们并没有竭力隐藏他们对我不高兴的表情，但在这里面隐藏着多少令人难受的感觉啊……如今在这帮老朋友里面我觉得很孤独！有很多事情他们不能原谅我——首先是，他们不能原谅运气给我带来的巨大好处。

对人际交往的看法

注意养成一副条理清晰的头脑

● **1823年5月16日，巴黎，25岁**

今天是5月16日，星期五，去拜访拉里布（Laribe）并把我打算以法国历史为创作题材的计划拿给他看。事情果然如我预料那样发生，他们犹豫不决，想要削减我的计划并淘汰一些竞争者。我和他说话相当不客气，也许有点过分。最后，我退了一步，接受了一个教堂的任务，但是我好像对这个计划没有太大的信心。他答复我的时候，好像还不大愿意同意似的。

谨防被第一印象所蒙蔽，尽量保持冷静。

你要小心，不要被好朋友那些热情的承诺所迷惑，也不要为有权势的人所作出的愿意帮忙的保证而陶醉，更不要因一些有才华的人所表现出的对你的兴趣而沾沾自喜，以至于以为他们所说的是由衷之言——我的意思是，这些许诺是否真的能实现。有许多人在说话时的确满怀善意，但一到付诸实行的时候，他们的热情就明显地冷却下来，就好比那些夸夸其谈的人，或者那些像泼妇一样生气吵闹的人。而你，你自己，在与这些人交往的时候，更加要提高警惕，尤其要注意要避开这些荒谬可笑的关注，他们在提供这些保证的时候，往往只是一时冲动。

注意养成一副条理清晰的头脑，这是你走向幸福的唯一道路。想要到达幸福的彼岸，必须事事一丝不苟，哪怕在最微末的细节上，也要如此。

有一些强者，他们不轻易许诺却勇于实践自己的诺言，当我去面对他们的时候，发现自己是多么的软弱，多么的容易被人趁虚而入啊！但是这种人真的存在吗？我自己不是经常被人看作是意志坚强的人吗？其实我不是这种人，人们都只看事物的表象。不过我必须承认，我害怕这种人，还有什么东西能比害怕更悲惨呢？哪怕最果断的人，只要他对自己没有信心，也会变成懦夫。当一个人对一切事情都能计划预知，感觉成竹在胸时，才会变得沉着冷静。而沉着冷静就是最好的防御。我知道要做到这种地步，需要非常大的决心，但只要坚持不懈，一定能够取得很大的进步。

我必须单独工作

● **1824年3月31日，巴黎，26岁**

晚上不能吃得太多了，我必须单独工作。我想不时地参加社交活动，或者只是出门拜访一下朋友，这对一个人的工作和精神上的进步还不能造成太大的危害，虽然有些所谓的艺术家嘴上并不这样说。和这类型的人交往要危险得多，这些人的谈吐往往是陈词滥调，平庸无聊。我必须回去独自生活。此外，我要过一种刻苦自励的生活，就像柏拉图（Plato）那样。当一个人经常要依靠别人的仁慈施舍，并且始终向往于别人的社会生活，那么他怎么可能把自己全部的精力都集中在一件事情上呢？杜弗瑞（Dufresne）是完全正确的，当我们独处时，对事物的经验体会才能更强烈，更鲜明。然而一个人把自己的感受与朋友分享，这其中尽管有很大的乐趣，但这世界上值得分享的事情还是太多了。

一件事情，虽然两个人都能理解，但却是各自按照各自的方式去理解的，于是这事物的印象对于两个人来说就都削弱了。杜弗瑞劝我独自到意大利去，并且一到那里就关起门来独处，而我自己，也认为有这种必要。既然如此我为什么不现在就开始来适应这种生活呢？一切我所期望的改过自新，不也可以从这里开始吗？我的记忆力将会恢复，而且我也会变得镇定自若而条理清晰起来。

1824 年 4 月 4 日，巴黎，26 岁

每件事情都告诉我，我需要过更加独立的生活。我人生中最美好最珍贵的光阴，都在嬉笑娱乐中溜走了。事实上，这种嬉笑生活除了令人感到厌倦之外，对我毫无益处。昨晚迟迟没睡，浪费不少精力，而我今天还在盼望有客人来访。不管是有潜在的可能，还是出于惯性的盼望，这已经是在消耗我自昨晚没睡之后仅剩的精力了。

1824 年 5 月 18 日，巴黎，26 岁

你是不是以为拜伦在混乱之中时，也能写下他那强大的诗篇呢？或者以为但丁他的灵魂在阴间游荡时，也会被那些令人分心的事物包围呢？没有灵魂，就没有永恒的存在，更不要说创意。工作之所以不断地受到打扰，就是因为和太多人交往的缘故。

令人讨厌的“包打听”

● **1853 年 5 月 2 日，54 岁**

……我发现我跟伏尔泰有同样的感觉：我向来讨厌那些专门喜欢打听和收集别人私事的人，特别是一些喜欢打听别人现在私事的人更加令人讨厌。正是由于这些人胡乱传播私事，常常让伏尔泰觉得很恼火。可怜的贝尔（指司汤达）就是因为打听这种事情犯了错误，而这也正是梅里美的弱点之一——也是我之所以觉得他如此讨厌的原因之一。别人的私事秘闻，有时候就会成为闲谈的佐料，但是如果一味只对这种事情感兴趣的话，那就成为纯粹的猎奇了。这是我所痛恨的另一个小团体，这些“包打听”们从来不会很谨慎地去传播这些消息，更不会用积极的方式来讲述它们，相反，这些流言蜚语经常被他们说得乱七八糟，黑白颠倒，大大破坏人际关系的协调。

论沉默和沉默的艺术

● **1854 年 9 月 23 日，59 岁**

沉默和沉默的艺术

沉默的人总是会留下深刻的印象：哪怕是傻瓜，只要他们保持沉默，看起来也很体面，值得尊重。在日常事务以及人与人之间的关系中，人如果在适当的时候善于表示沉默，那这种才能很可能在他的成功中起到很大的作用。但是对于受想象力控制的人来说，没有什么比像这样克制约束自己更难的了。所以对于头脑敏锐、很快就能认清问题各个方面的人来说，想要

《黑白混血女人习作》
(*Sketch for TMulatto Woman*)
1824~1826 年，德拉克洛瓦，铅笔素描
13.4 厘米 ×21 厘米
法国巴黎卢浮宫

压抑自己不去发表见解是很困难的。这样一来，不谨慎的结果、轻率的建议、不着边际的承诺、对危险或当权人物的嘲讽，一瞬间的自信等一连串麻烦和危险的事情便随之而来，类似这样的例子似乎可以举出很多很多。

但从另一个方面来说，也需要听听别人的意见才能了解一切。你要讲给别人听的事情，自己是知道的，你满脑袋都是这样的东西，但是你无法知道别人会对你说些什么，他也许有些新的东西来告诉你，也许有些东西你忘记了他会来提醒你。

当你面对一个听众，你怎么可能拒绝把你脑海中能使他惊奇并且感到兴奋的见解讲给他听呢？蠢才更容易被自己空洞而开心的谈话所带动，他们不会对严肃而有教育意义的谈话感兴趣，他们更关注如何卖弄自己的辉煌，而不在意怎么去打动听众，结果使人眼花缭乱，如堕云里雾里。傻瓜们在发表了一通见解和谈话后感到洋洋得意，而其唯一的奖赏只是智者对他们的自我满足表示轻蔑。缄默是蠢材变得聪明起来的第一个特征。

我坦言我偏好沉默的艺术，那些普桑①曾经精通的艺术。语言是不得体的，它打破一个人的宁静，要求别人的注意，也容易引起争论。绘画和雕塑看起来更严肃，它们的蕴意需要你去仔细体会才能明白。从另一个方面来说，书籍就麻烦多了，它们在你的身边到处都是，你只有翻开那些书页，跟随那些观点，直到结束后你才能作出评价。你把时间浪费在那些二流的书本上，只为了提取那一点点有意义的见解而这一页那一页地翻来翻去，有多少次你为此感到后悔呢？阅读是件相当令人疲倦的事情，任何书籍只要它不是完全没有价

① 普桑（poussin, 1594~1665），17世纪法国著名的古典主义画家，参见222页的“写关于普桑的评论文章”条目。

值，就意味着你需要付出阅读的劳动。作者在书中努力解决各种反对或批评，这过程就像摔跤一样，他争过来，有人又斗过去。

从另一个方面来看，绘画和雕塑都像是自然的作品，局部与整体浑然一体，作者好像没在作品里面出现。与作家和演说家不同，这些作品不与我们发生直接的接触，它们提供的是一个具体的存在，而这个实体里面却充满多少谜一般值得玩味的内容啊！它不用去吸引我们的注意，因为其中的精华所在任何人都可以一目了然。如果作品是无法忍受的平庸，我们只需要方便地将目光移开。杰作给我们带来的则是专注的沉思。更进一步来说，沉默的魅力具有一种力量，这种力量在我们每次看到这杰作时都与日俱增。

书的情况就不一样了。它的美不在于持续地激起相同的快感，它需要读者们的联想和转译。虽然我们经常受到好书的启发，从中得出一些好主意——这是阅读好书的首要要求——但我们的见解往往不是很愿意与作者达成一致。在书中，作者为我们创造意境，但他所描写的形象总是还不能生动到足以阻止我们去自由想象出属于自己的独特意境。我们不喜欢阅读大部头书籍，这就是最好的证明。一首短诗或者一则寓言就具有一幅图画的特点，可以一目了然。反之，有哪一本悲剧作品到最后不是让人感到非常厌烦疲倦呢？像这样的作品太多了……

3. 德拉克洛瓦观察生活

① 丹吉尔（Tangier），是北非摩洛哥北部的古城和海港，参见28页旁注②。

马斗的情景

● **1832年1月29日，丹吉尔[①]，34岁**

马斗的情景。最开始的时候，它们先后腿站立起来，然后猛烈地斗在一起，我真为它们的骑马人感到胆战心惊，不过这真是创作的绝佳题材。我确信我已经亲眼目睹了一幅格罗或者鲁本斯从未想到的、难以置信的非凡景象。后来那匹灰色的马把它的头压在另一匹马的脖子上，看来就好像是在它被迫松开之前，再也不愿动弹一下似的。莫纳打算下马，当他扯住马头时，那黑马却又猛地用后腿站起。另一匹马就从后面凶猛地撕咬它。正当斗得火热时，那位外交官从马上摔下来了。接着他们让这两匹马走开，但它们还在搏斗。它们一路打到河边，然后又一起

1832年，德拉克洛瓦和大使德·莫纳伯爵（Count de Mornay）在摩洛哥（Morocco）旅行，一路上他作了不少笔记和速写，部分的速写作品后来曾经发表。这些东西就其性质来说，是他六个月旅途生活的即时印象，只是人生中的一段插曲，还不能成为日记的一部分。但他在摩洛哥的旅行观察，细致入微，为他以后的作品如《犹太人的婚礼》(*The Jewish Wedding*)《马厩中的马斗》(*Horses Fighting in the Stable*) 等的产生提供了大量素材。

《德·莫纳伯爵的卧室》（*La Tente Du Comte de Mornay*）
1831~1832 年，德拉克洛瓦，布面油画，41 厘米 ×33 厘米
法国巴黎卢浮宫

掉下河去了。它们一边挣扎着试图上岸，一边继续在水中搏斗。它们的长腿在河岸的稀泥中滑来滑去，弄得满身是泥，脏兮兮的闪闪发光，河水都淹到马鬃了。在反复遭到打击之后，灰马放弃了它的敌人，跑到河中间去了，黑马则从水中跳了出来。河对岸有个士兵，正在扎起他的衣服，准备下水去把灰马牵上岸来。

士兵和马夫之间爆发了争吵。这情景也棒极了！马夫的打扮看起来像个老太婆，但是他身上却洋溢着一种好战的劲头。

在我们回家的路上，右侧是一片美丽至极的风景，西班牙群山呈现出极为柔和的色调；大海，是暗暗的蓝绿色，像无花果那样的颜色。篱笆，顶部是黄色的，是因为栽种的那些竹子；底部则是绿色的，是因为那里有一些芦荟。

有只蹒跚跛行的白马想跳到一匹我们正在骑行的马上来。

《摩洛哥人和他的马》（*The Moroccans and his horse*）
德拉克洛瓦，布面油画，50 厘米 ×61.5 厘米
匈牙利布达佩斯美术馆

这段生动的叙述后来成为德拉克洛瓦的创作题材。

《丹吉尔住家的室内》
1932 年，德拉克洛瓦，纸本水彩，12 厘米 ×19 厘米

带着卫士的摩洛哥苏丹

- **1832 年 3 月 22 日，梅克内斯①，34 岁**
  国王召见。②

大约在九十点钟的时候上马启程，由“凯德”③带领步兵，骑着骡子引导，抬礼物的人在后面跟随。从清真寺前面经过，寺院里建有美丽的尖塔，其中之一能从我住的地方望见。小窗户上都有漂亮的窗格。

经过一条由竹子铺路的小巷，和阿尔卡萨（Alcassar）的那些小巷一样。这里的房屋比丹吉尔的要高一点。

在王宫门前的广场上，人群被鞭子和棍子赶得往后退。铁制的大门，上面钉满

① 梅克内斯（Meknès），北非摩洛哥城市。

② 这里记载的场面就是《带着卫士的摩洛哥苏丹》（*The Sultan of Morocco with his Bodyguard*）这幅画的主题，该画曾在 1845 年的沙龙中展出，现存于法国图卢兹博物馆（Museum of Toulouse）。还有其他版本存在。

③ 凯德（Kaid），是地方首领的意思。

《马厩中正在搏斗的阿拉伯马》（*Arab Horses Fighting in a Stable*）
1860 年，德拉克洛瓦，布面油画

摩洛哥犹太人的婚礼

● **1832 年 2 月 21 日，丹吉尔，34 岁**

犹太人的婚礼。摩尔人（Moors）和犹太人（Jews）站在门口。有两名乐师。一个琴师一只手的拇指高高翘在空中，另一只手的下半部分在暗影中，光在他的背后；他头上包的“海克”①有几个破洞；白色的袖子，背影在阴影中。另一个琴师蹲坐在他的脚后跟和他的“格拉比阿”②上。他们两人之间的部分大半在阴影中。摩尔人的吉他琴的匣子横放在乐师们的膝头，接近腰部的地方非常暗，红色的马甲，上面有褐色的镶边，脖颈后面是蓝色。影子呈 90 度直角从左臂投射下来，映到膝盖以上的“海克”上。衣袖高卷，一直卷到肘部以上；在他旁边有绿色的家具，脖子上有个瘤，

① 海克（haik），阿拉伯人披在身上的白罩袍，或披在头上的长方形头巾。

② 格拉比阿（gelabia），一种阿拉伯式样的长袍。

这幅画曾在 1841 年的沙龙中展出，日记中那段文字生动的叙述，就是这张画的主题，图文对照来看，我们仿佛随德拉克洛瓦一起身临其境。

《摩洛哥犹太人的婚礼》 *(Jewish Wedding in Morocco)*
1839 年，德拉克洛瓦，布面油画
法国巴黎卢浮宫

《丹吉尔住家的天井》
1930 年，德拉克洛瓦，纸本水彩，20.7 厘米 ×29.4 厘米
法国巴黎卢浮宫

鼻子很塌。

在琴师旁边，有一个漂亮的犹太姑娘，马甲和袖子，金色和紫色。她站着，一半靠着门，一半靠着墙，在靠近前面的地方，有个老妇人穿了一身的白色，差不多要把她整个人遮住了。暗影里充满了反射光，其中有白色。

有一根深色的柱子立在前面。左边的女人们一层一层地站着，一个比一个高，好像一盆一盆的花一样。大部分是金色和白色；头巾是黄色的。孩子们坐在前面的地上。

吉他琴师旁边坐着的一个犹太人正在击手鼓。他的面部是一片黑色的影子，把弹六弦琴的那人的手遮住了一部分。头的下半部分对着墙，很清晰地凸出来，“格拉比阿”长袍的末端压在弹吉他的那人下面。在他前面，有个年轻的犹太人盘腿而坐，手中拿着一个盘子，衣服是灰色的。靠着他的肩膀，有个犹太小男孩，大概10岁左右。

普瑞希亚达（Prisciada）站着楼梯口，她的头上和颈间包着紫色的头巾。两个犹太人坐在门口的台阶上，朝门口望去隐约可见。他们鼻子上的光线特别强；一个犹太人站在楼梯上，影子清晰地投射在墙上，反光很好，淡淡的黄色。

楼上，犹太姑娘们靠着阳台的栏杆往下看，左边的那一个没有包头巾，很暗，衬着阳光强烈的墙壁，成了一个黑影。角落里，是一个长着卷胡子的老摩尔人，他头上的“海克”有些绒毛，缠头巾裹在前额上，压得很低，白“海克”上衬着灰色的胡子。另一个摩尔人，鼻子比较矮，很有男子气概，头巾戴得高。一只脚伸在拖鞋外面，穿着水手式的上衣，袖子也是。

门旁的阴影处有个女人，反光很多。

晚上：犹太姑娘的服饰。她那尖帽子的形状。老妇人的哭声。在画她的脸。当她开始穿礼服时，年轻的已婚少妇手里拿着蜡烛。她的脸上罩着面纱。女孩子们站在床上。

白天：新婚不久的女人们靠墙站着，她们的亲戚在旁边作陪。新娘从床上下来，她的同伴们还留在上面。红色的面纱。新娘们到达时，都戴着“海克”，眼睛很美丽。

他们的父母来了。蜡制的火炬；两把火炬涂成不一样的颜色。喧闹声。脸被火光映亮了。摩尔人混杂其间。犹太新娘两旁都有人扶着，还有人在后面扶着那顶尖帽子。

《犹太新娘》（*Jewish Bride*）
1832 年，德拉克洛瓦，纸本水彩，28.8 厘米 ×23.7 厘米
法国巴黎卢浮宫

这是德拉克洛瓦画的犹太新娘水彩稿，几乎跟上面那段文字中的描述一模一样。

了钉子，下半截粉刷了白色的涂料。

下马后，我们进入了第二个庭院，在成列的士兵们中间穿过。左边，有一个很大的操场，场中有帐篷、兵卒和拴着的马匹。

等了一会儿之后，我们进入了一个大庭院，在那里我们看到了国王。

在国王出现之前，我们先听到“Ammar Seidnal！吾王万岁！”（天知道是什么意思！）

从一条很平常而没有装饰过的通道上，来了一小队黑人士兵，大约八九个人，头戴尖帽，自右而左列为一行；然后又进来两个手持长矛的人，再然后才是国王。他骑马直奔我们而来，到很近的地方才勒住缰绳。看起来很像路易・菲利普①，但是要年轻得多。浓密的胡须，皮肤不是特别黑。“白纽斯”②的质料很好，前面几乎全扣上了。里面缠着“海克”，上面盖到胸际，下面则几乎把臀部和腿都盖起来了。若隐若现的右臂上缠着一条用蓝色丝带串起来的白珠子。银制的马镫，黄色的无跟拖鞋，马鞍和辔头是金色和玫瑰色。灰色的马，呈拱形弯曲的马鬃。伞柄是木制的，没有刷漆，伞顶有一个小金球，外面是红色的，整个伞划分为红色和绿色（单凭文字不太好理解，请参看德拉克洛瓦的画作）。

相互问候礼毕，他比通常接见时多呆了一会儿，然后命令穆赫塔尔（Muchtar）取来法国国王的信，并特别恩准我们去参观他的起居室。然后他就掉转马头，做了一下告别的姿势，然后向右转，在奏乐人中间行走，很快消失在人群中。

在他之后出现的车子蒙着绿色的布，用披着红布的骡子拉着，车轮金光闪闪。人们用像缠头巾那样长的白色长巾给它扇着风。

①路易・菲利普一世（Louis Philip I, 1773~1850），当时的法国国王。1830~1848年期间的法国君主，实行君主立宪制，即通常所谓的“七月王朝”，又称“奥尔良王朝”，1848年后被第二共和国取代。德拉克洛瓦在摩洛哥旅行时，正是路易・菲利普在位期间。

②白纽斯（Burnous），一种阿拉伯的男式斗篷，是由粗羊毛织成的带兜帽长袍，北非的阿拉伯人经常穿着。

从同一个门中退出，骑上我们自己的马。通过一道门，这扇门直通一条两侧高墙并立的街道，路的两边都站着士兵。

画中苏丹穿的黄色斗篷就是“白纽斯”，黄色兜帽下面的白色头巾就是“海克”。

《带着卫士的摩洛哥苏丹》（*The Sultan of Morocco with his Bodyguard*）
1845 年，德拉克洛瓦，布面油画，384 厘米 ×343 厘米
法国图卢兹奥古斯丁博物馆

破败的王宫与杜伊勒里宫(Tuileries)

1849 年 1 月 14 日，巴黎，51 岁

中午，与委员会约好在王宫见面，去视察将要举行画展的各个地点。宫中的破坏真的十分令人吃惊：画廊变成了仓库，还设立了会计办公室，等等。在一个搭有戏台的娱乐室里，充斥着一股军队营房和烂烟草的气味儿……后来为了同样的目的，我们又去了杜伊勒里宫①，在那里也发现了同样令人失望的景象。所不同的是，这座宫殿连我们在王宫所发现的那种客人也接待不了了。到处是一派残破颓败的景象，每一个地方都充斥着恶劣的气味。前国王（指 1848 年 2 月 24 日逊位的“七月王朝”君主路易-菲利普）卧榻上曾经睡过的床单肮脏不堪，王后的床也是一样。演出大厅里堆满了破烂的家具，珠宝盒被人撬开了，衣柜被撞烂了，衣服都露出来了。各个地方悬挂的肖像都被撕坏了，独有儒安维尔亲王②的例外——为什么会这样？很难找到原因了。

穷宪兵的园子

1850 年 4 月 29 日，尚罗塞，52 岁

今天早晨，我又和昨天晚上一样，到那个穷宪兵的园子去闲逛了下。这个园子现在杂草丛生，满目荒凉。他们种的那一垄一垄的卷心菜，他们的葡萄树和果树，本来是他们生活中的一点儿安慰，对贫困的生活还有点小小的帮助，然而现在几乎全都被过路的行人，被风，被其他各种各样的天灾人祸毁坏干净了。风把窗户刮得前后乱晃，直到把玻璃刮到打碎为止。不久以后，这里就要变

① 杜伊勒里宫（Tuileries），法国巴黎的旧王宫，位于巴黎塞纳河右岸，法国国王亨利三世至路易十三，均往来居住于杜伊勒里宫与卢浮宫两处宫殿中，拿破仑、路易十八、七月王朝、拿破仑三世时期都曾以其作为王宫。宫殿在 1871 年巴黎公社运动中被焚毁，遗址今作公园。

② 儒安维尔亲王（Prince de Joinville, 1818~1900），是 1830~1848 年在位的法国国王路易·菲利普之子，参见 128 页旁注①。儒安维尔是法国海军军官、海军上将，曾为法国海军现代化作出过突出贡献，1840 年他把拿破仑的遗骨运回法国。

成飞禽走兽的避难所了。

蚂蚁搬家

● **1850年4月30日，尚罗塞，52岁**

九点就出门了。……（我）一直远远走到普里厄橡树，就在那里，我看到了一队蚂蚁正顺着小路向前移动。我愿意向任何一位自然科学家质疑，请他们来解释一下蚂蚁的这种移动方式。整个蚁群队列，似乎是在列队前行，又好像是在迁居，还有少数工蚁沿着与队伍相反的方向匆匆忙忙地奔走。它们将会迁到哪里去呢？在这个被称为宇宙的巨大无比的匣子里，动物、人类和植物通通被杂乱无章地关在一起。我们自称，我们能识别星象，能测知过去和未来，然而这些毕竟都是超乎我们视界之外，用眼睛看不到的东西，但是我们对眼前的一些事物，却丝毫也不能理解。看来，所有这些有生命的物质，都将永远分离，互相不了解。

蜘蛛和苍蝇之间的格斗

● **1850年5月17日，尚罗塞，52岁**

在达威义（Draveil）那边的森林里散步走了很长时间，然而绕道森林后面的小路转回来。在那里我看到了一只蜘蛛和一只奇怪的苍蝇之间的战斗。我看见它们俩都朝我奔来；苍蝇飞在蜘蛛的背上进行凶猛的搏斗，对蜘蛛施以狂暴的打击。在短暂的战斗之后，蜘蛛就在苍蝇的攻击下死掉了。当苍蝇把蜘蛛一口咬住之后，它就以一种很难想象的速度和愤怒把蜘蛛拖走，不顾草叶和其他的障碍使劲地往后拖。我怀着很大的兴趣观看了这一场荷马式的决斗，就好像是朱庇特观看赫克托耳（Hector）和阿喀琉斯（Achilles）之间的战斗①。不仅如此，目睹一只苍蝇战胜一只蜘蛛，其中似乎还有种因果报应的感觉。因为人们常常看到的是与之相反的情形。那只苍蝇是黑色的，非常长，身上还有一些红色的条纹。

水痕与小沙沟

1852年5月6日，尚罗塞，54岁

为了振奋食欲，下午四点多钟，我一直沿着苏西路（Soisy road）散步。走着走着我忽然在灰尘中看到了一线水痕，好像是从烟囱口喷射出来的。这使我回想起从前在别的地方见到的一些似乎也受到几何规律制约的现象，这些现象通常都被认为是极为偶然的。

就拿海水在沙滩上冲刷成的小沙沟来做例子吧。在迪普的海滩上你就能看到这种小沙沟，去年我就注意过它们，正像我在丹吉尔时一样。小沙沟那不规则的纹理中仿佛又有相似之处，但无论是出于水的作用，又或是由于沙的性质，这些小沟渠因其所在位置的不同而呈现出各自不同的面貌。迪普的这些小沙沟犹如一段段曲水，流淌在很细腻的沙面上，这里那里，若断若续，或者被小石头围在中间，其表现形象就像是海水的波浪一样。如果把它们用适当的色彩描摹下来，就会产生一种波浪荡漾的动感，而这种感觉平时是很难捕捉的。在丹吉尔则是另一种情况，那里的海滩是平的，潮水退却之后，在沙面上留下的一道道小沙沟非常类似老虎皮上的花纹，甚至会让你错误地认为那就是老虎皮上的花纹。我昨天在苏西路上看到的那

① 朱庇特（Jupiter），是希腊神话中众神之王宙斯的罗马名字。据荷马史诗《伊利亚特》记载，在特洛伊之战中，特洛伊的王子赫克托耳英勇善战，希腊联军中只有阿喀琉斯堪与匹敌，后来他们二人在战场上决斗，最终赫克托耳死于阿喀琉斯的枪下。传说在决斗前，奥林匹亚诸神称量两位英雄的命运，判定由阿喀琉斯获胜，两位英雄的斗争，在众神眼中却似乎只是预定的命运。

种水痕，看上去特别像是叶子掉光后的某些树木的枝杈；树干由粗水痕形成的，伸向四面八方的小枝桠则是由纵横交错的飞溅水花造成的了。

燕子

● **1853 年 6 月 6 日，尚罗塞，54 岁**

我看到有两只燕子，它们选择降落在花园的小径上，我留意到它们如何缓慢地向前蹒跚着走路，它们只用翅膀飞过了两英尺多宽的地方。大自然赐给了它们一双长长的翅膀，却没有赐给它们两只灵活的腿脚。

微观与宏观

● **1854 年 8 月 5 日，巴黎，56 岁**

大自然具有非常令人惊奇的逻辑性。我在特鲁维尔（Trouville）的时候，曾经给某些不规则的碎石块画过素描，当我把它们画到纸上之后，那种不规则性所表现出的比例和匀称感，倒让你觉得它们似乎是一些山崖巨石，只要搭配上一些适当的物体，就可以衬托出它的体量。此刻，我正坐在一座蚂蚁堆成的大蚁丘旁写这些东西，蚁丘坐落在一棵树的脚下，部分借助于不规则的地面而构筑，部分来自于蚂蚁的辛勤劳动。这里是一片平缓的斜坡，有一些小型山谷，山谷中的居民就在下面匆忙地进进出出，就好像一个微型国家中的部分居民正一心一意地忙于自己的事业，这种景象可以让你在瞬间释放出无穷无尽的想象力。感谢这些迷你的小居民们，正是它们才让这片广阔的国土变成了悬崖峭

《橡树林一角》
1853 年，德拉克洛瓦，铅笔淡彩
31.5 厘米 ×22.5 厘米

壁和陡峭山坡，一个煤块或者一片燧石，也许都能够具体而微地呈现出庞大的岩石山群的形状。

当我在迪普的时候，也注意到了相同的情景。在海水涨潮时，我仿佛在那些石头之间看到了港湾，看到了引水道，看到了深谷中突出的石崖以及弯弯曲曲的河道。事实上，凡是自然界能够看到的各种地貌，在那里都能够见到。海浪起伏的时候也是如此，大浪跌下来的时候裂成若干小浪，小浪再分散开来形成无数涟漪，在每一道波纹的起伏不平中呈现出相同的光亮和相同的图案。大海某些特定区域的狂风巨浪，例如好望角外的大浪，据说有的时候它们能长达一公里以上，但这些大浪也是由无数的小浪组成的，其中绝大部分并不会大过我家花园中喷水池里的波纹。

在我画树木的时候，我时常察觉到，每一个枝桠本身也是一株微型的小树；你只需要按一定的比例添加树叶，整棵大树就能由此成形。

火车上的旅客

1854 年 8 月 17 日，迪普，56 岁

今天早上九点动身前往迪普，挤上这趟车真是非常艰难，火车开动后我们才缓过劲儿来。

我坐在一个魁梧健壮的大个子旁边，这家伙看起来像是一个佛兰芒人[1]，但穿着一身非常完美的旅行装束——英国式的毡帽，紧紧扣住的手套，还有一根非常好的手杖。他作出一副相当谦逊的样子读着报纸，而且还时

① 佛兰芒人（fleming），指说佛兰芒语的比利时人，佛兰芒是比利时的两大民族之一。

不时地停下来与对座的旅客交谈。对座的这个人穿着一身简单但却整洁的黑色便服，看起来正在专注地阅读他的报纸，我估计他是一个很能干的人。那个穿着讲究的大个子问了下他要去的地方怎么样。他回答说："简直糟糕透了，如果你去的话一定郁闷得要死。"于是我推断，这个家伙很有优越感，一定不容易接近。

这俩人忙于看他们的报纸，对旅途两岸的景色毫不在意，我倒是挺感兴趣的。等看完报纸后，他们开始聊天。黑衣服的男人问那个袖口挺括、带手杖的人，某某人最近怎么样，最近见过他没有。这个某某人原来是个屠夫。然后他们开始谈论生意，于是我才发现，我心目中这位有文化的人，学者或者教授，原来是个商人，他在市郊开了一家布料铺和一家女装帽店，他老婆在圣奥诺街（rue Saint-Honoré）上也开了一家小商铺。于是对话就开始围绕着女人的披巾和印花布……畅谈起来。我马上明白了一切，开始掌握各种人物的特征，在想象中构建出一幅富裕屠夫的景象：一个魁梧的大个子，穿着一身时髦的衣服，他正在冷酷地宰牛、砍肉；另外一个家伙讲着笑话，他的小眼睛中闪烁着刻薄的表情，那表情随着愚蠢的笑容而消失在他的脑袋里，那副模样特别适合用于表现正在称肉的商人姿态。现在我再也不会奇怪他们俩为什么对窗外的景色毫不关注了……他们俩都在鲁昂（Rouen）下车了。

垂死的老马

● **1854 年 8 月 24 日，迪普，56 岁**

今天晚饭前，当我从勒波莱（Le Pollet）回来时，看见一匹老马瘫倒在地上，我本来以为是匹死马，而事实上它还在垂死挣扎。于是我和一个粗鲁大汉争吵起来，他还正准备用鞭子抽打老马的腿让它重新站起来。但令我非常惊奇的是，尽管是那样明显的痛苦，这匹不幸的牲畜还是站起来了并设法向前走了几步。第二天（星期五），大约是在相同的时间，我又看到了这匹老马。那时它正站着，苍蝇在它身上的疮疤和两只眼睛上飞舞，吮吸着它那仅剩的一点残血。我果断地在马路中央坐下来画了几幅速写。所有这些，都发生在沿着阿尔克河（Arques）的马车道上，立刻引起了过路的上流旅客们的好奇心。他们看到我所画的东西时，不免会觉得很奇怪，在那头可怜的老畜生身上，究竟有什么东西使这人如此感兴趣呢？

葡萄

● **1855 年 9 月 17 日，蒙莫罗，57 岁**

……途经里贝拉克（Ribérac）和蒙莫罗之间时，我留意到这里的葡萄藤都沿着树木或者柱子往上攀爬，是按照意大利的方式栽种的。这幅景象很漂亮，看起来美丽如画，如果把它们画下来也会很好。但我的邻座，一位刚从克里米亚（Crimea）回来的、友善的年轻士兵，他对我说，这并不是种葡萄最好的方法。这种种植方式倒不会影响葡萄自身的生长情况，而是这样一来长在它周围的庄稼就无法受到阳光的照射了。

蛞蝓

● **1856年10月15日，奥热维勒(Augerville)，58岁**

我看到了一条蛞蝓（鼻涕虫），它身上的斑纹很像美洲豹，背上和两边都有很宽的条纹，但在头部和肚子附近又变成了一个单独的大斑点，那里的色调就像四足的动物一样，比较浅一点。

月蚀和暴风雨

● **1856年10月19日，奥热维勒，58岁**

每天晚上，当我在房前来来回回地散步时，绅士们正在没完没了地享受打台球的乐趣。本周之初，月光非常美妙。我们曾经看到过一次月蚀，差不多是月全食的景象了。月亮呈现出一种我们在诗里面读到过的血红色，贝里耶（Berryer）说这种颜色他以前从未见过。……

……我希望我能记得，是不是维吉尔[①]曾经有过一段关于暴风雨的描写，他形容天好像就在水手们头顶上旋转。今天在我去丹吉尔的途中就看到这种景象。在那突如其来的暴风中，由于夜空万里无云，船身摇晃不定，使得星星和月亮看起来似乎都正在进行一场巨大的、连续不断的旋转运动。

①维吉尔（Publius Vergilius Maro，公元前70~19），古罗马最伟大的诗人之一，同时也是意大利文艺复兴时期诗人但丁最崇拜的作家，在但丁在自己的作品《神曲》中把维吉尔称为“老师”，虚构他解救了迷路的自己，并邀请自己去游览地狱和天国。

4. 德拉克洛瓦阅读书籍

读罗西尼①的传记

● 1824年1月24日，巴黎，26岁

今天晚上，我对爱德华说，大多数人依靠读书来帮助他们在人生的战斗中前进。而我感觉到，我通过阅读所学到的东西只是刚好验证了我在生活中已经体会到的东西而已。自从离开学校以后，我就很少读书了，或者说根本就没有读过书，所以，我才经常为在书中所发现的好东西而感到惊奇。对于这些东西，我从来不会感到厌倦，也不会感到满足。

昨天，23号，星期五，我本来晚上打算去陶瑞尔（Taurel）那里的，但是在鲁热（Rouget）家吃过晚饭离开后，我又懒病发作不想去了，于是便呆在书房里翻阅罗西尼 的传记。我读得太多了，这样做犯了点错误。但是说真的，这个司汤达②在他有理的时候的确傲慢无礼、目中无人，但是有时候又十分荒谬。

罗西尼生于1792年，即莫扎特死的那一年。

① 罗西尼（Gioacchino Rossini, 1792~1868），意大利著名歌剧作曲家，他生前创作了39部歌剧以及宗教音乐和室内乐，其中《塞尔维亚的理发师》是19世纪意大利喜剧的代表作，他被誉为“意大利的莫扎特”。他写于1829年的《威廉·退尔》（*Guillaume Tell*）是他的最后一部歌剧，其后直到去世的将近40年中，他的创作几乎销声匿迹。但他非常擅于理财，在没作品的40年里，生活不仅没跌入困窘反而宽裕美满。有人称罗西尼在巴黎的各种交际会所中挥洒了他的后半生。

② 后来以小说《红与黑》而闻名的司汤达正是音乐家评传《罗西尼的生平》一书的作者。司汤达后来与德拉克洛瓦成为好朋友，他也是最早欣赏到德拉克洛瓦才华的人之一，参见102页的“亨利·贝尔·司汤达”条目。

《罗西尼肖像》（*Portrait of Gioachino Rossini*）
1815年，卡穆奇尼（Vincenzo Camuccini，1771~1844）
布面油画
意大利米兰斯卡拉戏剧博物馆

读贺拉斯[③]的诗作

● **1824 年 3 月 27 日，巴黎，26 岁**

很早就到画室去了。皮埃雷来了，和他一起吃饭，读了些贺拉斯。渴望着读诗但并不是因为贺拉斯的缘故。诗中有比喻，有沉思，真是一种奇妙境界！这里有取之不尽的创作题材。创作啊！创作啊！

幸运的华盛顿

● **1824 年 5 月 11 日，巴黎，26 岁**

今天早上在《潘多拉》(*La Pandore*)中看到下面的一则趣闻：美国独立战争时期，有个英国军官在一个前哨站里看见一个美国军官骑着马朝他走来，他看起来好像心不在焉的样子，只顾着东张西望，尽管他们两人之间的距离已经很近，却没有发现那个英国人。这个英国人瞄准了他，几乎就要扣动扳机了，但是他心里猛然感到一个令人畏惧的想法，射杀活人是不好的。于是他放松了扣在扳机上的手指，没有开枪。这时，那个美国人鞭策着他的马飞快地跑掉了。他就是华盛顿！

读大仲马的小说

● **读《基督山伯爵》(*Monte Cristo*)**
1847 年 2 月 5 日，巴黎，49 岁

一整天都在房间里看书、休息。开始看《基督山伯爵》，非常有趣，除了结尾处那长达数页的冗长对话以外。但是当你全部看完以后，却觉得实际上好像什么也没有看。

③ 贺拉斯（Quintus Horatius Flaccus，前 65~8），古罗马抒情和讽刺诗人、批评家。他与诗人维吉尔都生于罗马文学的黄金时代，即所谓奥古斯都时代。诗体长信《诗艺》体现了他大量的文艺创作和理论批评观念，对西方文艺发展影响很大。

读《娜农·德·拉蒂格》[1]

1855年3月25日，巴黎，57岁

昨天，星期六，仍然觉得不太舒服，但比前一段时间要好一点。我依旧在看大仲马的小说《娜农·德·拉蒂格》，而且看着看着有时就睡着了。小说的开头写得还不错，但后面的章节就有些乏味了，不是炫耀浮夸，就是情节不够精彩。大仲马在他所有的小说中，甚至在喜剧作品中都要穿插一些曲折紧张的戏剧性插曲，但是在这种情况下，我倒不大能看出他怎么把这些激情狗血的段落给插进来。

这种悲喜剧夹杂在一起的风格毫无疑问是一种很低劣的品位。你必须弄清楚你在什么地方，又要往哪里去。我们法国人长久以来都已经习惯用这种观点去看待艺术，所以也就很难接受任何相反的见解。例如，假设在英国文学方面缺乏良好的修养的话，就不容易理解莎士比亚那种写剧本的手法。对我们来说，很难想象从祭司长或亚他利雅[2]口里讲出笑话来，甚至只是在普通谈话中有那么一点说笑的意思。一般来说，喜剧所表达的激情对于感受它的人来说是极为严肃的，但是它一般倾向于让人发笑，而胜过让人感受命运的悲情。

我认为沙勒（Chasles）在我们有关莎士比亚的谈话中所发表的见解是正确的，我在某天的日记中提到过这一点。他说："比较恰当地讲，莎士比亚既不是悲剧作家，也不是喜剧作家。他的艺术是独一无二的，既是诗也是心理学。莎士比亚并不直接去描写野心、妒忌或者犯罪这些东西，而只是描写某一个特定的具有妒忌或者野心的人，这个人也不像通常的典型人物那样，具有他所应有的一切人性的优点和缺点。麦克白[3]、奥赛罗[4]或者埃古[5]都不是典型人物，他们的性格，或者应该说个性，使他们看起来好像

①《娜农·德·拉蒂格》(*Nanon de Lartiques*)，是大仲马的鸿篇巨著《裙钗之战》(*The Women's War*) 这部小说的第一二卷，小说共分八卷（中译本分六卷），以戏剧性的笔法描写了法王路易十四幼年登基时的一段法国内战史，即"投石党运动"。

② 亚他利雅（Athaliah），是《圣经·旧约》中所记载的一位不信神的犹太王后，犹太王约兰（Jehoram）之妻。她篡夺了王位并统治王国6年，几乎杀光了犹太王室的所有成员，仅约阿施（Joash）一人幸免。后来支持约阿施的人们发动政变，杀死了亚他利雅。17世纪法国剧作家拉辛于1691年所作的悲剧《阿达莉》即以她为主人公。德拉克洛瓦曾在1849年4月2日的日记中提到他与德福舍夫人一起去看过该剧，并在日记中对拉辛谈了些感想，参见203页的"阿达莉"条目。

③ 麦克白（Macbeth），历史中的麦克白是11世纪苏格兰王国的国王，而创作于1606年、以历史人物故事改编而成的《麦克白》是莎士比亚最短的悲剧，也是他最受欢迎的作品之一。从19世纪起，《哈姆雷特》(Hamlet)《奥塞罗》《李尔王》(King Lear) 和《麦克白》被公认为是莎士比亚的"四大悲剧"。

④ 奥赛罗（Othello），是莎士比亚四大悲剧之一《奥赛罗》中的主人公，该剧大约创作于1603年，表现了包括爱情与嫉妒、轻信与背弃、异族通婚等多主题，故事发生于15世纪末威尼斯公国的塞浦路斯岛。

⑤ 埃古（Iago），也是莎士比亚悲剧《奥赛罗》中的人物，他是威尼斯勇将奥赛罗的侍从，因为嫉妒而挑拨离间使奥赛罗陷入圈套，丧失理智，最终酿成悲剧。

是真实的人一样，但他们的情感又叫我们觉得与真实的人全然不同。莎士比亚具有如此强烈的现实主义感染力，使我们不得不接受他所塑造的人物，甚至还觉得我们好像很了解这些人物似的。所以，他在这些人物的讲话中加进去的那些俗语，比起我们从身边人口中听到的这些对话，并不会感到有多么不习惯；当然我们身边的人并不在舞台上演戏，但他们却也有时欢喜有时愁，有时更会因为真实生活中出现的各种各样的情况而看起来似乎荒唐可笑。同样地，如果在我们自己的剧场中出现了一些无关主题的东西，我们会感到很惊讶，但是当我们在莎士比亚的作品中看到类似的东西时，却并不觉得有多么惊奇。因此，当哈姆雷特（Hamlet）陷于困难重重的复仇密谋中时，还能跟波洛尼厄斯（Polonius）及其同伴讲笑话，并指挥那帮被带到他面前来串演一场悲剧的演员自娱自乐。不仅如此，整出戏从头到尾都洋溢着勃勃生气，推动剧情展开，虽然人物的情感和剧情的发展，在我们看来不合常规，但事后回想起来之时，却深深感到正是由它们才构成了作品的统一。若非具备这样一个重要的特点，那么就我们所提到的剧本中所包含的全部弱点来说，根本不可能使作品长期以来受到人们的赞扬。一根逻辑的线索，一条看不见的脉络隐藏在众多的细节描写中。在那里，你无法期望能见到其他东西，只会看到一座奇形怪状的山峰，你会发现那里有清晰的布局谋篇，深思熟虑的刻画，还总有连续性和理性深藏其间。

可怜的大仲马，我是如此喜爱他，他恐怕是把自己看成另一个莎士比亚了，但他带给我们的细节描写却并不够有力，他的作品也没能叫我们感受到这样强烈的统一感。各处布局的安排也不够均衡。他似乎是这样做的，先把喜剧——这是他最擅长的——限制在书里某一部分中，然后突然在中间插入一个感人的爱情故事，同样的人物在不久之前还让你觉得可笑，此时就变得高傲而情感脆弱起来。比如在小说开头的那三个欢快的火枪手是传奇式的人物，后来却又跟一个贵妇人纠缠到一起，她在一个风暴肆虐而死寂的夜晚遭到判决。这样的人物叫人如何能够辨识呢？这也是乔治•桑小说的问题之所在，当你读完她的小说后，对其中人物的印象却混乱不堪。例如，他们有些人在开始由于精神兴奋而让你觉得有趣，但到最后却会因他们那种对别人忠心耿耿的美德而感到伤心；又或者这些人物滔滔不绝的讲话就像半个先知一样。她所写的像这样令读者失望的人物，要多少个我都能列举多少个出来。

阅读孟德斯鸠

• **1849 年 10 月 9 日，51 岁**

人们永远也不可能把自然赋予自己的才华在同一时间内全部发挥出来，我们只能在一生中的不同阶段，逐渐具备各种才能，这是多么令人悲哀的事情啊！我有一天读到孟德斯鸠所写的一段话时，产生了这种感想。他说，人的思想一旦成熟，他的精力就开始衰退起来。

这种情况[①]也同样发生在我身上，随着年龄的增长，我们头脑中某些原本清晰的印象也会逐渐变得模糊起来，特别是某些与生理感受相关的印象。当我刚来这里时（现在我已经来了好些日子了，但依然一样），我感到我并没有产生像在瓦尔蒙特（Valmont）时所产生的那种强烈的欢喜和忧郁之情，而这些感情却往往成为我相当珍

① 德拉克洛瓦在 1947年 2 月 4 日的日记中就发出过类似的感慨，参见 234 页的“经验日增，精力日退”条目。

贵的回忆。离开此地我可能就不会再有这种后悔的感觉了。至于我的头脑，我觉得到目前为止，它比过去更加自信了，就归纳与发表自己的观点而言，我的能力变得更强了，我的智力也增长了，可是我的心灵却失去了某些敏感性和弹性。归根结底，人为什么要逃脱所有生物的共同命运呢？当我们捡起一只香甜的水果时，我们有没有权力同时要求闻一下花朵的芬芳呢？青年时代所具有的极其敏锐的感觉，对于培养自信、促进思想上的成熟是很有必要的。也许，真正伟大的人物能够在他们思想已经完全成熟的状态下，依然在他们的感觉中持续保有那种年轻人所独有的热情。关于这一点，我坚信如此。

● **1849年10月13日，星期六**

花了一上午的时间读完孟德斯鸠的《阿尔沙克和伊斯米涅》（*Arsace et Ismenie*）。作者的全部才华，既不能掩饰这些冒险故事在内容上的枯燥无味与千篇一律，也不能掩饰这些爱情故事写法上的老套。我想那些流行的东西，以及在写作方法上对真实感的追求，已经把这一类的作品排斥得默默无闻了。

读《巴黎及其建筑物纪事》

● **1849年10月22日，51岁**

《巴黎及其建筑物纪事》（*Description de Paris et de ses Édifice*），罗格朗和兰登（Legrand et Landon）出版社，1808年出版。今天早上我在读这本书时，从中看到在大革命时期自教堂中失落的一批宝物及历史文物清单；从这份清单看，损失是惊人的。

《弥尔顿向女儿们讲述失乐园的故事》
(*Milton Dictates to His Daughters*)
1826年，德拉克洛瓦，布面油画
80.4厘米 ×64.4厘米
苏黎世美术馆

就这个题材写点什么，以此来表达革命所带来的最显著的后果是什么，也许还有点意思。

伏尔泰与狄德罗《家长》这本书

1850年3月22日，巴黎，52岁

在伏尔泰的一封信中，他提到了狄德罗的《家长》(*Pére de Famille*) 这本书。伏尔泰把自己所处的世纪与路易十四时代相比，在信中抱怨：万事万物终将消逝，万事万物终将衰退。伏尔泰说的是对的，艺术中的不同风格正在变得互相混淆、混乱起来。细密画和风俗画正在回归清晰而简洁的风格，并且宁愿选择获得更单纯而宽广的效果。我想补充一下，伏尔泰在当时已经抱怨过那种低劣的审美品位，他尚生活在那个伟大世纪的末期。而且从许多方面来说，他也值得属于那个伟大的时代。自从那以后，纯朴（只有美能与之相比）的欣赏品位就消失了。这些现代哲学家——关于人类的逐渐发展问题不断受到关注，他们也的确写过不少好东西。但随着政治制度的进步，艺术反而趋于没落，这些哲学理论又如何能够自圆其说呢？这种政治的进步是否真的像我们想象中的那样对人类有益呢？不能否认的是人类的尊严确实得到了提高，至少被法律条文提高了。但这是不是历史上第一次，人们认识到他们本身要比动物更多些什么，因此无法允许他们自己去接受别人的统治？在我们的政治制度中这种所谓的现代进步，只不过是演进中的一个阶段，是这个特定的阶段中偶然发生的情况而已。我们依然会怀着所有的愤怒——在我们挣脱种种束缚时就已经产生了这种愤怒，然而在明天，我们还要用这愤怒去承受专制的独裁。

读《欧也妮·葛朗台》[①]

● **1854年9月7日，迪普，56岁**

读了一本乏味的小说《欧也妮·葛朗台》。这一类的作品简直经不起时间的考验。作者的致命伤在于缺乏技巧和结构混乱，这一切足以使像这样的东西被扫到历史的废纸堆里。它没有节制，缺乏统一感，比例安排也不均衡。

读波德莱尔翻译的爱伦坡[②]作品

● **1856年4月6日，巴黎，58岁**

这些天来我一直很有兴趣地在读波德莱尔[③]翻译的爱伦坡作品。在这些极不平凡——我的意思是超人类——的概念中有些稀奇古怪的魔力。这种爱好幻想的特点一定是北方人或者其他地方人所特有的某种爱好，一定不是我们这种法国人的天性。像他们那样的人，只关心一些超乎自然，或者自然之外的东西，而我们这些人则无法抛弃现实与幻想的平衡，我们所有的异想天开都必须以某些理性作为基础。在这里我顶多可以了解到有人在这方面已经走了相当远了，但是爱伦坡所有的东西都是大同小异的。我敢肯定，任何一个德国人看了这些东西一定感觉就像在他自己家里一样熟悉自在。尽管爱伦坡在表达这类幻想上表现出了非凡的才能，但我觉得比起那些力图反映真实的人来说，还是有所不及的。

①《欧也妮·葛朗台》(*Eugénie Grandet*)，是19世纪法国批判现实主义作家巴尔扎克《人间喜剧》中的一部小说，它叙述了一个金钱毁灭人性和造成家庭悲剧的故事，其中老葛朗台是世界文学范围内所塑造的经典吝啬鬼形象。德拉克洛瓦与巴尔扎克是本性截然不同的两类天才，所以他总是对巴尔扎克的东西看不上眼。

② 埃德加·爱伦·坡（Edgar Allan Poe, 1809~1849），19世纪美国诗人、小说家和文学评论家，曾长期任职报刊编辑。在后世他影响颇广，被誉为侦探小说（detective story）鼻祖、科幻小说（science fiction）先驱之一、恐怖小说（horror fiction）大师、短篇哥特小说巅峰、象征主义（symbolism）先驱之一以及唯美主义（aestheticism）者。

③ 夏尔·皮埃尔·波德莱尔(Charles Pierre Baudelaire, 1821~1867)，19世纪法国最著名的现代派诗人以及文艺评论家，也是象征派诗人的先驱，其代表作品为诗集《恶之花》。波德莱尔于1845年开始翻译爱伦坡的作品。1845年波德莱尔结识了德拉克洛瓦并接触到画家业已成熟的艺术思想，这对他的绘画爱好及评论产生了很大影响。波德莱尔非常欣赏并仰慕德拉克洛瓦的才华，他写过不少关于德拉克洛瓦的评论文章，如《欧仁·德拉克洛瓦的作品和生平》(*Eugene Delacroix: His Life and Work*）等，有后人还将波德莱尔所有论及德拉克洛瓦的文章结辑成书。

读圣西门[1]和拉马丁[2]作品

• **1858 年 9 月 3 日，巴黎，60 岁**

从星期二晚上起，我就生病了。整个周末前后，我都没有画画，而是在读圣西门的作品。他把日常生活中的事情写得很有意思。这所有的死亡与不幸，早已成为过去，被人遗忘，对我们周围所感到的那种空虚，这也是一种安慰。

我也读了拉马丁的《伊利亚特评论集》(Commentaries on the Iliad)，我的意思是说我从中做了些摘抄。它们又重新激起了我对与荷马（Homer）相关的一切事物的仰慕，包括莎士比亚和但丁。必须认识到，我们现代的作家（就像拉辛和伏尔泰）都还没有达到那种类型的崇高。这种令人惊奇的天真，可以把平凡的细节变成诗，也可以转变为取悦想象的绘画。这些人们似乎觉得自己非常高贵，当人与人挤在一起汗如泉涌的时候，他们不愿意降低身份来与我们谈话，或者与我们的身体一起移动。

①圣西门（Saint-Simon, 1760~1825），法国哲学家和社会改革家，著名的空想社会主义者，他出身贵族，曾参加过法国大革命和北美独立战争，他抨击资本主义社会，致力于设计一种新的社会制度，并花掉了全部家产。

②拉马丁（Lamartine, 1790~1869），19 世纪法国浪漫派抒情诗人、作家、政治家。德拉克洛瓦在 1849 年 2 月 26 日的日记中记载了与拉马丁、梅里美等人的聚会，他很高兴，写道：“我以前还从来没有跟拉马丁在一起呆过这么长时间。”参见 111 页的“与拉马丁、梅里美聚会”条目。

《但丁与伟人的灵魂》
1841~1845 年，德拉克洛瓦，壁画，350 厘米 ×680 厘米
法国巴黎卢森堡皇宫图书馆

5. 德拉克洛瓦鉴赏艺术品

欣赏里兹内尔给菲利克斯画的肖像

● 1822 年 10 月 22 日，巴黎，24 岁

今天晚上，我又欣赏了里兹内尔给菲利克斯画的小幅肖像。我希望这幅画是我自己画的，即使我画得不一定像他那么好，但是我想我也会画得像他那样干净利落的。在我看来最难画的就是眼睛，特别是上眼皮和眉毛之间的那一部分。每次画完眼睛之后都看得出来，我是花了好大功夫才画成的。

《菲利克斯的素描》
1827 年，德拉克洛瓦

鉴赏萨尔托[1]的《博爱》

1823年4月15日，巴黎，25岁

今天用了相当长的时间来饱览安德烈·德·萨尔托的画作《博爱》(*Charity*)。这幅作品确实比拉斐尔的《圣家族》更令我感动。好的作品总是通过许多不同的形式表现出来的。那些孩子画得是多么优美、高贵而又充满力量！那个女人的头，还有她的手，画得多好啊！我希望能有时间来临摹一张。这张画会提醒你：要向大自然学习，除了接受前辈大师的影响之外，还需要讲究宏大的形式。

①安德烈·德·萨尔托（Andrea del Sarto, 1486~1530），16世纪意大利佛罗伦萨画家，他素描功底接近米开朗基罗，但对色彩与色调的感觉非常敏锐，其风格注重抒情，明暗关系柔和。

萨尔托的职业生涯在意大利文艺复兴盛期和样式主义（Mannerism，又译矫饰主义，风格主义）早期之间度过，其艺术的鼎盛时期正与米开朗基罗和拉斐尔的创作高峰巧合，因此其名声大都被巨匠们的耀眼光芒所掩没。文艺复兴时期的佛罗伦萨画家擅长素描，形体表现结实，而萨尔多既擅长素描造型，又对色彩有敏锐的感受和表达，身为佛罗伦萨画家，他在色彩上的造诣甚至比他同代的以擅长色彩而闻名的威尼斯画家还要高。萨尔托的作品与拉斐尔相比，他们的色彩同样艳丽，但人物体态不像拉斐尔那样柔美，其筋肉骨骼转折之处更类似米开朗基罗；而与米开朗基罗相比，则与其气度相仿，却缺乏米开朗基罗那种悲壮深沉的力量感。萨尔托同时还是样式主义的先驱，样式主义的代表人物罗索（Rosso）、蓬托尔莫（Pontormo）、瓦萨里（Vasari）都是他的弟子。

《博爱》（*Charity*）
1518 年，安德烈・德・萨尔托，木板油画，137 厘米 ×185 厘米
法国巴黎卢浮宫

德拉克洛瓦在1827年开始为A.Stapfer所翻译的《浮士德》画了一批版画插图，共出版19幅石版画，歌德十分欣赏。

看《浮士德》(*Faust*)的版画插图

- **1824年2月20日，巴黎，26岁**

我每一次看《浮士德》的版画插图，我就又一次渴望在绘画中创造崭新的风格。它们是这样组成的，让我说一下：它将忠实地追摹自然。最简单的人物姿态也可以通过用透视法来缩小绘制的方法而变得生动有趣起来。对于小幅的画作，可以先在画布上勾出人物的轮廓，铺上大致的色调，然后把根据模特摆的姿势所画成的人物放上去。我一定要试试这种方法，用它来做我的画中还没完成的部分。

插图《浮士德想勾引玛格丽特》（局部）
（*Faust Trying to Seduce Margarete*）
1828年，德拉克洛瓦，石版画
法国巴黎德拉克洛瓦博物馆

奥古斯特先生的收藏

● **1824年6月30日，巴黎，26岁**

在奥古斯特先生①那里看到了一些大师杰作。服饰，特别是马，画得令人羡慕，比籍里柯曾画过的马好很多。要是能把这些马临摹一下，还有这些服饰，希腊的、波斯的、印度的等等都临摹一下，这将多么有益啊！

还看到一幅海顿②作品的摹本。非常伟大的天赋，但是就像爱德华说的那样，他的作品缺少强烈的个人风格，素描是模仿西方风格的。我当时忘了奥古斯特先生那里有一些照着古希腊埃尔金大理石雕塑③所作的不错的习作。海顿花了相当多的时间去临摹这些雕塑，但是在他自己的作品里却一点痕迹也没有……那些男人和女人的大腿画得多好啊！如此美丽而不显过分，有一点不准确的小毛病可以忽视掉。

和菲尔丁一起度过了晚上的时光，曾一起去和平路（rue de la Paix）上喝茶。

① 朱尔斯·罗伯特·奥古斯特（Jules-Robert Auguste, 1789~1850）被称为“奥古斯特先生”，是德拉克洛瓦时期一位很有意思的人物。他不仅是雕刻家、画家，还是收藏家。他曾经在希腊、埃及和东方一带旅行过。德拉克洛瓦觉得他激励和鼓舞人心，而且为了他创作的需要，能够在奥古斯特那里借到武器、服装、饰品等道具。

② 本杰明·海顿（Benjamin Haydon, 1786~1846），19世纪英国历史画家及作家。

③ 埃尔金大理石雕塑（Elgin Marbles），是古希腊帕提农神庙（Parthenon）的部分雕刻和建筑残件，迄今有2500多年的历史，乃希腊古典时期的雕刻建筑精品。19世纪初，英国外交官埃尔金伯爵（Earl of Elgin）从奥斯曼土耳其帝国买下这些大理石建筑装饰和雕刻，并切割后运回英国。1816年英国王室花3.5万英镑买下，现藏于大英博物馆，有“镇馆之宝”之称。

④ 塞勒涅（Selene），希腊神话中的月亮女神，长有双翼，头顶金色光环，乘坐一辆由两匹神马拉动的马车在夜空中飞驰，当白昼来临时消失于大洋河中。她是一个古老的神祇，在古典时期，她作为月神的大部分职能都被狩猎女神阿耳忒弥斯所取代。

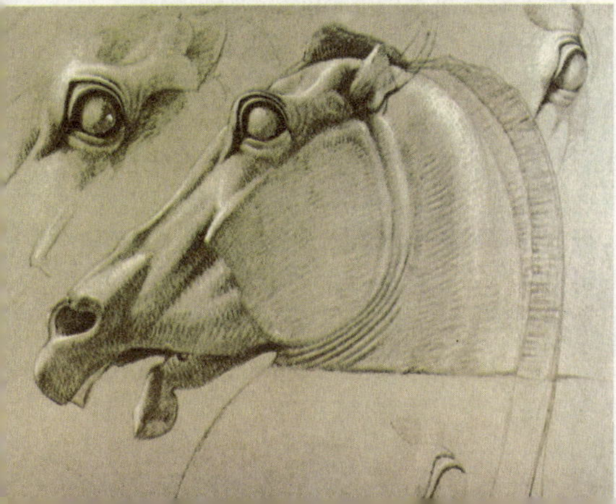

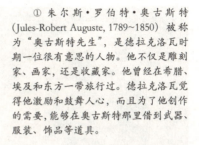

这是海顿所临摹的埃尔金大理石雕塑素描作品。

《塞勒涅④战马的头部》(*Head of Selene's horse*)
1809年，本杰明·海顿，粉笔画，54厘米×76.2厘米
英国大英博物馆

大英博物馆藏埃尔金大理石雕塑中的《塞勒涅的战马头部》，出自希腊雅典帕提农神庙。

● **1824 年 7 月 7 日，巴黎，26 岁**

奥古斯特今天到画室来了，他对我的画似乎还满意。他的赞扬给我以很大的鼓舞。时间不等人，明天就去他的住处把服装取来吧。

● **1824 年 10 月 4 日，巴黎，26 岁**

又去美术馆观摩古代大师的绘画作品。在骑术学校（riding-school）画了一些习作，然后跟奥古斯特先生一起吃午饭。看了他从那不勒斯坟墓中弄来的那些精彩绝伦的素描草图。他当时还说，如果能从君士坦丁大帝（Emperor Constantine）时代的镶嵌画中汲取灵感的话，人们可以给宗教题材的绘画增添新的特色。在他的房子里，我还看到了一张安格尔（Ingres）给他所收藏的浅浮雕所画的素描，还有他对《圣彼得出狱》（*St.Peter delivered from Prison*）所作的构图。

买了几张版画

● **1824年5月7日，巴黎，26岁**

我在圣父街（Rue des Saint-Pères）花五法郎买了几张版画：东方的服装、野蛮人的用品、籍里柯的一张旧石版画《攻陷巴士底狱》(*Taking of the Bastille*) 等等。

与索莱尔分手后，我在圣父街和大学街（rue de l'Université）相交的街角处吃了午饭。

鉴赏狄米耶（Dimier）的收藏

● **1824年5月8日，巴黎，26岁**

和菲尔丁、索莱尔一起吃午饭，然后到狄米耶家去看他收藏的古董：四只华丽的雪花石膏花瓶，工艺精美出色；还有一具非常古老的石棺。得记住那两个坐着的埃及人像的脚的样式，它们看起来好像是非常远古时期的作品。

格罗①的素描

● **1824年6月9日，巴黎，26岁**

我在劳吉尔（Laugier）那里看到一些格罗画的素描。它们都挺好的，但他的正式作品给我的印象更深刻。那种流行的冷淡的表现手法，与格罗作品所富含的真正的温暖，恰好形成鲜明的对比——意思是相当地平淡。此外还有，素描画中的每一部分，如手部、足部等等，缺乏各自的个性特征，多少是一种程式化的画室作品。

①格罗（Antoine-Jean Gros, 1771~1835），19世纪法国新古典主义画家，擅长大型历史画，他是达维特的学生，但他却崇拜鲁本斯，在他那些充满戏剧性的画面中已经开始显示出强烈的浪漫主义倾向。格罗创作了大量关于拿破仑的历史题材画作，拿破仑倒台后，达维特被流放，格罗接替老师领导画室，甚至被封为男爵并领导皇家美术学院。但因一些不太明确的原因，格罗于1835年6月25日在塞纳河投河自尽。格罗曾经关注并有力地支持过德拉克洛瓦1822年的《但丁

和维吉尔》这幅画。当他祝贺这位青年画家时，曾说过这样一句著名的评语："他是一位朴素的鲁本斯。"但他又批评德拉克洛瓦1826年的《希奥岛的屠杀》这幅画："这是对绘画的屠杀。"德拉克洛瓦从青年时代到中年，曾多次观看过格罗的各种作品，在日记中也发表过好几次感想，1947年1月19日，德拉克洛瓦的日记中断20多年后，重新恢复写作的第一篇日记就是参观先贤祠中格罗的画作，见166页"参观先贤祠中格罗画的穹窿圆顶"条目；177页"参观卢浮宫"条目中也有关于格罗画作的观感。德拉克洛瓦还曾在1848年9月1日于《两个世界的评论》杂志上发表关于格罗的艺术评论。中文译本参见《德拉克洛瓦论美术与美术家》，平野译，上海人民出版社，2008年版，128-160页。

你会觉得那些帷幔是刻意布置的，整体的效果似乎也是事先设计好的，例如，他把前景涂黑等等。不管怎样，这些作品并没有特别地让我失望。

经常画些速写，倒是非常重要。

《拿破仑在阿尔柯桥上》（*Bonaparte on the Bridge at Arcole*）
格罗，布面油画，134厘米×104厘米
俄罗斯圣彼得堡艾尔米塔什（冬宫）博物馆

关于格罗"拿破仑在阿尔柯桥上"这个主题的作品，一共有三幅变体画。第一幅即1792年在米兰绘制的，现藏于法国巴黎卢浮宫，另外两幅是作者亲笔复制的，一幅藏于凡尔赛宫，一幅藏于圣彼得堡的冬宫。据说格罗的信件记载，拿破仑当时不耐烦给画家摆姿势当模特，是他的妻子约瑟芬把拿破仑拉过来坐在了她的膝头，使格罗得以完成速写。

鲁本斯“狩猎”等相关作品

- **1847 年 1 月 25 日，巴黎，49 岁**

主要的线条对构图有非常大的影响。这会儿，我正在看苏特曼[①]根据鲁本斯的“狩猎”（*Hunts*）题材作品而作的几幅铜版画，特别是那幅《猎狮》（*Lion Hunt*）。画面背景里跳出来一只母狮，一个骑士从马背上转身，用一支长矛刺中了母狮。矛头刺入这只狂怒的野兽胸部时都弯曲了。画面前部有个摩尔族的骑士被掀翻在地，坐骑也被另一头巨大的狮子扑倒。这只狮子正以一副凶恶的面相盯着后面，看着那个四肢张开躺在地上的猎人。猎人正在拼死挣扎，想将一柄长匕首刺入狮子的庞大身躯。那人被狮子的一只后腿踩住，利爪正要朝他脸上扑来，那副凶恶的模样，就好像它已经捕获了猎物似的。用后腿直立起来的马，蓬乱的马鬃和马尾，许多细节描绘，松开了的盾牌，缠在一起的缰绳，所有这一切都在于激起人们的想象，表现手法相当高超。但就整个的效果而言，却有些混乱，眼睛不知道看哪里好，只给人留下一个这是恐怖斗争的印象。这种对画面的精心布局，或者是对种种牺牲的描绘，显示出相当辉煌的创造力，但是看起来艺术还没有足够的力量来升华这种效果。

话又说回来，在《猎杀河马》（*Hippopotamus Hunt*）中，细节就不需要作如此之多的想象了。画面前景中有一条鳄鱼，它在这幅画中的确算是技巧上的杰作了，虽然它的动作或许还可以画得更生动一点。那只河马，情景中的主人公，是一只形状丑陋难看的野兽，不论用什么方法处理，总觉得看不顺眼。猎狗猛扑河马的情景充满了力量，但是鲁本斯经常重

① 苏特曼（Pieter Claesz Soutman, 1593~1657），17 世纪荷兰黄金时代的画家和版画复制师，来自位于荷兰西部的 17 世纪欧洲艺术中心之一的哈勒姆（Haarlem）。

复运用这种效果。人们说这幅画哪一方面都不如《猎狮图》好，的确如此。但是这张画也有它的长处，从每个部分的安排来看，或者就从几乎组成了整幅画面的主要部分来看，我们每看它一次，想象力也跟着震动一次。而《猎狮》那幅画，则只是弄乱我们的头脑，乱得像画中那些线条一样。

在《猎杀河马》中，这个巨大的两栖怪兽占据着画面的中心位置，猎人、猎狗和马都在疯狂地袭击它。整个构图，大致上是圣·安德鲁十字架①形状，河马位于正中。那个四肢大张躺在地上芦苇中间，并且被鳄鱼的脚踩着的人，在画面的下部延续而形成一道光亮的线条。这就避免了让画面的上半部分显得分量过重。在效果上，有一点美得无法用言语来形容：画面的两边都是大片的天空——特别是左手边，几乎全是空白——因此这种格外单纯的对比，给整个画面带来了一种无与伦比的动态效果，整个画面多样而统一。

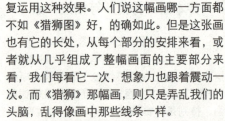

① 圣·安德鲁（St. Andrew）十字架，就是X形的十字架。安德鲁是圣·彼得的兄弟和最初的使徒之一，据说在被处死前，他向处刑的罗马当局请求，不要让他用耶稣和一样的姿势在十字架上钉死。他的请求得到批准，最终他是在X形的十字架上被处死的，所以X形十字后来也就成为了他的象征。

《猎杀河马》（*Hippopotamus Hunt*）
1615~1616年，鲁本斯，布面油画，248厘米×321厘米
德国慕尼黑老绘画陈列馆

受到鲁本斯影响的《猎狮》（*Lion Hunt*）草图
德拉克洛瓦

● **1847年3月6日，巴黎，49岁**

经过一夜的休息，我又回到了画室，一到这里我的兴致就回来了。我正在观摩鲁本斯的《狩猎图》，其中我最喜欢《猎杀河马》那幅，最为生猛。我喜欢它那重点突出的英雄气概，还爱它那不受拘束的夸张形式。我爱慕这些作品，其程度就像我厌恶那些没有头脑、装腔作势的女人迷上时髦图画和威尔第先生②的音乐一样。

② 威尔第，19世纪意大利杰出的歌剧作曲家，1842年因创作描述犹太人被巴比伦君王纳布科（尼布甲尼撒二世）击败并逐出家园的歌剧《纳布科》（*Nabucodonosor*）而成名，一跃而为意大利一流的作曲家。德拉克洛瓦曾在1847年3月30日与德·福舍夫人一起去看过《尼布甲尼撒》（即《纳布科》），他对该剧不太满意，认为是“很大的退步”，还未演到终场就先离开了。参见“德拉克洛瓦的爱情”中“约瑟芬·德·福舍”条目。德拉克洛瓦在这篇日记中对威尔第有所嘲弄，认为他的歌剧品味不高，不过当时威尔第的创作高峰（19世纪50年代）尚未到来。

观摩普吕东①的《约瑟芬画像》

• 1847年4月27日，巴黎，49岁

我又去看了普吕东为约瑟芬②画的肖像（*Portrait of Josephine*）最后一眼。棒极了！真是绝妙的天才！那略显不够完美的胸部，那双胳膊，还有那头，以及那条布满金色的星星点点的长裙，全部都那么的崇高壮丽，画面上那浮雕般的灰色底子十分明显，几乎布满画面的每一处地方。

德拉克洛瓦曾在1846年所发表的关于普吕东的艺术评论中谈到过这幅画：“普吕东的色彩比我们所想象的动人，可是没有超过他的素描。但是，他的作品的和谐达到那么完美的境界，使观赏者的理智和情感都得到充分的满足。普吕东留给我们一些很好的但是理想化了的肖像画。背景的选择和光的闪耀，正像他的主题性绘画那样，使它们成为诗。我只指出其中的一幅，它结合了其他肖像中所具有的所有品质。这就是约瑟芬皇后的肖像。普吕东不仅把她画得很像，而且姿势、表情和道具都很雅致。他所画的约瑟芬，坐在马尔梅松（城堡）的树丛下面。她的表情忧郁，似乎暗示了她的不幸和预感。她的头部、手、服装画得很好，但是对她的人来说，画布似乎太大了。画布留空应该少些，特别是上半部。如果没有这个缺点（而且披巾和道具画得有点乏味），那么这幅肖像也会成为他的一幅杰作。”③

① 普吕东（Prud'hon, 1758~1823），18至19世纪的法国古典主义画家。普吕东虽向往严格的理想美，但在他的许多肖像画上，往往更注意人物的情感要素。他常采用侧面光来加强这种人的情感要素，使形象充满抒情味。因而有人说他的古典主义是带有浪漫主义色彩的。德拉克洛瓦曾写过关于普吕东的艺术评论，发表在1846年11月1日的《两个世界的评论》杂志上。中文译本参见《德拉克洛瓦论美术与美术家》，平野译，上海人民出版社，2008年版，99-127页。

② 约瑟芬·德·博阿尔内（Joséphine de Beauharnais, 1763~1814），她是拿破仑的第一任妻子，法兰西第一帝国的皇后。约瑟芬在16岁时嫁给已逝姐姐的丈夫博阿尔内子爵为继妻，育有一子一女，女儿奥丝坦（Hortense, 1783~1837）后来嫁给了拿破仑的弟弟，拿破仑三世正是奥丝坦最小的儿子。法国大革命恐怖统治期间，约瑟芬的丈夫被雅各宾派人处死，约瑟芬亦被拘禁，后在权力人士的干预下被释放。约瑟芬是当时上层社交界的名媛，1795年拿破仑结识了比自己大六岁的约瑟芬，展开持续地热烈追求，两人终在1796年结婚。1804年拿破仑称帝，约瑟芬在巴黎圣母院由拿破仑亲自加冕为皇后。后拿破仑因她无法再生育，于1810年和她离婚，但是皇后的尊号一直保留到她去世。离婚后的约瑟芬便长居于普吕东此画背景中的马尔梅松城堡（Château de Malmaison）。

③ 中文译文引自《德拉克洛瓦论美术与美术家》，平野译，上海人民出版社，2008年版，117页。

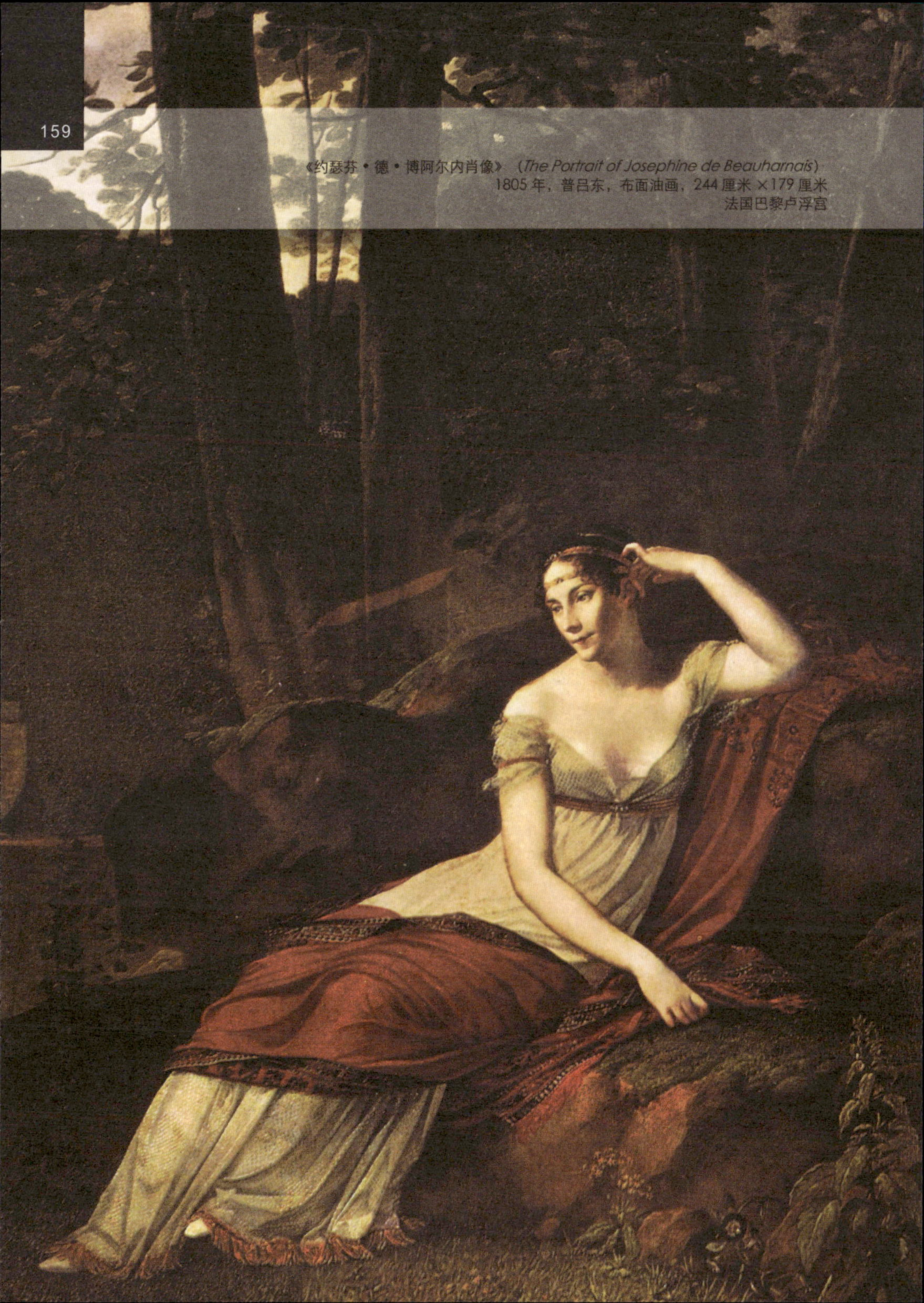

《约瑟芬·德·博阿尔内肖像》（*The Portrait of Josephine de Beauharnais*）
1805 年，普吕东，布面油画，244 厘米 ×179 厘米
法国巴黎卢浮宫

观摩中国的墙纸

1847年10月9日

我和德·福舍夫人一起在梅格雷（Maigret）家时，看到了一张中国的墙纸。梅格雷告诉我们，在调配牢固耐久的色彩这一点上，我们的技巧跟中国人根本没法比。他还说，当他尝试按照那粉红的底色做了一部分样品后，发现仅仅在很短的时间内，那颜色就变得很可怕了。买这种墙纸的价钱是很便宜的。他说所有这些可爱的小鸟们都是手工描绘的，装饰纹样也是如此。这些图案是在带白色的竹子上点缀以银色，花纹布满整幅墙纸，底色是一种单一的粉红色调。纸上还有小鸟、蝴蝶等等其他小图案。画工非常精美，但是与我们通常在装饰中所采用的那种直接模仿大自然的方法有所不同。相反，尽管从它们的动作、优美的姿势以及色彩的对比来看，它们与自然造物的真实花鸟一般无异，但它们其实是经过一番用心设计的，是对物象做了一种选择和归纳之后才画成的，所以它们的装饰风格很像埃及纪念碑和手卷中的动物图案。

观摩波斯的肖像画和素描作品

1850年3月11日，巴黎，52岁

晚上到若贝尔夫人（Mme Jaubert）那里观摩了一些波斯（Persian）的肖像画和素描作品。对此我想引用一句伏尔泰的话，大概是这样说的："这里有不少广阔的园地，艺术上的审美和鉴赏能力还没能在那里生根；在那些东方的国家里，社会还没有出现，妇女还遭受歧视，等等。在这样的国家里，所有的艺术还处于停滞状态。"

在这些素描作品中，既没有透视，也看不出来真正画了些什么，就是说只有一些幻影般凸起浮现的轮廓等等。外形僵硬，姿势笨拙……我们还看到一辑劳伦斯（M. Laurens）的素描作品，他曾经在这些国家旅行过。

有一样东西引起了我的特别注意，就是波斯建筑物的特征。尽管它们都是阿拉伯式的风格，但却完全具有波斯的国家特色。比如说它的穹顶和尖拱的形状，柱头的细部，以及所有的纹样都是本民族的东西。今天在我们这里，如果在全欧洲旅行一次的话，从西班牙的加的斯（Cadiz）到俄罗斯的圣彼得堡（St. Peterburg），每一座建筑都好像是同一个作坊的产品。在我们许多建筑师的脑袋里，好像只有一个想法，就是回到纯正原始的古希腊艺术去。我并不是说他们之中的狂热者才是这样，也不是说那些以同样的态度看待哥特式风格的人。大概每过 30 年左右，总有一些纯粹主义者发现，他们最近的前辈按照古希腊、古罗马所精心仿制的复制品，并不能令他们满意。例如柏西埃和封丹①他们那个时候，就认为已经把形式永久不变地固定下来了。在一些大约 40 年前制造的钟表里，我们就能看到这种遗留。对于这种东西，我们只能按照它那枯燥、简陋和完全缺乏古风特征的实际情况来给予评价。

现代建筑师们已经从古希腊纪念碑中找到了秘诀。他们似乎相信，他们是第一个注意到这些东西的人，照他们这样说的结果，他们干的所有蠢事倒应该由雅典的帕提农神庙②来负责了。五年前当我还在波尔多（Bordeaux）的时候，我到处都能见到这种守护神殿，仓房、礼拜堂、喷水池，

① 西埃（Percier）和封丹（Fontaine），他们是法国拿破仑一世时期的两位建筑师，他们曾设计制作了拿破仑的圆形宝座。卢浮宫中有厅堂以他们两人的名字命名，即柏西埃和封丹厅（Salles Percier et Fontaine）。

② 帕提农神庙（Parthenon），古希腊雅典卫城中祀奉雅典护神雅典娜的神庙，雅典娜别号“帕提农”，是处女之意。该神庙是一座巍峨的长方形建筑物，建于公元前 5 世纪，矗立在卫城的最高点。这座神庙历经两千多年的沧桑之变，如今庙顶已坍塌，雕像荡然无存，浮雕剥蚀严重，但从巍然屹立的柱廊中，还可以看出神庙当年的丰姿。

一切都源自于它。而画家们也对菲狄亚斯（Phidias）的雕塑作品表示相同的敬意。即使对他们提一下菲狄亚斯之前或之后的古希腊或古罗马艺术，那都是没有用的。

阿尔及利亚的装饰艺术

• 1847 年 9 月 26 日，巴黎，49 岁

库尔诺先生（M. Cournault）告诉我，他在阿尔及利亚的首都阿尔及尔（Algiers）的时候，曾经注意到当地的手工艺人用皮革和布帛剪出花样来制作装饰品。手工艺人做的时候，就在旁边放一束花作为蓝本，一边看一边做。从所有的可能性来看，他们之所以能在色彩上达到很和谐的程度，那纯粹是因为观察大自然的结果。东方人一向富有色彩感觉，在这方面，无论是希腊人或者罗马人，似乎都达不到相同的水平，从他们遗留下来的作品中就可以看出。

观摩阿伦堡公爵的藏画

• 1850 年 7 月 9 日，布鲁塞尔，52 岁

星期二下午，大概是两点多钟，我又出去了，去看阿伦堡公爵（Duke of Arenburg）的藏画。他有一件伦勃朗①的精品，《托拜厄斯为父治病》（Tobias healing his Father）。还有一幅鲁本斯画的草图，用笔非常粗放，其中一两个人物是用色彩画的，画面内容是来自凡•图尔登（Van Thulden）书中的一个寓言。

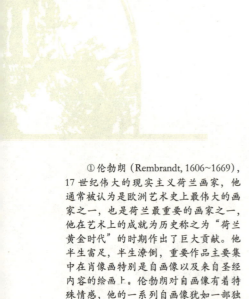

① 伦勃朗（Rembrandt, 1606~1669），17 世纪伟大的现实主义荷兰画家，他通常被认为是欧洲艺术史上最伟大的画家之一，也是荷兰最重要的画家之一，他在艺术上的成就为历史称之为“荷兰黄金时代”的时期作出了巨大贡献。他半生富足，半生潦倒，重要作品主要集中在肖像画特别是自画像以及来自圣经内容的绘画上。伦勃朗对自画像有着特殊情感，他的一系列自画像犹如一部独一无二的自传。

观摩委罗内塞的《苏珊娜》

● **1850年9月23日，巴黎，52岁**

观摩保罗·委罗内塞（Paolo Veronese）的《苏珊娜》（*Susanna,* 在卢浮宫）时，我注意到，即使在前景中，他对光与影的处理也是多么地简洁明了啊。在像天顶画这样的大构图中，这一点显得尤为重要。在《苏珊娜》这幅画中，人物的胸部似乎是用单一色调画出来的，并且是完全受光的。轮廓外形非常，简直太明显了——这是在自远处观看上获得清晰明确效果的另一种方法。我有一次画漫画时也曾有过同样的经验，我画出的东西几乎就像是儿童描绘的轮廓，没有一点立体造型的特点。

● **1850年9月29日，巴黎，52岁**

卡维夫人②来了，她把她论文中所写的关于水彩画的一部分读给我听，里面充满了许多令人愉快的东西……

……卡维夫人对我所阐述的“色要像色，光要像光”的这两种构想，必须在一次作画中同时取得统一。如果你让光和大块面被过分强调的话，就会导致中间色的消失，而结果就是会失掉色彩。如果错误的性质与此相反的话，那么对于大构图的危害就特别大，例如对适于远观的天顶画作品等等。就固有色区域的单纯性和对光线的大胆处理而言，委罗内塞是胜过鲁本斯的（记住卢浮宫中《苏珊娜及其长者》这幅画，那是一个应该深刻反省的教训）。当亮光遍布画面时，委罗内塞就大大去加强他的固有色，以免使画面显得缺乏色彩。

② 卡维夫人（Mme Cavé），即伊莉莎·布朗杰（Eliza Boulanger），她曾在1838年9月随德拉克洛瓦一起去短暂地参观过鲁本斯的作品。她的著作《不用教师学画画》（*Le Dessin sans Maitre*）曾得到德拉克洛瓦的好评，他多次在日记中提到这本书的一些观点很有意思，参见369页的“绘画是心灵和心灵交谈，而非技能与技能对话”条目。德拉克洛瓦曾专门为此书写过评论，1850年7月21日的日记记载：“今天我开始认真地为卡维夫人的书写一篇书评。”该书评即《论素描教学》，发表于1850年9月15日的《两个世界的评论》杂志上，中文译本可参阅《德拉克洛瓦论美术与美术家》，平野译，上海人民出版社，2008年版，161-172页。

6. 德拉克洛瓦参观

与皮埃雷一起参观意大利作品展览

● 1823年12月30日，巴黎，25岁

今天一直和皮埃雷呆在一起。我和他约好了去参观一个画展，展出的大多数是意大利作品，但葛林先生①的作品《马库斯·塞克斯图》也在里面。我们到得很迟，本以为值得观摩的画只有这一张，其他的古画都很无趣。谁料到刚刚相反，那里展出的作品虽然不多，但张张都是精选过的杰作。特别是米开朗基罗的一张壁画稿，那是多么伟大的天才啊！虽然原作经过了时间的磨损，但仍然无损其雄伟庄严的魅力。再一次，我感受到了由伟大作品而带来的狂热激情。我们应当把自己浸淫在伟大而精美的艺术作品中，时时刻刻汲取养分。

今天晚上，我又把我的《但丁》拿起来画。毫无疑问，我是从来不打算画赶时髦的作品的。

① 葛林（Pierre-Narcisse Guérin, 1744~1833），19世纪法国学院派画家。他曾在皇家艺术学院学习，作品主题大多选自古代历史，轮廓清晰，色彩和谐。1799年在沙龙展出的《马库斯·塞克斯图》（*Marcus Sextus*）是他早期最有影响力的画作。马库斯·塞克斯图是一个虚构的罗马时代人物，他逃避当时的罗马统治者苏拉（Sylla）的禁令，返回他女儿和死去的妻子身边哭泣。1815年，在德拉克洛瓦17岁时，由里兹内尔舅父（Uncle Riesener）介绍，进入葛林的画室学画，正式接受学院派的教法。在画室他结识了籍里柯、索莱尔和波宁顿（Richard Pardes Bonington）等人。

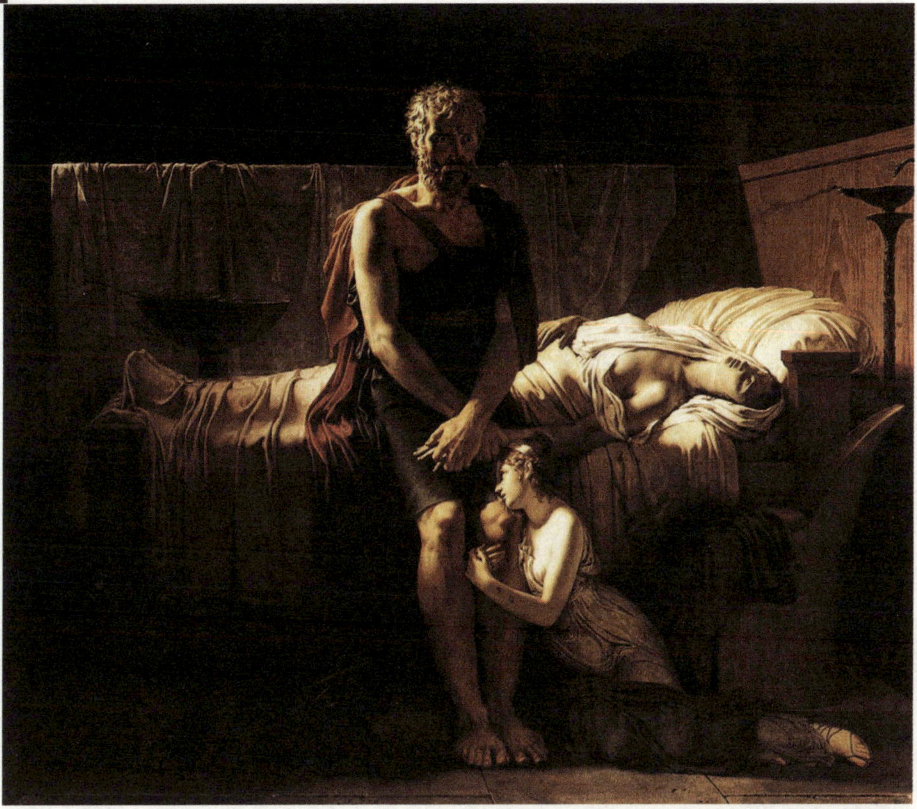

《马库斯·塞克斯图》（*The Return of Marcus Sextus*）
1799 年，葛林，布面油画，217 厘米 ×243 厘米
法国巴黎卢浮宫

与爱德华一起参观卢浮宫

- **1824 年 3 月 19 日，巴黎，26 岁**

与爱德华一道在卢浮宫度过了极好的一天。那普桑！那鲁本斯！尤其是提香的《弗朗西斯一世》（*Francis I*）！还有委拉斯贵兹②！

后来，又在我的画室里和爱德华一起

② 迪亚哥·委拉斯贵兹（Diego Velazquez, 1599~1660），17 世纪西班牙巴洛克时期的重要画家，他引领了国王菲利普五世（Philip IV）时期的宫廷艺术。他是当时巴洛克时期十分具有个人特色的画家，也是非常重要的肖像画家，其代表作有《宫娥》（*The Maids of Honour*）《教皇英诺森十世肖像》（*Portrait of Pope Innocent X*）等，戈雅称其为“伟

欣赏了戈雅①的作品。然后看到了皮隆②，费德尔（Fedel）也来了，我们一起吃饭。

美好的一天。

与勒布隆一起看画

• 1824 年 3 月 25 日，巴黎，26 岁

与勒布隆（Leblond）一起出去看了些画。特别是提香的《佩斯卡拉侯爵夫人》（*La Marchesa de Pescara*）这幅女人头像，还欣赏了委拉斯贵兹的杰作。看完后，这些画占据了我脑海的所有空间，再也装不下其他东西了。

与菲尔丁、索莱尔去圣克卢（Saint-Cloud），并在那里吃饭，晚上在皮埃雷家里——喝酒。

参观先贤祠中格罗画的穹窿圆顶

• 1847 年 1 月 19 日，巴黎，49 岁

天气极好，有霜。去了先贤祠（Pantheon）。看到了格罗画的穹窿圆顶③。天哪！它是如此糟糕地单薄、琐碎、无聊。席拉尔画的三角形穹窿顶也是如此。我以前还从未见过这种模样的东西。上面分别有象征着“死亡”和“光荣”的人像。后者的手臂里环抱着拿破仑，有一个难以辨认的野蛮人跪在前面。象征“法兰西”的是一个很大的全副武装的女人，她站在一座坟墓的旁边，墓的周围挂着黑纱，匍匐着一些哀泣的人，还有一个翱翔在天空上的人形——那是整个作品中唯一可取的东西，

大的老师之一”，他的艺术价值在后世影响较大。

① 弗朗西斯科·戈雅（Francisco Goyas, 1746~1828），18 至 19 世纪西班牙画家，他的画风奇异多变，从早期巴洛克式画风到后期类似表现主义的作品，一生总在改变，他对后世的现实主义画派、浪漫主义画派和印象派都有很大的影响，其代表作有《裸体的马哈》（*La maja desnuda*），《1808 年 5 月 3 日》（*The Third of May 1808*）等。

②皮隆（Piron），是德拉克洛瓦最亲密的好友之一，他是邮政局的官员。德拉克洛瓦在世时曾指定皮隆作为他的遗产继承人。1865 年，皮隆出版了德拉克洛瓦的文章与札记，以此献给作者生前的友人。

③ 这项绘画绘制工作于 1811 年委托给格罗去做，直到 1824 年才真正完成。由于拿破仑帝国没落垮台，迫使格罗中断壁画工作。1816 年，在波旁王朝复辟时期，格罗表示愿意恢复该项工作，在预定画拿破仑的地方，当时则画上了路易十八。由于政治形势的变化，格罗曾被要求多次修改这幅壁画。德拉克洛瓦在 1848 年 9 月 1 日于《两个世界的评论》杂志上发表关于格罗的艺术评论中谈到了这件壁画作品。

德拉克洛瓦在1848年9月1日发表于《两个世界的评论》杂志上的关于格罗的艺术评论中评述此画如下：

“在我们欣赏格罗的这一壁画时，不能不对这幅画的宏伟的总构思表示赞赏。但是，过大的人物给观众的印象完全是平淡的，没有表现力的，甚至连绘画的布局也不能减轻由于任务形体过大而产生的不愉快印象。比较匀称地安排四组人物就会平淡无奇，而这是壁画艺术中一个最坏的缺点；壁画只适于采取最大胆的构思，匀称只同普通绘画有关，正如在诗歌中，颂歌只同普通的叙述有关一样。这一作品绘制技巧上惊人的美，不次于格罗的其他作品。但是，令人遗憾的是，色调的鲜明和形象塑造的精致完全湮没在枯燥乏味和缺乏总的效果之中。

“这一工程浩大的作品，直到1824年才完成，它使格罗获得男爵的爵位和国王查理十世（Charles X）④最高的赞扬。”⑤

形态好，动作也好。他的眼圈上竟然有淤青，那一定是由于遭遇某种意外而弄成的。“正义”，尽我所能去想，但这幅画的内容我一点也想不起来了。“死亡”，是一个女人的形象，她看起来既像是在被扶起，又像是在被打倒（说不准到底是在干什么）。一个年轻的男子，这个年轻人似乎正在努力爬向一座性质不明的纪念碑——姿势倒不错。在前景中，还有些别的人物匍匐着——相当令人费解。整幅作品的色彩非常可怕。石板一样的天空，色调和画面的每一个部分都起冲突。画面上的光线作为最后一个令人震惊的部分，把整幅作品弄得肤浅不堪。那镀金的画框，风格也和整座建筑极不相衬，而且和画面相比，画框也太大了。

④查理十世（Charles X, 1757~1836），法国波旁王朝复辟后的第二任国王，于1824-1830年在位。

⑤中文译文引自《德拉克洛瓦论美术与美术家》，平野译，上海人民出版社，2008年版，151页。

参见自然历史博物馆

• 1847年1月19日，巴黎，49岁

自然历史博物馆每逢星期二、五向公众开放。大象、犀牛、河马，都是奇珍异兽！鲁本斯笔下的它们都很了不起。我一走进那地方，愉悦感油然而生，越往里走，这种感觉也就越强烈。我觉得我整个人超脱了平庸而琐碎的事物以及日常生活中种种无谓的烦恼。动物的种类真是繁复多样，各种形态和功能又都有所不同！然而在每一个转角处，我都看见了一些我们称之为丑陋畸形的东西，可这些东西正和一些对我们来说在形式上显得美丽优雅的事物，肩并肩地列在一起。这里有“尼普顿”①的民众们，海豹和海象；很大的鱼，长着冰冷的眼睛和愚蠢而张大的嘴；还有甲壳类动物和海蜘蛛；以及乌龟们。紧接着，是令人作呕的毒蛇家庭，那能将猎物卷缠绞死的大蟒蛇，它们有着极小的脑袋和极为庞大的身躯，一圈一圈优雅地盘绕在树上。极其丑陋的飞蜥、蜥蜴、鳄鱼和短吻鳄，还有那可怕的大鳄鱼，它们的下颚往前逐渐变尖，而末端的鼻子上有一个奇特的突起。还有些比较接近我们正常生活的动物，无数的牡鹿、瞪羚、麋鹿、雄鹿、山羊、绵羊，它们有裂开的蹄子、长着角的脑袋，有的角是笔直的，有的角是扭曲的，有的角是盘绕的。有各种不同种类的牛，野牛和美洲野牛；还有骆驼、单峰骆驼和美洲驼，以及跟它们非常类似的小羊驼。最后是长颈鹿，勒瓦扬②的标本在这里，都是用碎片拼起来修补而成的，它本来是1827年的著名动物。在它的一生中，它是所有目睹者的崇拜对象，给数以千计的空闲无聊人士带来过欢乐。它已经光荣地用死亡向大自然偿还了债务，死得默默无闻，就像它最

① 尼普顿（Neptune），罗马神话中的海神。最初他大概是水神或解除干旱的雨神。罗马人将其视同于希腊的波塞冬，关于他的大多数传说都来自希腊海神。环绕太阳运行的第八颗行星“海王星”（Neptune）也以他命名。

② 勒瓦扬（François Levaillant ,1753~1824），18至19世纪法国的探险家、收藏家和鸟类学家，大概在1785年左右，他到非洲旅行时带回了长颈鹿。

初登场时一样。不管怎么说，它还在这儿，僵硬而笨拙，就像当初大自然创造它时一样。其余的长颈鹿们，在它行动之前就进入了这些地下墓穴，和它们那些骄傲地保持直立的脖子放在一起。它们明显地被人们喂饱了，人们从来没见过活着的这种生物，不能想象那种奇特的向前戳的头，那是活着的动物所特有之处。

老虎、豹子、美洲豹、狮子，等等。

为什么这些东西会让我如此激动呢？是不是因为远离了已经成为我固有世界的日常思维，离开了那已经成为我整个宇宙的熟悉街道呢？这些事情是多么有必要啊，时不时地给自己一些触动，把脑袋探出门来换换空气，去选读一些毫无俗世日常生活气息的书本。毫无疑问，这次外出游览对我很有好处，让我感觉更舒服更平静了。在我离开博物馆的时候，树木也让我感到更可爱了，给我一天的欢乐更增色几分。我沿着长堤，绕着公园更远的那一边的路转回来，我走了一半路，坐了一半车。

这张版画招贴所署日期为1789年12月，题目是《勒瓦扬先生从非洲带回了长颈鹿》。

参观提香和拉斐尔作品

● **1847 年 2 月 26 日，巴黎，49 岁**

在格兰奇—巴塔里尔街（Rue Grange-Batalière）举行的展览会上，见到了维洛特（Villot）。展览会上有华丽的提香，他的《卢克蕾蒂亚和塔奎因》①，还有《圣母掀起面纱》（*Virgin Raising the Veil*），是拉斐尔的作品。提香的画，拙野而宏大！拉斐尔的构图令人十分钦佩！看了拉斐尔这幅作品后，我才充分地认识到，对于他画作的这种特质，毫无疑问地，拉斐尔曾经下过很深的功夫。正是为了表现自己的个人风格及其特殊手法的需求，他才这样的大胆，这样的不拘一格。我用放大镜看到，这件作品是用小笔触画出来的。

①《卢克蕾蒂亚和塔奎因》（*Lucretia and Tarquin*），卢克蕾蒂亚是古罗马传说中的贞妇，塔奎因是罗马北部伊特鲁尼亚人（Etruscan）的国王。公元前 6 世纪，伊特鲁尼亚人攫取了古罗马的政权，传说中塔奎因试图强奸古罗马贵族的妻子卢克蕾蒂亚而导致其自杀。罗马人在激怒愤恨中反抗，推翻了伊特鲁尼亚人的统治。尽管强奸卢克蕾蒂亚可能是演绎的故事，但长期以来已成为文艺家创作所用的题材。

《卢克蕾蒂亚和塔奎因》（*Lucretia and Tarquin*）
1571 年，提香，布面油画，89 厘米 ×145 厘米
英国剑桥费兹威廉博物馆

《圣母掀起面纱》（*Virgin Raising the Veil*）
1510~1511 年，拉斐尔，木板油画，68 厘米 ×44 厘米
法国巴黎卢浮宫

1847年3月7日，巴黎，49岁

自从我在格兰治—巴塔里尔街对拉斐尔的《圣母掀起面纱》这幅画高度和谐的线条表示非常赞赏之后，他的这幅我看过很久的而磨损不堪的复制印刷品——《帕里斯的裁决》(*The Judgement of Paris*)就给我留下了全新的印象。不过，如果把这种对线条的爱好应用于一切作品的话，那么在看过拉斐尔的画之后，人们就会对其他的一切作品视而不见。但实际上，只想着这一个特点是不行的，因为这样一来，很可能把其他所有的东西都丢到窗户外面去了。我总觉得自己对提香的作品缺乏一点激情，难道是因为他几乎总是忽视了有关线条的魅力吗?

参观卢浮宫

1849年6月1日，巴黎，51岁

去卢浮宫参观。此行令我印象深刻，特别是格罗的作品，尤其是那幅《埃劳战役》①。目前这幅画的一切都令我喜欢。它比《雅法的鼠疫》②更熟练，在技巧上也更圆熟。

① 埃劳战役(Battle of Eylau)，是拿破仑一世和第四次反法同盟(主要是俄罗斯军队)之间的一次重要战役，1807年2月发生于东普鲁士境内。双方伤亡惨重，但均没有取得决定性的战果。同年巴黎举办官方绘画竞赛，描绘拿破仑在战斗之后巡视战场。格罗在25名竞赛者中位居第一，此画于1808年在沙龙展出。

②《拿破仑视察雅法鼠疫病院》(*Bonaparte Visiting the Plague Victims of Jaffa*)，是格罗1804年的作品，根据1799年拿破仑东征叙利亚(Syria)途中的史实而创作。雅法城(Jaffa)是当时叙利亚的军事要地，在激战中，法军遍染鼠疫，情况十分严重。为此拿破仑下令，所有骑兵在行军中一律下马，并身先士卒，徒步行军，以让出足够的马匹来运载病号与伤员，并将重病患者安排住院治疗。此画表现拿破仑和他的部属亲临病院探视士卒的情景。

《拿破仑在埃劳战场上》（*Napoleon on the Battlefield of Eylau*）
1808 年，格罗，布面油画，521 厘米 ×784 厘米
法国巴黎卢浮宫

德拉克洛瓦在1848年9月1日发表于《两个世界的评论》杂志上关于格罗的艺术评论中评述此画如下：

“格罗经常采用那些可能是毫不新奇和徒劳无功的细节，但是他总是善于使它们起到特别的作用，在画中加强可怕的和动人的印象。例如在《拿破仑在埃劳战场上》这幅画中，拿破仑的马腿膝盖以上由于下雪而打湿。在这幅画中，画着一大堆死人（画家在战场上对着死人画下速写，然后根据简单的速写画成油画），还有扔在地上的刺刀，弯了的枪，枪上盖着沾了血的小雪块。这是细节的诗——是格罗艺术的一个特点。……

“……我已经介绍过《拿破仑在埃劳战场上》这幅描绘拿破仑的画的一些细节。这幅画在1808年展出。格罗以卓越的画稿参加竞赛，轻而易举地取得胜利。这是他第三幅伟大史诗式的绘画。这幅画正像《拿破仑视察雅法鼠疫病院》和《阿布基尔之战》一样，具有理想化的强大的力量和善于由绘画的情节本身产生强烈印象的能力，这是只有真正的艺术大师才会有的能力。……画家为了描绘这个英雄的战场（在雪地和沼泽地行军而疲劳了的法国士兵，在那里打败远多于他们的敌人），在他的画布上展开了一片模糊的、一望无际的波兰平原。许多在战场中倒下的战士，躺在雪地上，好像农活中割倒的一捆捆庄稼。右边可以看到燃烧中的埃劳村。在战场上还站着的手中拿着武器的近卫军士兵和军队的幸存者。到处卧着的垂死的战马，聚集了最后一点力气，抖掉身上的夜霜，抬起无力的腿，又重新落在死去的主人旁边。俄国兵、法国兵、立陶宛兵和胡子结冰的哥萨克兵躺在雪的下面，形成一些没有一定形状的人堆。这里，没有用的长剑和已经不能抓住剑的手，一起滚落在地上；那里，架在打坏了的炮架上的大炮和保卫大炮的炮兵一起，一半给埋在冰里。

“这一幅由上百幅小画组成的可怕的大画，产生了令人震惊的印象。然而，这只不过是一幅把很大的拿破仑画在画布中心的画。他在同元帅们一起忧郁地散步的时候，停了下来；他的一只手随便拉着马的缰绳，另一只手向上伸着，表现出一种好像对恐怖战争表示懊悔的、阴郁的手势。我以为这是格罗的一幅优秀作品，也是拿破仑最宏伟的，当然也是最肖似的一幅肖像。这个伟大的人，应该像亚历山大大帝那样，除了自己心爱的画家以外，不许别人画他的像。只有格罗一个人能画好他的像，后代人只能从他的作品中看得到真正像拿破仑本人的不朽形象。”

《拿破仑视察雅法鼠疫病院》（*Bonaparte Visiting the Plague Victims of Jaffa*）
1804 年，格罗，布面油画，532 厘米 × 720 厘米
法国巴黎卢浮宫

德拉克洛瓦在1848年9月1日发表于《两个世界的评论》杂志上关于格罗的艺术评论中评述此画如下：

“格罗受托绘制雅法医院的内景，那时总司令正在访问鼠疫病人。这个宏伟的题材完全符合格罗的气质，重新唤起他的想象力，使格罗画出了一幅杰作，稳当地确定了他的光荣。这幅画不到六个月画成，并参加1804年的沙龙展。

“习惯于大卫的原则和抄袭古希腊罗马题材的法国美术界，对于只靠真实的描绘竟能使现代题材画得如此有意思表示惊讶。在格罗的画中，可以看到法国人的军服、各种东方人的衣着，但是绘画的题材虽然是东西方的混合，却丝毫不令人感到古怪或者虚构。此外，格罗从这些对比中得到很大的好处。欧洲人的服装不仅不难看和庸俗，而且有时反而由于它的朴素而产生特别的趣味。我举出一个在画的前景中左边正面坐着的病人作为例子。他用紧握着的拳头顶住下巴，他的整个身子说明他正在发作恶性寒热病。他的士兵大衣和遮住眼睛的普通警帽（它的上面已经脱开，落到肩膀上）构成了一种奇怪的装饰。

“再举出另一个鲜明对照的例子。就在这幅画的同一个左角，画着一个龙骑兵：他靠墙蹲着，以抽筋的样子伸着手，去抓一块面包。他穿着紧身的军装，头上裹着一块破布；他那穿着军服的倒霉的整个身子，好像比躺在他身旁的那些全光着身体和半光着身体的人更加可怕。格罗的画全由这些对比构成，这种对比完全不需要解释，一看他的画就会产生引人入胜的印象。

“我不想进一步讲这幅画的细节。将军的坚定信心，受他的勇敢精神和人道行为所感动的士兵们的钦佩和感激，土耳其伤兵和阿拉伯伤兵在这个凄惨的场合无动于衷——所有这些强烈动人的细节，都给那些法兰西画派的拥护者留下深刻的印象。格罗的技术，在画刚完成的时候看起来灿烂辉煌，随着年月的变化，就失掉了光泽。格罗在达维特画派影响下画成的几乎全部作品，可以说，都有这个毛病。轻轻地擦上的阴影，薄薄地涂上的亮部，在画刚画完的时候，使油画有一种迷人的透明感，但不幸的是，过了一些时候，就会变黄。这种缺点是拥有更完善的技术的佛兰德斯和威尼斯的艺术大师们的作品所没有的。达维特画派这种令人不快的印象，使人

《波瓦提之战》（*Bataille de Poitiers*）
1830 年，德拉克洛瓦，布面油画，114 厘米 ×146 厘米
法国巴黎卢浮宫

们对像格罗这样的人不是鲁本斯或者凡代克的学生感到遗憾，格罗如果第一在格调上、第二在画得生动上更好的话，他就能够争取到这两个佛兰德斯绘画之王的光荣。”①

① 中文译文引自《德拉克洛瓦论美术与美术家》，平野译，上海人民出版社，2008 年版，138-139 页。

挂在长画廊上的鲁本斯作品（指鲁本斯为亨利四世王后所画的《玛丽·德·美第奇的生平》连环组画）[1]令我十分仰慕。那倒数第二幅的《哭泣的胜利》（*Weeping Victory*）中的人物形象真是精彩无比！尽管那两条腿似乎是别人画的，而非出自鲁本斯之手，但这个形象和其他形象反衬得多么巧妙啊。它们显示了作者的仔细，除了那下垂的头和交叉着的手臂之外，一切都表明这是一件天才之作。

“海之女神”（Nereid）似乎也从来没有像这么漂亮过。只有完全运用自如的手法与豪迈的胆量才能使我产生如此深刻的印象。

①《玛丽·德·美第奇的生平》（*Life of Marie de Médicis*），是鲁本斯为法国国王亨利四世的第二任妻子玛丽·德·美第奇所绘的大型连环组画。也是德拉克洛瓦经常参考的作品，他还临摹了《登陆马赛》（*The Disembarkation at Marseilles*）这幅画中海之女神溅水的场景，并拿去和他的助手安德里厄（Andrieu）一同研究四周飞溅的水珠那珍珠般的色泽。

《登陆马赛》（*The Disembarkation at Marseilles*）
1622~1625 年，鲁本斯，布面油画，394 厘米 × 295 厘米
法国巴黎卢浮宫

德拉克洛瓦曾临摹了此画中三位海之女神溅水的场景。

看到了卡拉奇②的《基督复活》(*The Resurrection of Christ*)，它的清冷和阴沉使我认识到这个题材有多么美妙。天使正在挪开墓石，他的双眼像电光一样闪亮，基督光华四射地从墓穴中缓缓升起，士兵们都俯伏在四周。

② 安尼贝尔·卡拉奇 (Annibale Carracci, 1560~1609)，16 世纪晚期意大利画家，卡拉奇三兄弟都是画家，安尼贝尔是其中成就最突出的一位，他推崇古希腊、古罗马雕塑和拉斐尔、米开朗基罗等文艺复兴盛期大师的艺术风格。卡拉奇兄弟于 1582 年在博洛尼亚 (Bologna) 创办了一所培养艺术家的学校，即启迪学院 (Accademia degli Incamminati)，形成了博洛尼亚画派。

《基督复活》(*The Resurrection of Christ*)
1593 年，卡拉奇，217 厘米 ×160 厘米
法国巴黎卢浮宫

《南希之战》（*Nancy de Poitiers*）
1831 年，德拉克洛瓦，布面油画
249 厘米 ×359 厘米
法国南希美术馆

在鲁昂的美术馆参观自己的画作

● **1849 年 10 月 3 日，51 岁**

把我出发的日子一直拖延到今天，结果我失去了看到我的《图拉真》（*Trajan*）这幅作品的机会。我抵达美术馆的时候发现它被脚手架遮挡了半边。那些架子是为诺曼底（Norman）的画家们举办展览而搭起来的。要是我能坚持原定的计划的话，我就能舒服地看到我那张画了。

我曾在路过一个画廊时看到了我的一幅早已被我自己忘掉了的作品，当时那种高兴，不记得还有什么曾超越过它。遗憾的是，最有意思的部分之一，也可能是整幅画里最有意思的部分，即一个女人跪伏于君王脚下的情景被挡住了。但是，经过我的细心观察，我发现这部分画得过于深刻有力，以至于其他部分都显得黯然失色了。很奇怪的地方是，这幅画的色调虽然非常深暗，但看起来仍然很有光彩。

参观鲁昂大教堂和圣马克卢教堂

● **1849 年 10 月 6 日，鲁昂，51 岁**

很晚才出去看大教堂（Rouen Cathedral），这座教堂看来距离圣昆恩（Saint-Quen）的设计效果还有些距离。当然，我是指内部而言，教堂正面和侧面的视觉效果还是非常好的。正立面是由华丽的棱锥形以及一些漂亮而不规则的形体等等组成的，那“书报商的门廊”（The Portail des Libraires）也相当好，但是我发现最精彩的地方还是远处尽头小礼拜堂中的两座陵墓，特别是德布雷泽先生（M. de Breze）的。这座墓简直好极了，尤其是雕像。它把古希腊、古罗马作品的优点与某些我们自己的时代精神以及一些文艺复兴时期的优美都融合到了一起。雕像的肩胛骨、手臂、腿和脚，无论从形式上还是技法上来说，都超越了言语的赞美。另外那一座陵墓我也很喜欢，不过就整体效果而言，有些东西还安排得不是很恰当。或许是因为那两座人像安放得不太好而导致的。因为一眼看上去，好像它们只是相当随意地被放在那里似的。我觉得那个红衣主教的形象做得格外好，从风格上看，只有拉斐尔的杰作可以与之媲美，衣服、头部等等。

圣马克卢教堂（Saint-Maclou）：极佳的玻璃装饰，雕花的门窗等等。临街的那一面，由于拆除了许多建筑物，现在看起来顺眼多了。前不久，他们从这里开辟了一条新马路，一直通到港口。

在伊夫洛（Yvetot）我遇到了一件扫兴的事情。我雇了一辆马车，很晚才赶到瓦尔蒙特（Valmont）。通往城堡的大道已经不见了。一想起将要回到一个我向来就很喜欢的地方去，我就不由深深地动容。但是每一样东西都变得越来越坏……连路也不一样了，等等。

参观泰奥多尔·卢梭[①]的习作展

1850年2月24日，巴黎，52岁

下午四点，我去参观泰奥多尔·卢梭的习作展，我非常喜欢这些作品。这些作品聚集在一起，将会使人们对他的才能有些认识，而这些才能人们还远远不能欣赏，

① 泰奥多尔·卢梭（Théodore Rousseau, 1812~1867），19世纪法国风景画家，巴比松画派的代表。他的作品曾被拒于主流画派长达十余年，于1848年才最终获得认可，正式有公开展出，并被授与荣誉的十字勋章。他的风景画以强烈的色彩、大胆的笔触和独特的主题而著称，对印象主义绘画有较大影响。德拉克洛

瓦在1847年3月14日参观过同为巴比松画派代表画家的柯罗的画室，并对柯罗有很高的评价，认为他是一位真正的画家。他对卢梭的评价也不错。

这20年来，他的作品还一直被拒绝展出呢。

《橡树》（*Oak*）
1852年，卢梭，布面油画，63.5厘米×99.5厘米
法国奥赛博物馆

在布鲁塞尔博物馆等地参观

● **1850 年 7 月 6 日，布鲁塞尔，52 岁**

早上八点，和珍妮一起动身去布鲁塞尔①；抵达时已经是下午五点差一刻的样子。这次出门让我感到旅行很有诱惑力。

● **1850 年 7 月 7 日，布鲁塞尔，52 岁**

早晨，我们去圣-居迪勒（Saint-Gudule）。

那些彩色玻璃花窗真是壮丽堂皇。我在笔记里记下了它们给我的一些启发（这个笔记本已经遗失）。

圣母礼拜堂那些 17 世纪的窗户，是一种精炼过的鲁本斯式的风格。技巧非常到位。它们打算在这里像绘画一样使用色彩，不过，虽然他们处理得相当有技巧，但与前一个世纪的花窗玻璃比起来，还是稍逊一筹。这是一种偏见，为了使作品洗练简约而制定一些程式，也是绝对有必要的。

当我正在观赏圣母礼拜堂的窗户时，听到了一些悦耳的音乐，儿童的声音正在演唱肖邦最喜爱的赞美诗《犹大的征服者》（*Judah the Conqueror*），用风琴伴奏，等等。好一阵子，我站在那里听得出神入迷。这件事情可以用来说明：反对过分地把格利高里圣歌（Gregorian）现代化，还有特别是，更反对当代作曲家在创作中对诉诸宗教的想法愚蠢地加以肆意非难。

今天到博物馆去了一下，但是由于去得太晚了，未能如我所愿地停留作较长时间的参观。鲁本斯的作品真是宏大华丽；《通往髑髅地之路》② 《基督的复仇者》（*Christ*

① 德拉克洛瓦在着手为波旁宫绘制那幅有名的壁画之前，曾于 1838 年 9 月到比利时旅行过一次。当时身边有美貌的伊莉莎·布朗杰（Eliza Boulanger）陪伴，即后来的卡维夫人（Mme Cavé）。他们俩曾一起去短暂地参观过鲁本斯的作品，但在海牙（Hague）她突然离开了德拉克洛瓦。参见 163 页旁注②。

② 髑髅地（Calvary），位于古耶路撒冷城外，是耶稣被钉死于十字架之地。

《波西·道格拉斯拯救费劳众议员的性命》
(*Boissy d'Anglas at the Convention*)
1831 年，德拉克洛瓦，布面油画
79 厘米 ×104 厘米
法国波尔多美术馆

the Auenger)，所有这些确实都比后来在安特卫普所看到的作品，在不同程度上带给我更深刻的印象。之所以会如此，我想有一部分原因大概是因为它们都陈列在同一个画廊里，而且挂得很靠近的缘故。

● 1850 年 7 月 9 日，布鲁塞尔，52 岁

我曾经打算离开，但是又给了我自己多一天时间。我在博物馆里呆了很长时间，尽管现在是七月，那里却冷得要命。

《髑髅地》和《圣利文》(*Saint Lieven*) 这两幅画是鲁本斯最纯熟时代的巅峰之作。

我觉得《东方三贤士来拜》(*Adoration of the Magi*) 比安特卫普的那一幅要好很多。但是如果把它和上面所提到的两幅画进行对比时，还是给人以一种枯燥感。但是你又察觉不出到底少了些什么东西，这正是艺术的不可精确计算之处。正因为如此，有两件作品我特别喜欢。就是上面我所提到的那两件，有些地方好到了极点——基督的手和脚，在处理上只是微微露出来而已。还要加上《基督的复仇者》，就激情和神韵来说，画笔能达到的境界无非如此了。《圣母圣天图》(*Assumption*) 显得有一点干：天国的荣光部分似乎画得不够好，让我忍不住想到那里是不是发生过什么意外。再往里面走，你的右手边还有一幅不错的《戴王冠的圣母像》(Virgin Crowned)，效果很强烈，但不如最好的作品那般挥洒自由。云彩几乎被画到了黑色的程度。这样一个着魔的人，他允许自己的一切随便和放肆。他不计一切代价决心要把人物的皮肤画得很光亮，所以只好被迫在色彩的对比和夸张上下功夫了。

……

鲁本斯经常用白色来表示受光部分，即使在已经涂了一层灰色的底子上作画时也是如此。他通常总是从中间色调上的固有色开始，先薄薄地涂一层颜料，然后在中间色调的基础上画上亮部和暗部，至少我是这样认为的。我在观看《髑髅地》这幅画时，就特别注意了这种固有的中间色调。两个强盗身上的皮肤颜色非常不同，没有花费太多功夫。很明显，在正式画出亮部和暗部之前，他先用了物体的固有色来塑造他们的亮部和暗部。我想，他的一些不太重要的作品，就像这一幅和那幅《圣•本笃》(*St. Benedict*)，颇为相似，应当都是用这种方法画成的。他那种干画法的方式，是把每一部分或多或少地分开处理的。应当设法记住：圣•维罗妮卡（St. Veronica）的双手；整个是灰色的麻布；圣母那十分随意摆放在她身侧的两只手；从各个角度来看都画得很出色的两个强盗；还有前景中那个脸色苍白、表情可怖的老流氓。

《圣弗朗西斯把世界藏在袍中》(*St. Francis hiding the world with his Robe*) 这个场景画得非常简洁洗练。可以透过整幅画面看到灰色的底子。皮肤是使用非常轻薄的固有色画成的，而在受光部分，则略施几笔稍为厚重一点的色彩。

我应当经常考虑一下我的那幅习作《床上的女人》(*Woman in Bed*)，这幅画大概在一个月以前就开始画了。模特的固有色调子已经确立好，还没有强调亮部和暗部。这种方法是很久以前我以卡洛琳为模特，画一幅横卧的裸女习作时发现的。在那些早期的日子里，我是凭借本能来引导自己进行创作的。

《梅尔茅斯》
1831年，德拉克洛瓦，布面油画
130厘米×163厘米
美国费城美术馆

参观安特卫普博物馆

● **1850年7月8日，安特卫普，52岁**

早晨八点动身来到安特卫普。

博物馆里的那些绘画陈列得非常不好。原先来参观时的位置远远比现在的要好。鲁本斯的作品由于挂得太为分散而失色不少。可是，我从来没有感受到，它们本身具有那种足以超越一切事物之上的气势。这一次，我更想来观摩《圣弗朗西斯（最后的晚餐）》(*Last communion of "Saint Francis"*)，以前我是不怎么关注这一类作品的。我也十分欣赏《基督在永生之父的膝上》(*Christ on the knees of the Eternal Father*) ①这幅画，它肯定是与前面那幅画创作于同一个时期。我从目录中查到,《圣弗朗西斯（最后的晚餐）》大概是鲁本斯40岁或42岁的时候画的。

离开之前，我看了一下从圣保罗教堂（Saint Paul）拿来的《基督受刑图》(*Scourging of Christ*) ——如果真的有天才什么的话，这就是一幅天才的杰作。这幅画的左侧那个大的行刑者略有瑕疵。如果要使这个可笑的人物不至于破坏整个画面的话，其实真应该把他画到一个令人难以置信的庄严崇高的程度才好。但另一方面，这里还有一个人物，这个人站在这群行刑者中间，不太容易看见，大概是个黑人或混血，他的形象与这幅作品的其余部分倒是很相称的。他那血痕累累的背部，还有头部，其痛苦的感觉被表现得如此奇妙；以及那可以看得见的一只手臂都有一种不可名状的美丽。

① 实际上，应该是鲁本斯画于1614年的《哀悼基督》(*Lamentations over the body of Christ*)，德拉克洛瓦弄错了，那不是永生之父，支撑着基督尸身的是圣约翰（St. John）。

7. 德拉克洛瓦听音乐

音乐常常给我很大的启示

● 1822年10月12日，巴黎，24岁

刚刚从《费加罗的婚礼》②的演出现场回来，全剧的感觉好得无与伦比。

我依然兴奋得像个小孩似的。我是多么容易冲动啊！只要一有新的想法产生，就会立即打断我原有的思绪，推翻我的哪怕曾经最坚定的决心。老实说，我并不希望显得比现在更好些，但这又有什么用呢？人人都对关心个人的些微得失，远远超过关心整个国家的生死存亡。

只做需要做的事情，别的就不用去管了。你已经错了，你的幻想已经把你引入了歧途。

音乐常常给我很大的启示。有时候一边听，一边涌现出一种想画画的强烈渴望。我是个缺乏耐性的人，要是我能像我所知道的某些人一样，有他们那种耐性的话，我早就会成为另一个人了。我总是有些急于求成。

我和哥哥、皮隆一起吃午饭，吃完了又一起去意大利剧院看戏。他们给我带来一场优美的演出，真令人激动，加上女演员又是那样的优雅迷人！所有这些可望而不可及的美妙东西，真令我欢喜而又神伤。

我打算重新来学钢琴和小提琴。

我回想起今天在戏院中碰到的那位夫人时，心中实在感到满足③。

②《费加罗的婚礼》(*Le Nozze di Figaro*) 是莫扎特最杰出的三部歌剧中的一部喜剧，完成于1786年，脚本是根据法国戏剧家博马舍 (Beaumarchais) 以西班牙为背景的同名喜剧改编而成的。

③ 这位女士是指康弗兰夫人，德拉克洛瓦在1822年10月22日的日记中写道：“星期天（前天），我和不久前刚刚认识的康弗兰夫人一起吃了午饭。我们过得非常愉快有趣，还唱了《费加罗的婚礼》里面的曲子。参见26页旁注①。

夜莺的歌声

1824 年 5 月 7 日，巴黎，26 岁

夜莺。那稍纵即逝的片刻欢愉游荡于天地之间。新生的嫩叶和淡紫色的丁香花，太阳又把一切变得年轻了。在这短暂的片刻时光里，忧愁被吓跑了。天空如果变得阴暗多云，只不过像谁的情人斗气时撅起了嘴，我们知道这怒气很快就会消散。

今晚回家时，我听到了夜莺的歌声，现在仍然能听到它在远处歌唱。那歌声真是独一无二的，但是它的美倒不仅仅在于它本身是如何动人，更在于它能撩动人们的情感。布封①，这位博物学家，因这婉转的歌喉和这春季里忧郁的歌唱家那抑扬顿挫的调子而感到欣喜若狂。而我自己却从它的单调中发现，从中永远可以找到令人产生深刻印象的一切，取之不尽，用之不竭。听这声音，就像是在观看阔大的沧海，人们在恋恋不舍地离开前，总还想等着看它翻起最后一个浪花。人们无法忍受离去。我是多么地厌恶那些无名的诗人啊，讨厌他们那些歌颂光荣、歌颂胜利、歌颂夜莺和牧场的诗篇！他们究竟有几个人能真正描写出夜莺带给人们的感受呢？可是，当但丁去表达的时候，他的诗却像是大自然本身那样清新，这也正是我们所听到的一切。而这也是一种技巧，是修饰出来的东西，是智力的产品。他们究竟有几个人成功地描写了爱情呢？但丁是真正最伟大的诗人。你和他一起激动，仿佛身临其境。在这里，他要比米开朗基罗高明得多，或者说他是与众不同的。他也是很崇高的，不过采取了另一种方式，没有耗费他的真实。“好像鸽子聚集在牧场上……好像青蛙蹲在那里鸣叫……好像乡亲……”（原文是拉丁语）这就是我一直所梦想，却又从来未能明确

①乔治-路易·克勒莱尔·德·布封伯爵（Georges-Louis Leclerc, Comte de Buffon, 1707~1788），18 世纪法国著名的博物学家、数学家、生物学家，启蒙时代的著名作家。他注意到不同地区相似环境中生物种群可以有不同特征，被认为最早引入了生物地理学的概念和原理。他还研究了人和猿的相似之处，以及两者来自同一个祖先的可能性。布封的思想影响了之后两代的博物学家，包括达尔文（Darwin）和拉马克（Lamarck），他的作品对现代生态学影响深远。

《帕格尼尼》（*Paganini*）
1832 年，德拉克洛瓦，布面油画
45 厘米 ×30.4 厘米
美国华盛顿私人收藏

的东西。尽量适当地在绘画中做到这一点。这是一条值得追随的独一无二的道路。

当某些东西使你感到厌烦的时候，把它丢开吧。绝不要追求空虚的完整。有些缺点，俗人把它称之为缺点，但却时常能给作品带来勃勃生机。

● **1854年4月27日，55岁**

上床的时候，已经很晚了。凉爽的夜晚，敞开的窗户，和夜莺那婉转的歌声，一种甜美的感觉油然而生。如果能把夜莺的歌声，通过眼睛的感受传导于心灵的话，我就会把它比作是那美丽的夜晚中，透过树梢的缝隙而闪耀着的点点繁星。它的音符是如此的轻巧、生动，宛如银笛一般，而那纤细的喉咙又充满了如此令人难以置信的活力。在我看来，就像是那些火花，正在闪烁，忽明忽灭，如同天上的无数钻石散布在苍穹中一样。每年这个时候，我都会产生这两种交织在一起的情绪，孤独和冷静。如果再加上花草，尤其是林木的美景——这景色往往在黄昏时最为动人——在我们这不完美的宇宙中，这种精神上的享受是不可多得的祝福。

圣·塞西莉亚前夜音乐会②

● **1849年3月11日，巴黎，51岁**

一点半，去听圣·塞西莉亚前夜音乐会，这是为募集阿伯内克纪念基金（Habeneck memorial fund）③而举行的。音乐厅很宽敞，但有很多听众衣着不整洁，混在一起，尽管这还是星期天。在这种地方，他们永远无法邀请到一批精选的鉴赏家听众。

② 圣·塞西莉亚（St.Cecilia），是基督教初期教会最著名的殉道贞女之一。她出身于罗马贵族家庭，约生活在公元2至3世纪左右，是音乐的守护圣人。一些社会音乐团体和音乐学院常常以圣·塞西莉亚命名，她的纪念日11月22日也常常成为音乐会和音乐节举行的机会。

③ 阿伯内克（François Antoine Habeneck, 1781~1849），19世纪法国著名小提琴家、指挥家，大约在德拉克洛瓦写这篇日记的一个月前（2月8日）去世了。

超级欣赏那非凡的《田园》(*Pastoral*)交响乐，只是邻座的坐立不安和心不在焉多少有些打扰我。音乐会的其他节目都由名家出演，但我却觉得单调厌烦。

我敢说，贝多芬（Beethoven）的作品一般都太长了，虽然他在表现同一主题的变奏时令人惊艳地变化多端。我不记得以前听他的交响乐时是否注意到这点。但无论是否注意过，我都明显地感觉到，如果一位艺术家在一次演奏中，要求听众必须长时间地集中注意力的话，那肯定会损坏作品的效果。

绘画，除了有许多其他优点外，它还比音乐考虑得更周到。即便是一幅巨大无比的作品，也能够在一瞬间被一览无遗。如果作品的特点，或者某些地方吸引了人们的注意，那完全是因为它很棒，人们可以用比欣赏一首音乐作品更长的时间来鉴赏它。但是如果这幅画平淡无奇，人们也可以掉头就走，逃离这种无聊乏味的东西。那天我在普鲁登特的音乐会（Prudent’s concert）上听到《魔笛》①的序曲时，它不仅令我神魂颠倒，而且曲调均衡和谐，简直完美！是否可以这样认为，由于乐器的改进，因而使得音乐家们都陷入一种诱惑中——把乐曲拖得越来越长，难道以此来表现那种每一次复奏都有变化的循环效果？

只要节目中有一首值得一听，你就决不能认为花在音乐会上的时间是种浪费。它是最好的心灵滋养品，即使着正装赴会这件事打扰了你的重要工作，但它也增加了“乐趣”这个音符的长度。事实上，在一定的场合中，位于一群抱着共同欣赏某种东西的愿望的人士中间，即使所听到的某支曲子或者某一名家的作品令你觉得单调，但这所有的一切结合在一起，就会在有意无意之间，给一件心爱的作品增色添

①《魔笛》(*Magic Flute*）是莫扎特所创造的三部最杰出歌剧之一，取材于18世纪德国诗人维兰德（Wieland）的东方童话选集《金尼斯坦》(*Dschinnistan*)中一篇名为《璐璐的魔笛》(*Lulu oder die zauberflöte*）的童话。

彩。假如那支优美的交响乐是在我的画室中演奏给我听的话，那我心中可能就不会留有同样美好的记忆。

这也许可以解释，为什么有钱人和大人物那么快就对他们喜欢的事物产生了厌倦。他们坐在舒适的包厢里，脚下踩着厚厚的地毯，尽可能躲开那些容易分散注意力的位置，那些地方往往人声嘈杂，到处有人进进出出。他们计算精确，在节目刚刚开演的时候到达；但也许是对他们缺乏对美好事物的尊重的一种惩罚，他们来得那么晚，优秀的节目经常已经演出过半了。更糟糕的是，他们彼此之间都有种喜欢讲话闲谈的习惯，或者是突然有人来找他们什么的，破坏了大家安静地沉思冥想的机会。和时髦人物一起坐在包厢里，即使是听最动人的音乐，也无法得到充分的享受。而一个穷艺术家独自一人坐在剧院正厅后排，或者跟一个知音好友在一起，却能够独自充分领略作品的美妙意境，从而带走一段没被荒谬可笑的东西污染的纯净记忆。

波托茨卡夫人的歌唱

● 1849年4月11日，巴黎，51岁

我想，是在今天晚上，我在肖邦家里又遇到了波托茨卡夫人。她的歌唱还是像以前那么动听。夜曲的片段和钢琴曲都是肖邦的作品。此外，她把《诺昂的磨坊》(*Moulin de Nohant*）改编得像一首《致敬》（*O Salutaris*）曲一样。这样的演唱非常成功。我把我深深信服的部分告诉了她，我觉得，在音乐和其他所有的艺术门类中，一件作品的风格和特色（这就是说它的主要部分）

一旦形成，其余的一切也就可以被忽略了。她唱的那首《奥赛罗》中的《柳树之歌》(*The Willow Song*) 我很喜欢，更胜于其他那些迷人的那不勒斯小调。她还试着演唱了拉马丁的《湖》(*Le Lac*)。拉马丁是一个有着尼德梅耶（Niedermeyer）那种粗鄙习气和自命不凡的装腔作势之人。最近两天，我的脑子里一直都回响着这可恶的曲调。

梅耶贝尔①的《先知》狂想曲

1849 年 4 月 23 日，巴黎，51 岁

《先知》(*Le prophète*) 这部庞大而可怕的作品，他的作者恐怕还觉得创作它是个巨大的进步，其实却是艺术的极端堕落。梅耶贝尔似乎感到有种迫切的需要，要做一些比此前所做过的更好、更不同的事情。换句话来说，就是要改变。而这一点却导致他忽视了一些制约着艺术的鉴赏力和逻辑性的永恒法则。像柏辽兹、雨果以及其他的一些自称为革新者的人们，都还未能废除我们所谈到的这些观点，但是他们却引导人们去相信做一些并不真实也不可合理的事情是有可能的。政治方面的情况也是如此。离开前人所开辟好的道路，意味着将无可避免地返回到原始社会，而经过一连串的改革之后，其改变的结果也必然是一种野蛮的状态。

莫扎特说过：“永远不应把强烈的激情表现到令人讨厌的地步。音乐即使是描述恐怖事件，也永远不应引起我们耳朵的反感而终止它成为音乐。”②

① 梅耶贝尔（Giacomo Meyerbeer, 1791~1864），19 世纪犹太血统的德国作曲家，长期在法国生活。他的歌剧作品场面宏伟，配乐辉煌，具有强烈的戏剧性，常插入规模庞大的芭蕾舞段落，但有过于重视外在效果之嫌。梅耶贝尔在当时欧洲被捧得很高，是最出名、最成功的作曲家和歌剧制作人，声名极其煊赫，但随着历史的淘洗，今天已然盛况不再。

②引自《两个世界月刊》(Revue des Deux Mondes)，1849 年 3 月 15 日，892 页。

听波兰公主演奏肖邦的曲子

● **1850年2月13日，巴黎，52岁**

大概在下午三点钟左右去拜访马塞琳公主（一位波兰公主，肖邦的崇拜者和学生），她为我演奏了肖邦的曲子，给我留下很深的印象。真是不同凡响，完美的结构。很难再找到比这更精湛的作品了。他要比任何人都接近莫扎特。他的旋律，就像莫扎特的旋律一样，如此流畅自然，似乎自然而然地水到渠成一般。

听柏辽兹[③]的音乐

● **1850年2月19日，巴黎，52岁**

去听柏辽兹。《丽奥诺拉》(*Leonora*)这首序曲听起来似乎和过去一样杂乱无章，所以我得出的结论是，这首曲子挺差的：它固然充满了光辉的片段无疑，但却毫无整体性可言。柏辽兹的东西都是这样，是一种可怕的嘈杂声，是一盘夸张的大杂烩。

● **1856年1月17日，巴黎，58岁**

柏辽兹让人觉得讨厌[④]。所有的时间他都在呼喊要反对意大利音乐中所特有的那种颤音和花腔，他认为这种形式粗俗野蛮，应该被诅咒。甚至在老一代的作曲家，像亨德尔（Handel）的作品中，他都不允许有这种做法，所以对《唐娜安娜》(*Donna Anna*）咏叹调中的华丽乐句，他竟也亲自出来表示反对。

③ 柏辽兹（Berlioz），如果说德拉克洛瓦是美术领域的浪漫主义雄狮，那么在音乐领域与其具有相对等地位的，恐怕就是柏辽兹，但德拉克洛瓦似乎很不喜欢柏辽兹的音乐，他最为欣赏莫扎特，其次是肖邦、罗西尼、贝多芬等人。

④ 此时的柏辽兹正在为家庭和经济上的问题所困扰，神经处于非常紧张的状态。

歌剧《秘密的婚姻》中完美的音乐

1850年2月24日，巴黎，52岁

晚上与德·福舍夫人一起去听奇马罗萨的佳作《秘密的婚姻》，像那样完美的杰作，在人类的创作中可不多见。

仅就德·帕尔斯[1]作为画家所做的那些事情来说，也许整理修订一下，就可以覆盖所有那些存在于人们记忆中的优秀作品了。在这方面我也曾经作过努力。但从音乐这方面来讲，我先是喜欢莫扎特更胜于罗西尼，然后又更胜于韦伯[2]，现在则更胜于贝多芬，而且一直都是从完美这个角度出发的。但是当我去听过《秘密的婚姻》之后，我觉得我所获得的不是完美的更高境界，而是完美本身。还没有哪个音乐家具有这样的匀称感，这样的表现力，而且那种感觉如此恰当，如此欢快，又如此温柔。尤其是它还有这样一种弥漫全剧的潜在影响力，增强提升了其他的一些优点——那无可比拟的优美；表现温柔情感的优美，表现幽默感的优美，表现歌剧所特有的那种哀而不伤的优美。

很难说哪些是莫扎特未能表达出的意境，我如今在奇马罗萨的作品中发现了。也可能由于我个人的某些特殊喜好，从而使我产生了这种偏见——不过，要是用偏见来解释，那就未免破坏了对于高尚品位和真正的美进行评价的一切标准，那就意味着说，个人爱好是衡量美和品位的准则了。我甚至敢于对自己承认，伏尔泰也有他令人讨厌的一面，对一个钦佩伏尔泰的才智的人来说，这太让他泄气了。我的意思是他运用才智所做的一些辱骂。确实，这样一位品位的评判者，锐敏的评论家，

①罗杰·德·帕尔斯（Roger de Piles, 1635~1709），17世纪法国画家、艺术评论家及外交家。

②韦伯（Carl Maria von Weber, 1786~1826），19世纪德国作曲家、指挥家及钢琴家，也是浪漫派音乐第一个有重要意义的作曲家。

有时竟会自贬身份去哗众取宠。其实他是有才华的，但在大多数情况下他仅仅是风趣诙谐，而这个字眼本身就是一种摧毁性的批评。还是上个世纪的伟大作家更为朴实，更少一点装模作样。

联合音乐会（Union Musicale）

● **1850 年 3 月 3 日，巴黎，52 岁**

去听联合音乐会：演奏了贝多芬的 F 调协奏曲，非常活泼，效果强烈，后来演奏的是格鲁克③的《伊菲吉妮娅在奥利斯》序曲④，这支序曲包括了全曲的引子和阿伽门农（Agamemnon）的旋律以及克吕泰涅斯特拉（Clytemnestra）出场时的合唱。

这支序曲是首杰作：它具有优雅、质朴与柔和等特点，尤其是力量感。不过说句老实话，这些特点虽然非常难得，但曲子的单调却也让人感觉稍微有点疲劳厌烦。在莫扎特和罗西尼之后，对 19 世纪的听众来说，这支曲子实在有点太像教堂里的赞美诗了。低音大提琴的反复演奏，听起来很像柏辽兹作品中小号所产生的效果。

紧接着他们演奏了《魔笛》的序曲，这才是真正的大师杰作。在格鲁克之后听到这支曲子，我突然产生了下述念头。莫扎特就是在这里发现了艺术，而且在这支序曲里我们看到了艺术所促使他往前迈的那一步。莫扎特是一位毫无疑问的创造者——我不是说新式艺术，因为目前并没有产出什么成果，但他是那种把艺术推向顶峰的人物，在那个点之上，是再不可能出现更完美的作品了。

③格鲁克（Christoph Willibald Gluck，1714~1787），18 世纪德国作曲家，一生共创作歌剧百部以上。他致力于歌剧改革，作品以质朴、典雅、庄重而著称。创作于 1774 年的歌剧《伊菲吉妮娅在奥利斯》是其代表作品之一。

④《伊菲吉妮娅在奥利斯》（*Iphigenia in Aulis*）的故事出自荷马史诗《伊利亚特》，她是希腊神话中迈锡尼（Mycenae）国王、十万远征特洛伊的希腊联军首领阿迦门农（Agamemnon）和克吕泰涅斯特拉（Clytemnestra）最心爱的女儿。阿伽门农打猎误伤了狩猎女神阿耳忒弥斯（Artemis）的宠物红鹿，女神一怒之下狂风大作把希腊舰队困在奥利斯港湾（Aulis）里动弹不得。先知告诉阿伽门农必须将女儿献祭给狩猎女神才能脱困。阿伽门农派人向妻子谎称要把女儿嫁给伊菲吉妮娅一直暗恋的阿喀琉斯（Achilles），将女儿骗来祭台。父女相残的人间惨剧即将上演之际，阿尔忒弥斯终于动了恻隐之心，一阵风把伊菲吉妮娅带走，让她成为狩猎神庙的女祭司。大风也就此停息，希腊舰队终于扬帆出港。

8. 德拉克洛瓦观赏戏剧

独自观看《摩西在埃及》

1824 年 3 月 4 日，巴黎，26 岁

菲尔丁（Fielding）来画室看我，我们一起吃了晚餐。晚上，我独自去看了《摩西在埃及》（*Moise en Egypte*），我非常欣赏这出戏。本斯纽里（La Buonsignori）又使我想起某些记得很清楚的情节。音乐棒极了！只有一个人独自欣赏才能充分体验其中的美妙之处．

观赏歌剧时听到的伏尔泰和卢梭趣事

在音乐剧场听了《塞维利亚的理发师》[①]——非常满意。我坐在一位老绅士旁边，他曾经见过格雷特里（Grétry）、伏尔泰、狄德罗（Diderot）、卢梭（Rousseau）等人[②]。有一次，他在沙龙里见到伏尔泰正向一些女士们致贺。当他离开的时候，这位老绅士听到伏尔泰评论说：“在你们身上，我看到了一个新世纪的开始，在我自己身上，则看到了一个——伏尔泰的世纪的结束。”显而易见地，为了子孙后代的利益，这位谦逊的哲学家正在尽力把他自己的世纪说在前面。这位老绅士还曾被他的一个

①《塞维利亚的理发师》（*Barber of Seville*），是 18 世纪法国作家博马舍（Beaumarchais）于 1775 年所写的剧本，原名《Le Barbier de Séville》，是“费加罗三部曲”之一，另外两部是《费加罗的婚礼》和《有罪的母亲》。意大利歌剧作曲家罗西尼以此剧本为基础作曲改编成了二幕歌剧。

② 这些人都是 18 世纪法国启蒙主义运动巨匠。

朋友带去和让・雅克（Jean-Jacques，卢梭的名字）在普拉瑞吉路（rue plâtrière）③吃早饭。用餐后他们一起离开，走过杜伊勒里宫（Tuileries）时，他们碰到一群小孩子在玩皮球。“那里，”卢梭说，“我也希望艾米莉（Emile）像这样去锻炼。”接着他又说了些类似的话。但是突然有个小孩的球砸中了这个哲学家的腿，他一下怒气冲冲，突然甩开他的朋友，举起他的手杖追赶那个小孩去了。

③卢梭于1770年在巴黎的住处。

与加西亚④探讨对演员才能的看法

● 1847年1月27日，巴黎，49岁

晚上走访了拉贝（Labbé）家，然后又去了勒布隆家。加西亚（Garcia）也在那里。我们谈起有关狄德罗对演员的看法。狄德罗认为演员必须要有激情，但同时也要善于控制自己的情感。而我坚持，一切都来自于演员的想象。但狄德罗却否认演员的全部感受能力，不允许演员在这方面去充分发挥其想象力。我曾听塔尔马(Talma)谈过有关这个问题的意见，说明了这两种不同的特点应当如何结合起来，其一是对演员来说所必须具备的灵感，其二是他对自己的必要控制。塔尔马说，当他在舞台上的时候，他认为可以充分自如地运用自己的灵感，即使在演得入神时，也能够节制自己；但他也进一步指出，如果在那个特殊的时刻，有人来告诉他，你家着火啦，那他一时也很难从自己的角色中抽离出来。这种情况，跟每个进行工作时集中了所有的精力，但情绪却不一定都卷入进来的人是一样的。

④马努埃尔・加西亚（Manuel Garcia, 1805~1906），一位男中音歌唱家、音乐教育家，与他父亲同名（Manuel Garcia, 1775~1832）。加西亚家族是一个著名的西班牙音乐世家，马努埃尔的父亲是一位得到罗西尼赞赏的知名男高音歌剧演唱家，同时还是一位作曲家和有影响力的声乐教师。马努埃尔的妹妹玛丽（Marie），就是文中所提到的马里布兰（La Malibran, 1808~1836），她是19世纪最出名的女中音歌剧演员，以音域特别宽广而著称；还有一位妹妹是宝琳（Pauline），即维阿尔多夫人（Mme Viardot），也是女中音歌唱家。

加西亚为这种敏感性和真实的激情做了辩护，并举出他的妹妹马里布兰夫人(Mme Malibran)为例。为了证明她那非凡的才华，加西亚告诉我们，他妹妹事前从来不知道将如何去演绎她的角色；例如在《罗密欧》这场剧中，当她走进朱丽叶的墓穴后，有时候她会在一根柱子前站住，突然大放悲声；但还有的时候她会扑倒在地，倚在墓石边无声啜泣。用这种办法，她的演绎展现了几种强烈的效果，看上去往往非常真实，不过这种做法，也容易使她表演得过火，从而把握不好时间。我记得从未见过她的“炉火纯青”，即使在她表演得接近巅峰之时，也不见得比任何一个普通女演员所能达到的水平高明多少。一句话，她缺少那种理想的境界。她就像那些有才华的年轻人一样，由于年轻急躁，缺乏经验，总确信是由于自己的才能无法得到充分发挥。她似乎总是在她的角色里面寻找新的效果。如果一个艺术家按这条思路做下去，那就永无止境，艺术大师们是从来不会采用这种方法的。他们一旦研究出结果，找到了正确的表现方式，就再也不去改动它。就帕斯塔夫人[①]以及鲁本斯和其他一些伟大的艺术家的才华来看，这种情况非常典型。除了这样的事实之外，如果采用其他方法的话，那么思维活动就会处于永无休止的状态。甚至为了解决同一个问题，还会被迫一遍一遍地费心思索，以至于逐渐耗尽整个人生的精力。在一场演出结束后，马里布兰夫人总是感觉身心俱疲，因此他的哥哥才说，在这种情况下，她根本不可能长寿。[②]

① 莱迪塔•帕斯塔（Giuditta Pasta, 1797~1865），19世纪意大利女歌剧演员，被认为是最伟大的歌剧演员中的女高音歌唱家。

② 马里布兰在她28岁时就芳龄早逝，由此成为一个传奇性的人物，她的表演以戏剧性强和暴风骤雨般激昂的个人风格而闻名。德拉克洛瓦不怎么赞同马里布兰的表演方式，他更为欣赏帕斯塔夫人。

《马里布兰夫人》（*Mme Malibran*）
1834 年，弗朗索瓦 • 布绍（François Bouchot）
法国巴黎卢浮宫

我提醒他，他的父亲也曾是一位很好的演员，他虽然有时候也受到灵感的驱使，但在他所表演的角色中，却始终是一致的。但加西亚说，他曾见过他父亲为了要演奥赛罗这个角色，在镜子面前做各种各样不同的表情：这并不是真情实感的表现！

加西亚告诉我，有一次［就是在苔丝德蒙娜（Desdemona）那得知奥赛罗与罗德利哥（Roderigo）决斗之后，仍平安无恙，因此喜不自胜，但她的喜悦心情被她父亲的不期而归打断时］，马里布兰夫人对这时应该表现怎样的效果没有把握，于是去请教了纳尔迪夫人（Mme Naldi）——她的丈夫纳尔迪在一次炮弹爆炸的事故中牺牲了，她就是德 • 斯帕尔夫人（Mme de Sparre）的母亲——这位夫人是个优秀的女演员。她对马里布兰说，她在《皮格马利翁》[①]中扮演伽拉忒亚（Galatea）这个角色时，曾根据需要把雕像那异常凝固的表情保持了很久，当她作出显示生命火花的第一个动作时，简直震惊四座。

在《玛丽·斯图亚特》[②]这出戏中，马里布兰夫人由莱切斯特（Leicester）领着去见她的对手伊丽莎白。他请求马里布兰夫人在其对手面前表现得谦卑一点，这一点她最后同意了，答应跪下来做恳切的哀求。但由于伊丽莎白的过分苛刻激怒了她，马里布兰便站起身来怒斥。加西亚告诉我们，这样取得了非常好的效果。她原来的做法是一怒之下把手绢撕碎，有时甚至把手套也撕裂了。但是说实话，没有哪个大艺术家愿意降格来实现这种效果。这只不过是讨好时髦观众的一种手段，只有助于那些轻率的人采取这种手段来博取短暂的声名罢了。

对于一位演员的才能而言，不幸的是当他死后，人们无法在他和他的竞争对手，也就是那些在他生前跟他争夺观众掌声的对手之间进行比较。后代的人衡量一位过去的演员，主要是看其同时代的人给他留下的评价而定。我们的后世子孙或许会以为马里布兰和帕斯塔在同一个水平上；他们甚至可能会相信马里布兰是个更出色的女演员，假如他们是根据马里布兰时代的人对她所作的过分称誉来下判断的话。当加西亚提到帕斯塔夫人时，他形容她的表演是冷静而拘谨的，他用了“plastic”（柔顺的，可塑的，易受影响的）这个词。其实他应当称她为“理想主义的”（idealistic），而不是“plastic”。帕斯塔夫人在米兰时，她所扮演的诺玛（Norma）异常成功，以至于人们不再称她为“帕斯

①皮格马利翁（Pygmalion），是希腊神话中塞浦路斯国王，他狂热地爱上了自己所雕刻的一尊象牙少女雕像，给她取名为“伽拉忒亚”（Galatea），并不断地向神祈求让雕像成为他的妻子，爱与美之女神阿芙洛狄忒（Aphrodite）应允了他的祈祷，赐予伽拉忒亚生命。

②玛丽·斯特亚特（Mary Stuart, 1542~1587），英女王伊丽莎白一世时期的苏格兰女王玛丽一世，她的一生充满戏剧性的悲剧色彩，不到1岁即加冕为王，感情曲折，深陷阴谋，半生囚禁，最后被处以极刑。伊丽莎白一世死后，玛丽的儿子詹姆斯一世继位，开创了英国的斯图亚特王朝。

塔”，而叫作“诺玛”。后来，马里布兰夫人来的时候，坚持要在首场演出时扮演同一个角色，就像是闹孩子脾气似的。她的演出也获得了完美的成功。社会舆论最初还有点分歧，后来把她捧上了天。帕斯塔就被忘掉了，从此以后马里布兰变成了诺玛。相信会发生这样的事情，对我来说一点儿也不困难。缺乏想象力的人，更乐于接受浓重的口味（不幸的是这样的人总是占大多数），他们往往更偏爱马里布兰这种类型的女演员。

假设画家们死后什么也没能留传下来，那我们就不得不像对待演员那样，用其同时代的人对他们作出的评价来估量价值，要是这样的话，后人对他们的评价将何等不同！有多少被人遗忘了的名字，曾在当年大出风头啊，真该感谢当时那种相互竞捧的风气和他们同时代人的庸俗品位啊！然而荣幸的是，美术作品（虽然易于损坏，尤其是雕塑）毕竟为后代的评判保留了根据，因而使得真正具有卓越才能的艺术家，即使曾因其同时代人对表面虚华的崇尚而有所低估了的话，也能重新得到适当的评价。

我认为在演员和画家的实践技艺上，是无法进行恰如其分的比较的。演员所经历的都是感情变化激烈的时刻，他只有通过想象的动作，才能使自己进入所扮演的角色中。但只要他确定了自己的表演方式，就必然要在以后的每一次演出中更冷静地对待自己。每一次重新演出时，他所能做的一切就是对其原有的概念进行一次重新演绎。从他头脑中开始闪现那些半悟不悟的理念之初，纵使那些理念还有些含混，只要他表演得越深刻，他就越接近成功。可以这样说，他是在按照他原有的意图勾勒轮廓。一个画家也是如此，对他的题材最初同样具有这种情感上的激动，但对他

《席昂的囚犯》（*The Prisoner of Chillon*）
1834 年，德拉克洛瓦，布面油画
73.4 厘米 ×92.4 厘米
法国巴黎卢浮宫

来说，最初的自我表现尝试，不像演员那样，可以有那么多的形式。他的能力越强，通过潜心研究所能赋予作品的美也就越多，他并不打算一定完全按照最初的构思进行，而是随着技巧的发展成熟相应地去丰富其作品的内涵。

在画家的创作过程中，即兴挥毫这种因素必然经常在起作用，而其与演员的根本差异也正在于此。只有在一定程度上保留让自己被灵感支配的权力，并在创作过程中随时发现新的东西，画家的技巧才会逐渐成熟并臻于完善。

观赏歌剧《唐璜》

● **1847 年 2 月 9 日，巴黎，49 岁**

晚上去看《唐璜》(Don Giovanni)，对这次演出我真是感到非常遗憾。唐璜（指演员）是恶劣而讨厌的！对一部老作品，处理得这样不连贯，难道这就是他们所说的演出？但它还是在我心目中留下了很深的印象，第二天回想起来时仍然觉得很有意思！真是一部伟大的浪漫主义杰作啊！还是 1785 年谱写的！饰演唐璜的那个演员在和父亲决斗时扔掉了外套，在剧终时那不知所措的表情，以及在指挥官面前下跪的动作，我相信全体观众中不会超过两个人注意到这些。

我曾经考虑过，作为一个观众，要想配得上听这一类的作品，需要具备多少想象力。对我来说很痛苦的是几乎剧院中每一个人都是在用半只耳朵听。那些震撼想象力的最精彩的篇章对他们来说，也不会比其余的地方留下的印象更深，这实在不值得大惊小怪。要想在演出过程中获得生动而深刻的印象，必须具备相当丰富的想象力。和父亲的那一场决斗，鬼魂幽灵的登场，应该总是能激发人们的幻想，然而和其他一些场面相比较，绝大多数观众似乎对其无动于衷。

《阿达莉》①

● 1849 年 4 月 2 日，巴黎，51 岁

今天晚上，或者是昨天星期六的晚上，我曾陪德•福舍夫人去总统包厢听《阿达莉》。

关于瑞秋（Rachel）的各部分乐章，我都不太感兴趣，但是我对那位主要人物相当赞赏！多么好的构想！现在它看起来真是高明！对那个使拉辛成名，使拉辛成为拉辛的社会，对那个自信而有秩序的社会来说，又是多么合适！在今天这个把人的喉咙割断，把人冷血地丢出门外也不会被定罪的时代，这种狂热的激情和冗长偏执的说教，明显是不适用于当今社会的。在那个和密友一起的场景中，内森（Nathan）说的那番话真坦率："我是一个小人，我是一个讨厌鬼。"这里拉辛违反了真实，但是，当纳森为了逃避一位主要人物的迫害而陷入一种焦虑时；他不知道自己在做什么，也不知道要去哪里，迷惘而无知；他迈步走向他所亵渎过的圣堂，走向那折磨他精神的圣堂时，这里拉辛处理得确实很高明！

① 《阿达莉》(Athalie, 1691)，是 17 世纪法国著名剧作家拉辛（Jean Racine, 1639~1699）的代表作之一，创作于 1691 年，也是他晚年所写的最后一部悲剧杰作。该剧以圣经中的犹太王后亚他利雅（Athaliah）为主人公，涉及当时法国国王的宗教政策，宣扬反对暴政的思想。参见 140 页旁注②。

《摩洛哥骑术表演》
(*Moroccan Horsemen in Military Action*)
1832 年，德拉克洛瓦，布面油画
60 厘米 ×73.2 厘米
法国蒙彼利法布尔美术馆

9. 德拉克洛瓦旅行

旅行向往：埃及

● **1824年4月20日，巴黎，26岁**

刚刚从勒布隆那里回来。我们谈了很多有关埃及的东西。到那里去旅行的花费并不大。希望上帝能准许我成行。这件事我必须得好好考虑一下，并看一看亲爱的皮埃雷能否一起去。他是我想要的旅伴。与此同时，我还要尽力把自己从那些使我思维迟钝并损害健康的纠结矛盾中解放出来。今天很早就起来了，想学一下阿拉伯文。这几天我应该抽空去看看狄米耶（Dimier），了解一下他的研究情况。

埃及会像什么呢？人人都在为它发狂。说不定去埃及的费用只是跟去伦敦的花费差不多呢？德洛奇（De Loche）和普兰耐（Planet）去那里一共才花了300法郎，那里的生活费用比较便宜。最后能够3月份出发，9月份回来，这样就能有足够的时间去游历一下叙利亚了。

像植物一样生活得无所事事，最后是不是会变成朽木上寄生的真菌？我完全沉湎于日常生活的琐事当中了。我应当向前看。只要我还有两条腿能站着，我就有希望能挣足够的钱来养活自己。上帝，求求你！希望沙龙能很快给我弄来足够的钱，好让我能开始去旅行。

《丹吉尔的狂热者》（*The Fanatics of Tangier*）
1837~1838 年，德拉克洛瓦，布面油画，98 厘米 x131 厘米
美国明尼阿波利斯艺术博物馆

1832 年，德拉克洛瓦的摩洛哥之旅，给他积累了许多创作素材，但那些细致入微的观察多半是在留意人物的形貌、服饰、色彩等等，而以下这篇笔记是他在旅行途中对摩洛哥古城丹吉尔民俗的一些个人体会和感悟。

摩洛哥之旅：丹吉尔的民众①

● 1832 年 4 月 28 日，丹吉尔，34 岁

昨天，4 月 27 日，有一个乐队（鼓和双簧管）从我窗下经过。有个刚刚从学校

①1832 年，德拉克洛瓦和大使莫纳伯爵在摩洛哥旅行，一路上他作了不少笔记和速写，他在摩洛哥的旅行观察细腻入微，为他以后的作品如《犹太人的婚礼》《马厩中的马斗》等等的产生提供了大量素材。

毕业的学生，被大家隆重地簇拥着绕着市镇巡游。他被他的父母、老师和高歌的同学们包围着。人们从自己家里、店铺里跑出来祝贺他。他身上裹着一件“白纽斯”①，等等。

在庄严的场合上，孩子们把他们学校里用的黑板拿出来，严肃地带着它们走来走去。这种黑板是在木板外面抹上一层泥做成的。他们用芦管笔蘸着乌贼墨汁在上面写字，这样写的字可以很容易地擦去。人们的生活方式就跟在古代一样。在户外时则要小心地紧闭着家门，妇女们被外界隔离，等等。有一天，他们和一群想闯进摩尔人家里的水手们争吵起来。一个黑人把拖鞋扔到了水手们脸上，等等。

阿布（Abou），这位护送我们的将军，有一天干脆坐在门槛上，而同时我们厨房的小杂工却坐在板凳上。在给我们让路时，他只是稍微地挪动了一下。在这种漫不经心的态度中，好像有一种民主共和的精神。城里的长官们，在太阳底下蹲在街角跟人聊天，或者像一行小鸟一样栖息在商人的店铺里。

这里的人只有很少的（实在是非常少的）法定义务，有的是预知的义务，有的是可能的义务，好比纳一些税，在一定的情况下受到处罚，但是整体情况却没有我们的现代警察制度那样繁复庞杂。每件事都根据传统和习俗来处理。摩尔人为他们的粗劣饮食和破衣烂衫感谢上帝，他们觉得自己拥有这些东西已经太幸运了。

在一些比较严肃的场合下，他们所采用的古代传统习俗，具有一种我们的习俗所缺少的那种庄严感。例如，有每个星期五让妇女用树枝去拜墓的习俗，这些树枝都是从市场上买回来的；在订婚仪式上一

①白纽斯，一种阿拉伯的男式斗篷。参见128页旁注②。

《土耳其帕夏与异教徒的争斗》
1840年，德拉克洛瓦，布面油画
74厘米×60厘米
巴黎小皇宫

定要有奏乐的人；礼物都跟着父母的后面，包括“考斯考斯”②，用驴、骡以及牛驮着的成袋的粮食，缝制坐垫的材料，等等。

基督徒安逸的生活和我们永远为追求新的理想所做的不断努力，这些对他们来说都是很难理解的。我们觉得他们缺少上千件东西，但他们的无知却构成了他们和平与幸福的基础。难道可以说，我们已经到达了一个先进的文明所能生产的物质生活的顶峰了吗?

在许多方面，他们要比我们更亲近自然，例如，他们的衣服，他们鞋子的形状等等。因此，他们所做的每一样东西里面都有美。可我们呢，女人穿的紧身胸衣、窄小的鞋子，还有管状的服装，这些都是可悲的物件。我们得到了科学，付出的代价是优美。

②考斯考斯（couscous），北非的一种食品，将肉类与蔬菜煮熟再掺进香料后上面铺上考斯考斯颗粒，这些颗粒看起来有点像小米饭，实际上是使用粗麦粉蒸成的。这种食品后来在越来越多的国家流行起来，如法国、西班牙、葡萄牙以及土耳其、保加利亚、希腊等等地方。

《摩洛哥妇女》
1832 年，德拉克洛瓦，纸本铅笔淡彩，138 厘米 x 107 厘米

费康[1]之旅

1849年10月9日，瓦尔蒙特（Valmont），51岁

大概在下午两点钟左右前往费康，海景壮丽辽阔。河谷的景色也非常赏心悦目。吃完晚饭后，我们讨论了一番政治。

……

天气非常好，我们曾经到河谷那一边的圣皮埃尔（Saint-Pierre）去走了走。

去的路上我们路过了奥热维勒(Augerville)，多年以前我曾和我亲爱的妈妈、姐姐、外甥还有我的表兄弟们一起来过这里，而今他们都已然去世了！当年的小房子还依然矗立，你也仍然还能够看到大海，就算房子都倒塌了，大海也依然还会在那里。

右边有一条我不熟悉的小路，我们沿着它走到海边。那里有一片非常非常好的草地，出人意料地美丽，它微微向下倾斜，从它的高处展望，我们看到了一片一望无际的海洋。巨大辽阔的海面让我很是激动，全是蓝色，或者绿色，要不就是玫瑰色——那广阔的海面上变幻不定的色彩。远处传来时断时续的响声，夹杂着新鲜空气的味道，简直令人陶醉。

我刚刚注意到，最后这几页纸上满满承载的美好回忆，确实妨碍我讲述我们第一次费康之旅的情形。我已经不记得是哪一天去的了，只记得那天的天气很不一样。

①费康（Fécamp），是法国北部的港口城市，临近英吉利海峡，渔业兴盛，向来是旅游胜地。费康附近的瓦尔蒙特修道院，是德拉克洛瓦表兄弟博尔诺（Bornot）的财产，德拉克洛瓦于10月6日来到他表兄弟这里。

当时那里的海面波涛起伏，海浪很有节奏地冲击着防波堤，我们曾经看到两艘小船从那里驶出去。

然而今天倒是非常平静。当太阳照着这广阔无垠的海面，闪烁着万道光芒，雄伟壮阔的水面显得欢乐快活。这样的景色，让我非常欢喜。

我们后来又去拜访了当地神甫的家，那里曾是老赫伯特先生（M.Hebert）常住的地方。那地方确实太幽暗了些，独自一人孤零零地住在这样的地方，怎么能不变得越来越顽固陈腐呢？

他们正在拆毁那美丽可爱的旧教堂，以便腾出空间来盖新的。对于这种事情，我们都很愤慨。

“狗洞”游记

● **1849年10月18日，费康，51岁**

一个美丽的早晨。我到花园里画了一张树丛的素描，早晨的阳光带来了很好的效果。

为了去看看那著名的“狗洞”（Trou au Chien），大概在下午两点钟我们出发去费康。狗洞是这个地区最美丽的景点，而人们却给它取了一个这样粗俗的绰号，可见作为一个民族来说，我们的想象力和感受力实在太贫乏了。我们到得太早了，我在防波堤上呆了好久。海景还是很好的，值得描绘。

当海潮刚刚一退走，我们就立刻启程远征。真是很难把我所见到的一切描述下来，而更可惜的是，我的记性实在太差了，以至于已经无法精确地回想起当时的情景了。起初由于潮水仍然很高，我们最初靠近那些柱子时，曾经遇到一些困难。它们

《阿拉伯的喜剧小丑》（*Arab Comedeans*）
1848年，德拉克洛瓦，布面油画，
96厘米×130厘米
法国都尔美术馆

看起来好像是古罗马的建筑，支撑在悬崖的边缘下，在下面留了一个入口。那里还有两个宏伟的阶梯式圆形剧场①，一个比较小，另一个却大很多。我想正是在这里，我见到了像圆剧场的凹地那样深邃的山洞。最后，通过那巨大的拱门，还可以看到另外一个圆形剧场，这个剧场里有许多像蘑菇一样的突起物，一个挨着一个，就像是古罗马斗兽场里用来藏匿野兽的那种地方。我们在这里止步，站在那里远远眺望远方一些有意思的景物。这些东西，我们就这样看去或许觉得不是太好，但如果能站在它们旁边去看的话，也许就会觉得它们是值得欣赏的了。大拱门下方的路面，好像被马车的轮子压过了，留下一条条的印痕，就像是某些古城中被损坏了的街道那样。土地是白色的石灰石，整个悬崖都是由这种石灰石构成的。但是山上有些地方是棕色的，就像浓茶色一样，有的地方是深绿色，少数地方又是赭石色。散落在地表上的松动石头，一般都是白色，但是其他的就很暗。在我们的脚下，有小泉水涌出，流入大海。

太阳下山之后，我们很快就回家了。

① 指大型的有向上旋转的排椅的露天剧场，大部分建于古希腊和古罗马时代。

《暗号》 (*Arab Horseman Giving a Signal*)
1851 年，德拉克洛瓦，布面油画
55.9 厘米 ×46 厘米
英国诺福克克利斯勒美术馆

从比利时到德国旅行

● 1850 年 7 月 10 日，科隆（Cologne），52 岁

离开布鲁塞尔。列日（Liége）和维尔维埃（Verviers）之间的乡村风光真赏心悦目。路上经过亚琛（Aix-la-Chapelle）时，可惜不能进城镇去看一看。已经过去多长时间了啊，当年我曾经与妈妈、姐姐和可怜的查理一起来过这里！那时我和查理两个都还是孩子呢。又过了相当长的时间，我能看到路易士堡（Louisberg）了，那就是我和妈妈的厨师勒鲁（Leroux）经常去放风筝的地方。可是如今，他们都在哪里呢？

不久之前，我们换乘了普鲁士制造的车厢，这种车厢要比比利时的窄得多，而且也不如比利时的舒服。到科隆的漫长旅途中，十分沉闷。我们到达时，正在下倾盆大雨。我们住在荷兰酒店（Hôtel de Hollande），从那里透过雨丝和雾气俯瞰莱茵河（Rhine）时，一片我前所未见的美妙景色就展现在眼前。但是，听到那些奇怪难懂的话语，看到的都是异国的制服，却让我感到很压抑。倒是餐饮中的莱茵酒使我对当时的处境感到安心多了，但倒霉的是，虽然这里还算是家一流的旅馆，但我的那张床却是世界上最糟糕的一张。

● 1850 年 7 月 11 日，埃姆斯（Ems），52 岁

清晨五点半，在倾泻如注的大雨中乘船离开。上船前的手续真是麻烦极了，还有检验行李等等。昨天晚上，当我到达科隆时，就为了办这些事情，在海关前等得好不耐烦。

不过整体来说，这还算是一次相当愉快的旅行。过了波恩（Bonn）之后，河流两岸，特别是在右边，我们看到了许多美丽的峰峦秀景，只是因为农业灌溉，美景稍有减色。当船逐一驶过这些山峦时，我们特别留意了德国传说中那著名的“七峰山”②。

下午一点钟左右到达科布伦次(Coblenz)，然后继续前行到达埃姆斯，在这里由于住宿的地方很难找，我一直忙到下午五六点钟才停下来。我给珍妮找了一处临时客房，给自己找了一间阁楼式的

②七峰山（Siebengebirge），在德语中的意思是七座山峰，是位于德国境内莱茵河东段和波恩东南边的一片丘陵山地。是著名的旅游胜地并带有许多传说故事，相传七座山峰是由七个巨人化身而成，著名德国童话《白雪公主》中的七个小矮人也居住在七峰山里。

单间，还都只能住今晚和明天两天。这种情况仅仅是暂时的，但我却感到身体相当不舒服起来。第二天（也就是写日记的今天），去看了医生。这个医生我相当喜欢，他坚持要叫我作圣克洛瓦先生（M. Sainte-Croix）。但在看过医生之后，我的头痛竟然越痛越厉害，我打算用饿肚子的办法来治疗对抗头痛。

• 1850 年 7 月 13 日，埃姆斯，52 岁

喝了我的第一杯水。

下午我去桥上散了一会儿步，还爬上山看了看公墓和教堂。这个地方相当迷人呢，可是这里的生活似乎非常淡泊无味。其实这一切，难道不是在于给人带来某种愉悦感吗？或者说是我本人变得不像过去那样易于受到感动了呢？我不知道将作何打算来充实我的时间，我随身没有带一张版画，只有一本《智慧书》[①]和伏尔泰文选……也许我应该能找到一家图书馆。

• 1850 年 8 月 4 日，美因茨（Mainz），52 岁

早晨七点钟左右离开埃姆斯，一路上都很赏心悦目；小车厢使我们有可能饱览沿途景色。拉恩河（Lahn）的两岸非常优美迷人，拉恩河角的城堡（Lahneck）已经成了悬崖上的废墟。我们在科布伦茨吃的午饭。

抵达美因茨的时候心情很坏。但在莱茵酒店（Hôtel du Rhin）吃的那顿晚餐非常不错，晚上睡得也挺好，这是第一次可以称之为舒服的一夜。夜里我曾爬起来欣赏莱茵河的月色，真是精彩奇妙的景色，繁星满天，一弯新月，等等。

①《智慧书》（*l'Homme de Cour*），是 17 世纪西班牙作家、哲学家、耶稣会教士巴尔塔沙·葛拉西安（Baltasar Gracián, 1601~1658）完成于 1647 年的著作。德拉克洛瓦此处提到是法文译名，原名为 *Oráculo manual y arte de prudencia*，通常的英文译名为 *The Art of Worldly Wisdom*，此书以其对人生世俗洞察极为深刻的箴言警句而闻名世界。

● **1850年8月5日，科隆，52岁**

今天早晨和昨天夜里一样动人；太阳直直地正照在我们脸上，令人眼花缭乱。我们在七点半动身出发。一路上风风火火迅速前进，路过的景物都是昨天曾经见过的，只是光线不同而已。到达科布伦茨的时候还很早，过了科布伦茨之后我在车厢里休憩，以弥补昨日旅程中的疲劳，并且躲避酷暑。

四点前抵达了科隆。发现科隆穿上了节日的盛装，到处都挂满能想象得到的各种德国旗帜。他们正在莱茵河上鸣放礼炮，等等。这里的莱茵酒店不如美因茨的那一家舒服。五点钟左右出门游览观光，这个城市令我十分怀念亚琛。这里非常热闹活泼而且有趣，只是逛街的时候天气热得实在受不了。

《老虎攻击野马》（*Tiger Attacking a Wild Horse*）
德拉克洛瓦，水彩，17.9厘米×24.9厘米
法国巴黎卢浮宫

10. 德拉克洛瓦写作

写日记

● 1822年9月3日，卢洛，24岁

我开始写日记了，这事我早就经常在盘算着要做了。我热切地希望，这日记只是写给我自己看的，这样我可以写得真实。我希望，这么做能对我自己有好处。如果我缺乏耐性，做事没有定性，这些日记将会对我起到督促批评的作用。在这动笔开始的时刻，我兴高采烈。

我正住在哥哥家里。现在是晚上，卢洛教堂的夜钟刚刚敲过九或者十点。我沐浴在月光下，坐在门边的小长凳上，试图理清我的思绪。虽然今晚我过得相当满意，但昨夜逝去的情绪已然不可捕捉。那时的月亮很圆，我坐在哥哥屋外的长凳上，愉快地度过了整整几个小时。有几位朋友曾跟我们一起吃晚饭，等送走他们后，我就跟哥哥一起绕着水池散步，散完步才回房去。进屋之后，哥哥去看报纸，我就把随身带来的米开朗基罗的素描作品拿出来欣赏①。这些精彩至极的作品深深地感动了我，让我陶醉在快乐美好的心情状态中。澄净的夜空中，一轮又大又红的月亮正从树梢间，也从我的沉思中慢慢地升上天空。

① 德拉克洛瓦曾经临摹了不少古代大师们的素描和版画作品。

● **1822年9月5日，卢洛，24岁**

昨天，4号，没有什么重要的事情发生。前天是亲爱的妈妈②去世的周年忌辰，我也是从这一天开始写日记的。但愿我在写日记的时候，妈妈她的在天之灵能够常常守护我；也但愿我写在日记中的一切，没有任何会让她为自己的儿子感到可耻的事情。

②德拉克洛瓦的母亲是路易十五国王著名的御用宫廷细木雕刻家欧本的女儿，名叫维克多瓦尔·欧本（Victoire OEben），于1814年9月3日在巴黎去世，其时德拉克洛瓦16岁。

● **1824年4月7日，巴黎，26岁**

我把全部的日记匆匆重读了一遍。很后悔漏记了许多东西。我感觉尽管这些被我记录下来的日子已经过去了，但我仿佛仍然控制着这些时光。而那些在日记中没有提到的事情，简直好像从未发生过一样。

我是如此的消沉！难道我竟是这样的无能，只能以区区几页薄纸作为人生事业成就的记载吗？前途一片黑暗，而那没有被我记录的过去，也同样如此。我对于不得不把这项任务完成是颇为抱怨的，但是又何必总对自己的弱点感到愤愤不平呢？我能不能一整天不吃不睡呢？吃饭、睡觉，这对我的身体非常重要，但是我的思想和心灵成长，却将因为我没有留下该记的日记而受损。相反，如果每天都有一些小任务有待完成，就最好不过了。

在一个人的一生中，每隔一定时期，哪怕只完成一项任务，他的整个生命也会因此而得到幸福，其他事情也会相应地受到影响。我把我的生活体验用文字记录下来，这就好像经历了两次生命一样。过去的又回到我眼前，而未来则永远与我同在。

自1824年10月5日（26岁）的日记中断后，德拉克洛瓦于1832年（34岁）前往摩洛哥旅行时曾记过一些笔记，但严格来说还不能算是日记的一部分，当他再次开始写日记时，已经快要50岁了。1847年1月19日，德拉克洛瓦买了一本新的大日记本，重新开始记下他对美学原理和实践的一些体会以及他的社交情况。此后他写下的东西比年轻时代要成熟和深沉多了。

● **1847年1月19日，巴黎，49岁**

我正在火炉旁边写这些日记。我觉得非常高兴，在回来的路上，我停下来买了这个笔记本，在这个非常吉利的日子开始动笔。我希望我能一直持续下去，为生活感受保留一份记录。我应当经常意识到用这种方法把我的生活感受记录下来的好处，当你日后回想这件事时，它能给你更深的印象。

● **1849 年 1 月 24 日，巴黎，51 岁**

委员会于上午九点开会。这是很好的一天。它令我回想起了刚刚开始写日记的日子，那正好是两年前。

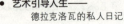

写点绘画札记

● **1824 年 1 月 26 日，巴黎，26 岁**

我忘了记下来，以后我想随时写点绘画札记①之类的东西，在那里面，我可以对不同艺术类别之间的差异进行探讨。例如，在音乐方面，形式如何重于内容；而在绘画方面则正好反之。

在斯塔尔夫人（Mme de Staël）那里，我发现我们使用同样的方法，那恰好就是我用来阐述关于绘画的见解的方法。美术这种艺术，像音乐一样，比思想更高；因为它难以言传，只能意会，更胜于文学作品。

写诗的欲望

● **1824 年 4 月 25 日，巴黎，26 岁**

为什么我不是一个诗人呢？但至少能让我把我所希望传达给别人的情感，尽可能强

①这是德拉克洛瓦第一次提及他要编写艺术辞典的事情，这件事直到他晚年时才开始着手进行。参见 224 页的“编撰《美术与绘画辞典》”条目。

此时德拉克洛瓦正在为沙龙创作大型油画作品《希奥岛的屠杀》。参见 295 页的“《希奥岛屠杀》创作心路”条目。

烈地在我所有的画作中表现出来！寓言倒是一个相当好的题材库！无常的命运拖走了那些哀求的人，他们徒然地寄希望于他们的祷告，渴望能停留在命运柔顺的臂弯里。我相信，而且我在其他地方也这样说过，按一个主题来写诗，不管是否押韵，它总是激起一个人想象力的绝妙办法，也能让你酝酿创作的情绪。如果一旦我能养成一种用诗来表达创作思想的习惯的话，我就会很容易地驾驭它，至少用我自己的方法。我应当试试以希奥岛为题材写一些诗。

1824 年 5 月 11 日，巴黎，26 岁

绘画——我已经说过几百遍了——具有其他艺术所不具备的种种长处。诗歌也有丰富的内容，拜伦的某些诗篇应当一直牢记，它们能给你的想象力带来无穷的鞭策刺激，它们对你是有益的。在《阿比多斯的新娘》②的结尾，"塞利姆之死"③中形容塞利姆的身体随着海浪起伏，还有他的手——特别是那一只手——随着浪花对海岸的冲击漂浮在水面。这是多么地动人心魄啊，只有他能够做到。我能体会到这些情景，也能在绘画中把它们表现出来。

②《阿比多斯的新娘》(*The Bride of Abydos*)，英国浪漫主义诗人拜伦写于1813 年的长篇叙事诗，《东方故事诗》之一，也是拜伦早期的代表作。阿比多斯是小亚细亚的一个古老城镇，位于今天土耳其达达尼尔海峡 (Dardanelles) 的亚洲海岸。德拉克洛瓦分别在 1843 年和1857 年以《阿比多斯的新娘》为题画过两幅极为相似的油画，1857 年所作更为成熟精彩。1843 年的那一幅藏于法国巴黎卢浮宫，1857 年的那一幅则藏于美国德克萨斯州沃斯堡金贝尔艺术博物馆。

③塞利姆 (Selim)，又作塞利姆 (Salim)，是《阿比多斯的新娘》诗中的主人公，一个自由的海盗，也是拜伦在诗中所塑造的"拜伦式英雄"之一，他们经历坎坷又倔强叛逆，同时又显得忧郁、孤独，我行我素，与一切社会秩序、传统道德为敌。1824 年 4 月 19 日，就在德拉克洛瓦写这篇日记的一个月前，拜伦爵士在支持希腊人民独立战争的过程中不幸患病，病逝于希腊西部的迈索隆吉翁 (Messolonghi)。"当时他正在英勇奋斗，企图为希腊夺回她往日的自由和光荣。"(拜伦的墓志铭) 德拉克洛瓦画过两幅与希腊独立战争相关的名作，一幅是 1824 年的《希奥岛的屠杀》，一幅是 1826 年《希腊妇女在迈索隆吉翁的废墟》，参见 295 页的"《希奥岛的屠杀》创作心路"条目。

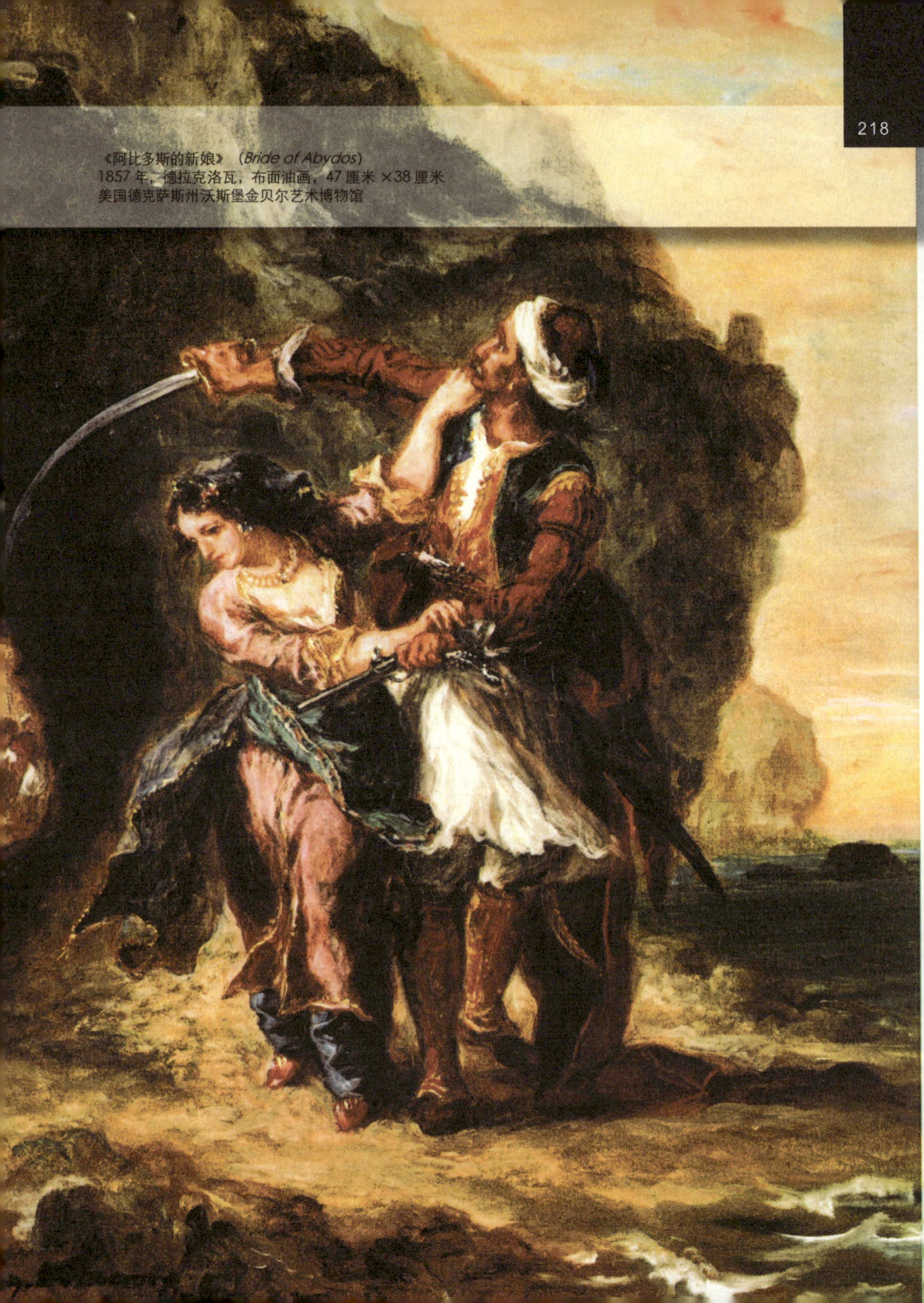

《阿比多斯的新娘》（*Bride of Abydos*）
1857 年，德拉克洛瓦，布面油画，47 厘米 ×38 厘米
美国德克萨斯州沃斯堡金贝尔艺术博物馆

- **1824年5月14日，巴黎，26岁**

今天早上，当我在一本书的开头读到关于拜伦爵士的注解时，我又感觉到了一股难以遏制的创作欲望。我是否能确定这一定会带给我快乐呢？我相信，无论如何，它会带来一些快乐。幸福的诗人，更幸福的在于，他们拥有表达自如的语言去描绘他们的想象！而且法语又是这样的优美。不过在我学会驯服它之前，我不得不跟这个暴躁叛逆的"普罗特斯"①进行多次的搏斗才行。

寂寞是我灵魂的痛苦。它越在我的朋友之间和我的日常生活习惯与快乐中扩大，就越像是躲开了我，隐藏在要塞堡垒的深处。孤独隐居而多产的诗人，才能充分欣赏我们内心充盈的财富珍宝，不过一旦我们把自己交给了其他人，它就会抛弃我们。只有当我们把自己完全奉献给灵魂的时候，心灵才会完全向我们袒露。这也正是变幻莫测的心灵授予我们的最大的欢乐。这个关于拜伦爵士的注解正是这个意思——我的意思是，这种乐趣，是上百种方式表现灵魂的乐趣；是将心灵展示给其他人的乐趣；是学习了解自己的乐趣；是不断在我们的作品中表现的那种乐趣。这也许可能就是拜伦爵士和卢梭不曾意识到的那些东西。我说的不是那些平庸之人，但不仅是对于写作，而且是对出版一个人的作品来说，这种动力是什么呢？出版除了能够得到赞扬的快乐，还有这样一种作用，就是可以和那些能够了解你观点的人交流思想。这样，一个人的作品就变成了所有人心灵交流的场所。一个人得到朋友的赞许，有什么用呢？他们应当了解这个人，原本是理所当然的事情，所以他们的称赞也许并不能起到什么真正的作用。活在别人的心目中是那么地令人陶醉。我问过我自己，

①普罗特斯（Proteus），是希腊神话中的早期海神，荷马所称的"海洋老人"之一，这位海神的性格带有"多变"的含义，他能够自在变化，变为多种形态，这里当是指诗歌的语言变化无穷。

另一幅《阿比多斯的新娘》（*Bride of Abydos*）
1843年，德拉克洛瓦，布面油画
法国巴黎卢浮宫

你为什么这么灰心丧气呢？在那些曾以自己的方式观照自然的人当中，你也可以添上自己的名字呀。他们所描绘的东西，通过他们的观察而成为新的东西，而你也可以把这些东西再改造一次呀。当他们作画的时候，他们表现了自己的心灵，现在需要轮到你来表现了。所以为什么要以卵击石呢？这些要求不比一个人在精疲力竭后需要休息睡觉的要求更过分。你抱怨这个世界对你的照顾不够，但它也并没有对别人照顾更多呀。有的人认为世界上所有的事物都已经被发现无遗了，被阐释穷尽了，这种人会把你的作品当成新东西来欢迎，然后他们就在你背后关上门，又再说一次，这世上再没有什么东西需要被表现了。这是因为当一个人年老力衰的时候，他总是认为是大自然，而不是他自己在衰退。所以一些头脑平庸的人们，这些人对已经被发现阐明的事物不能再有所贡献发展，他们认为大自然只是把发现提出新的和惊人的见解的能力赋予了少数人——他们往往在一个时代的早期。但这些不朽的灵魂所发现表明的事物，也冲击了他们同时代人的眼球。况且，敢于抓住这种新的见解，并立即在下面签上自己的名字，从而悄悄拿走了后代人的收获，这种人，是多么的少啊！“新奇”是存在于从事创作的艺术家心中的，而不在于他们所描绘的事物当中。一个作家的谦虚，使他不至于把自己与他所提到的那些大智先贤并列在一起。他，像人们所期望的那样，总是称呼自己为“伟大的杰出人物之一”，如果是这样的话，大自然对他们……

……你，是一个知道世上总会不断地有新东西出现的人，就把它们表现在那些迄今为止还不为人所赏识的东西里面，展示给大家看吧。要让他们感觉到，在此之

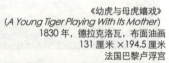

《幼虎与母虎嬉戏》
(*A Young Tiger Playing With Its Mother*)
1830 年，德拉克洛瓦，布面油画
131 厘米 ×194.5 厘米
法国巴黎卢浮宫

前他们从未听过夜莺的歌唱，也从未感受过海洋的宽广——只有当别人费心费力替他们感受过之后，他们那迟钝的心灵才能感知到的种种事物。而且你也不用担心遣词用句会困扰着你，只要你用心培育你的灵魂，它就会找到自我表现的方法。它将会创造属于它自己的语言，比任何一个大作家的文章更优美。什么！你说你有自己独创的见解，但是你的热情只有在读了拜伦或但丁之后才能燃烧起来！你错把这种一时的狂热当做了创造力，它其实只不过是一种企图模仿的欲望而已……的确是这样！事实的真相就是这种人还没有把全部该说的话说出百分之一。在他们浅尝辄止的那些东西里面，对于那些富有独创性的天才来说，任何一件都可以从中提取比原有材料更多的东西……自然已经为那些具有大智慧的人储备了可供他们探讨创世万物的种种新事物，这比自然为了供他们享受而创造出来的东西多得多。

记录灵感

- **1850年5月7日，52岁**

我时常会冒出一些对我来说是完整的念头，但它们经常孤立地出现，却很难与别的东西发生联系。为什么不带着一个小笔记本随时记录下那些想法呢？让一本书去遵守一切的规章制度，是不是绝对有必要呢？而且，蒙田[①]的著作就是时断时续地写出来的——而且那还往往是最有意思的部分。作者为了遵循和发展他的观点思路，需要尽很大的努力，而读者的精力也同样需要考虑。读者往往是为了消遣才打开书本，然后才发现自己逐渐被内容吸引，觉

① 蒙田（Montaigne, 1533~1592），16世纪法国文艺复兴时期作家，曾以《蒙田随笔》（*Essais*）三卷而闻名于世，因其丰富的思想内涵而受到现代人的推崇，被誉为“思想的宝库”。

得自己理应苦苦思索而去领悟、理解，甚至记住很多原本他可能已经淡忘的东西。这样在读完之后他会收获很多有益的启示，沿着作者的思路往前走，而作者也会很高兴地引领着他。

写关于普桑[①]的评论文章[②]

• 1853 年 5 月 8 日，尚罗塞，55 岁

一整天都在写文章，想把评述普桑的文章写完。在我看来，只有一个方法可以把它写完（如果我这样做的话），就是在文章没有写完之前，对有关画画的事情，连想都不要想。

• 1853 年 5 月 10 日，尚罗塞，55 岁

早上，拼命地写那篇关于普桑的文章……有的时候，我恨不得扔下算了；但有的时候，我却又像发了疯似的抓起笔来奋笔直书。

• 1853 年 5 月 12 日，尚罗塞，55 岁

我在这篇该死的文章上面下的功夫还真不少。我用铅笔把我所打算表达的论点都尽可能明确地列在一张大纸上。巴斯噶[③]就主张过，把脑子里所想到的每一条线索、每个论点，都分门别类地单独记在一张纸上。这种做法，我现在觉得很有道理，特别是对于我这样一个从来都没有时间去学习写作的人，尤其应该这样去做。并且这样一来，每个大标题、小标题都可以一目了然，也易于按适当顺序加以排列，只不过要有些耐心罢了。

① 尼古拉斯•普桑（Nicolas poussin，1594~1665），17 世纪法国著名的古典主义画家，他的作品最突出的特征是清晰明确，逻辑性强，稳定静穆，典雅崇高，其构思严肃而富于哲理，力求严格的素描和完美的构图，人物造型庄重严谨，符合于一种“典范”，他的理性与典雅对法国新古典主义大师达维特、安格尔以及后印象主义大师保罗•塞尚（Paul Cézanne）有重要影响，其代表作有《阿卡迪亚的牧羊人》(*Les Bergers d'Arcadie*)等。

② 德拉克洛瓦写的这篇关于普桑的评论文章，第一次发表是在 1853 年 6 月 26、29、30 日的《环球报》上。中文译本参见《德拉克洛瓦论美术与美术家》，平野译，上海人民出版社，2008 年版，173~214 页。

③ 巴斯噶（1623~1662），17 世纪法国哲学家和数学家。

1855 年 5 月 13 日，尚罗塞，55 岁

拿起笔写了一下文章，可是刚给第一部分（我打算分成两部分来写，第一部分是普桑的生平传记，第二部分是对他的创作能力和画作的评述）写了两个标题之后，忽然觉得情绪不大好，整个早晨就用读书和睡觉打发掉了。

《阿卡迪亚的牧羊人》（*Les Bergers d'Arcadie*）
1637~1638 年，普桑，布面油画，87 厘米 ×120 厘米
法国巴黎卢浮宫

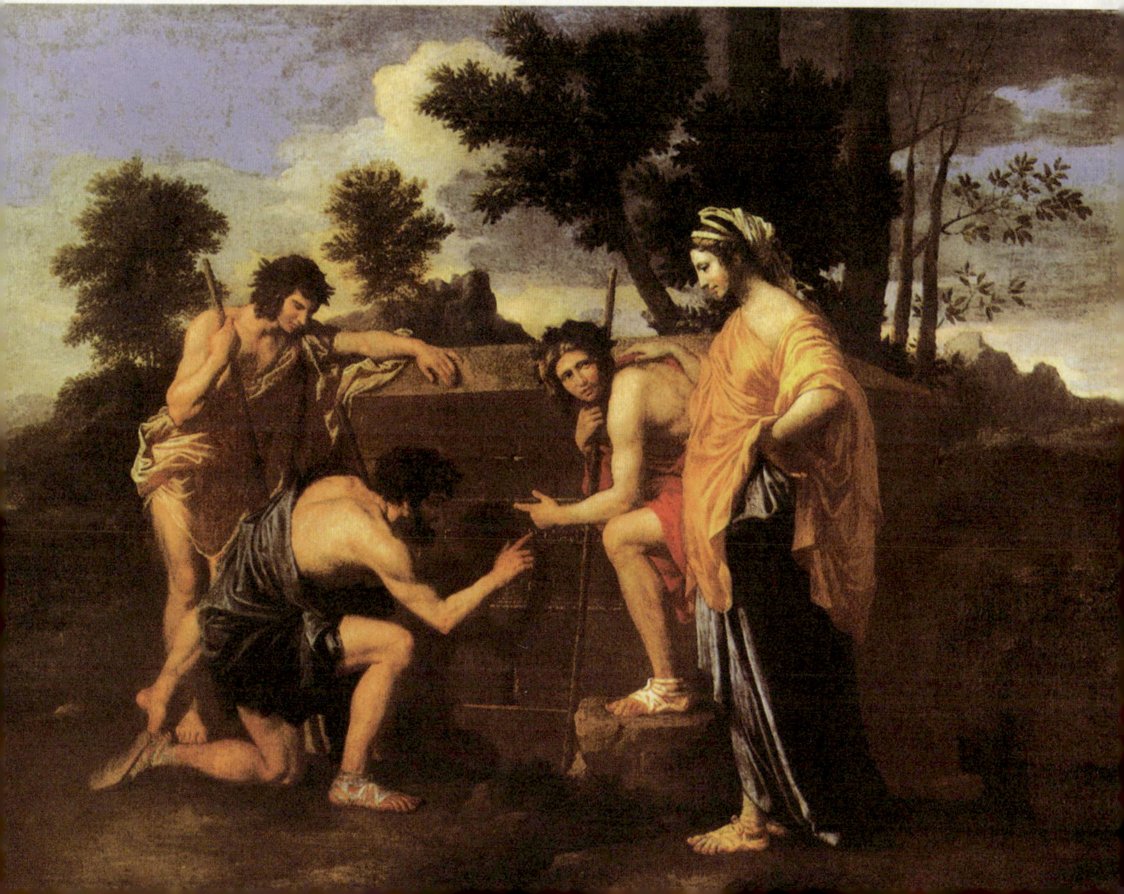

● **1853年5月14日，尚罗塞，55岁**

一大早，我用了不少时间抄写那些我为论述普桑一文所收集的传记资料。很少有这样的时候，能让我高高兴兴地坐下来做这种事情，有时候我甚至已经对写这篇文章不感兴趣了。无论我有没有耐心，希望总有一天能把文章写完；不过它却使我可以有借口留在此地多呆几天。

● **1853年6月26日，巴黎，55岁**

论普桑一文，今天早上刊登出来了（《环球报》刊载）。就在昨天我还在给梅里美写信，问他文章怎么还没有消息，而昨天吃晚饭时，他们就匆匆把清样拿过来让我校对了。

编撰《美术与绘画辞典》

● **1853年10月10日，尚罗塞，55岁**

我要编撰一部《美术与绘画辞典》（*Dictionary of The Fine-Arts and of Painting*）。这可能是一个有吸引力的课题。每一个条目可以分别进行处理。

德拉克洛瓦曾在零散的纸上用铅笔很无序地写有一些关于编写美术辞典的计划："这个小小的、关于艺术思索的辑录，只是我在绘画生涯中奉献出来的个人作品。本书关于绘画上的诸问题，只不过是表示我仅仅掌握的一点光明，完全是个人的知识与思索的汇报而已。"①

德拉克洛瓦从年轻时代起就萌生了写点绘画札记的念头，如在1824年1月26日的日记中所提到的，参见本节中"写点绘画札记"条目。从1829年开始，他也一直陆陆续续在各种杂志报刊上发表一些艺术评论文章，如发表于1829年5月号《巴黎评论》杂志上的《艺术评论》；发表于1830年第11卷《巴黎评论》上的《拉斐尔》；发表于1845年第四卷《法国的普鲁塔克》（*Plutarch*）杂志上的《蒲热》（*Puget*）②；发表于1850年9月15日《两个世界评论》杂志上的《论素描教学》；发表于1853年6月26、29、30日《环球报》上的《普桑》等等③，到1853年时，他的许多关于艺术、绘画的思考已经逐渐成形，遂开始花费大量心力来着手编写辞条。从此时直到德拉克洛瓦去世，他的大部分时间都在编撰这部辞典，大量辞条内容直接记载在日记中。本书"德拉克洛瓦论艺术"章节中的大量内容即摘选自这些辞条。

①引自《关于美术词典的计划》，穆家麟译，见《德拉克洛瓦论美术与美术家》，平野译，上海人民出版社，2008年版，293~297页。

②蒲热（Pierre Paul Puget, 1620~1694），17世纪法国雕塑家、画家、建筑师和工程师。

③德拉克洛瓦公开发表的艺术评论文章还包括：发表于1829年第4卷《巴黎评论》杂志上的《托马斯·劳伦斯》（*Thomas Lawrence*）；发表于1830年第15和16卷《巴黎评论》杂志上的《米开朗基罗》；发表于1846年11月1日《两个世界的评论》杂志上的《普吕东》；发表于1848年9月1日《两个世界的评论》杂志上的《格罗》；发表于1854年7月15日《两个世界的评论》上的《论美》；发表于1862年7月1日《两个世界的评论》上的《夏勒》（*Charlet*），另外还有一些未曾公开发表的艺术评论文章及札记，参见《德拉克洛瓦论美术与美术家》，平野译，上海人民出版社，2008年版。

《狮子撕裂阿拉伯人的尸体》（*Lion Rending Apart a Corpse*）
1847~1850 年，德拉克洛瓦，铅笔素描、水彩，22 厘米 ×27 厘米
私人收藏

• 1854 年无日期，巴黎，56 岁

随便编一些辞典之类的东西吧。给一些知名艺术家写点材料，哪怕只算是附带来谈谈也好，只着重说明几个问题，或者谈谈他们在创作上的某些特点也可以。

• 1857 年 1 月 11 日，巴黎，59 岁

计划编一部美术辞典，一部小型的美术哲学辞典，简明的美术辞典，一部关于绘画、雕塑、艺术哲学辞典的摘要。

经过之前的七次失败后，德拉克洛瓦终于在 1857 年 1 月 10 日被选入学士院。第二天他便进行他的辞典著述工作，他当时生病，既不能讲话也不能从事传授工作，但他觉得自己有些见解和经验值得保存下来，于是翻阅以前的日记记载，编撰这些美术辞条，但直到德拉克洛瓦去世，这部辞典仍未编撰完成。

11. 德拉克洛瓦的人生体会

生活札记

爸爸[①]

● **1822年9月12日，卢洛，24岁**

今天晚上，我们谈起了爸爸，和一些有关爸爸的轶事。我应当牢牢记住这些故事，因为从中可以了解爸爸的性格。比如有一次他在荷兰正与外交部长共进午餐的时候，突然发生了叛乱——这种叛乱实际上是法国政府自己促成的。当时，在那些满脸杀气、醉醺醺的叛兵面前，爸爸不但非常镇定，而且气势强硬，激昂地对他们发表讲话。有一个叛兵曾试图举枪向爸爸瞄准，但哥哥及时推开了他的枪。爸爸又用法语和他们——那些荷兰暴徒讲话。有一名跟暴徒在一起的法国军官曾自愿表示愿意充当爸爸的警卫。但爸爸对他说，他"拒绝接受叛徒的保护"。

我们又谈起有一次爸爸动手术的故事[②]。他先陪医生和朋友们吃午饭，饭后就嘱咐他们给他动手术。手术共分五个步骤进行，当第四步做完之后，爸爸说："喂，先生们，现在已经做完了第四步，让我们一起祈祷，在做第五步的时候愿上帝更加保佑。"

明年我回来的时候，应当再画一幅爸爸的遗像。

时刻想着怎样加强自己的修养，记住你的爸爸，尽力克服自己的一些轻浮之处。对那些横行不法的人，绝不要宽容。

① 德拉克洛瓦的父亲（Charles Delacroix）在督政府时期担任外交部的驻外公使，其后在帝政时期转任马赛省行政首长与波尔多省的行政首长，于1805年11月4日在波尔多去世，其时德拉克洛瓦年仅7岁。

② 这里所指是1797年9月查理·德拉克洛瓦所做的一次大手术。从目前有关这次手术的资料来看，按照医学上的见解，查理·德拉克洛瓦就不可能是欧仁·德拉克洛瓦的亲生父亲了。

法国的传奇外交家塔列朗

关于德拉克洛瓦的生父问题，曾留有一段秘辛。他在世的时候就曾经有过流言，传说德拉克洛瓦的生父是从路易十六到大革命到拿破仑到波旁王朝复辟一直到七月王朝时期都非常活跃的政治人物、外交家塔列朗（Talleyrand, 1754~1838）。人们对塔列朗的评价向来褒贬不一，有人不齿他的连续背叛，认为他是危险的“阴谋家”和“叛变者”；也有人认为他为国家作出过巨大的贡献，称赞他是热忱的“爱国者”，更是欧洲历史上最有手腕、最多才多艺、最有权势、最有影响力的外交官之一。在法国政局风云变幻莫测的几十年中，塔列朗几乎总能逃难解厄，如鱼得水，获得新的统治者青睐，最后以84岁的高龄，在华丽的宅邸中寿终正寝。他运用超人的政客手腕，每次总在他所依附的势力行将没落垮台之前，率先投向未来的胜利者，人们在唾弃他的不断背叛时，也不得不佩服他目光前瞻，对形势判断奇准，运气非凡，是法国大革命时代的传奇人物之一。

据说，德拉克洛瓦与塔列朗的面貌有些相似（尤其是眉眼）。而年轻时代的德拉克洛瓦似乎也受到了某些照顾，这可能与塔列朗的神秘影响有关。例如德拉克洛瓦1826年在沙龙展出的《希奥岛的屠杀》，当时的社会虽然对此画毁誉不一，但还是由政府出资6,000法郎收购；有的时候，政府甚至不顾美术部门的反对，仍把一些很重要的绘画任务委托给德拉克洛瓦等等。有的学者，如西奥菲勒斯·西尔维斯特（Théophile Silvestre）、休伯特·威灵顿（Hubert Wellington）据一些考证结果，认为他们两人之间的关系虽然无法确切证实，但也的确无法完全否认。较多的权威人士都支持这种看法，各种论据可见《浪漫主义艺术》（*Le Romantisme Et L'Art*）一书，作者是路易·奥特克尔、保罗·雅莫等人（Louis Hautecoeur, Paul Jamot, etc，1928年版）。当然也有一些历史学家持不同意见，如法国外交官莱昂·诺埃尔（Léon Noël，1888~1987）。

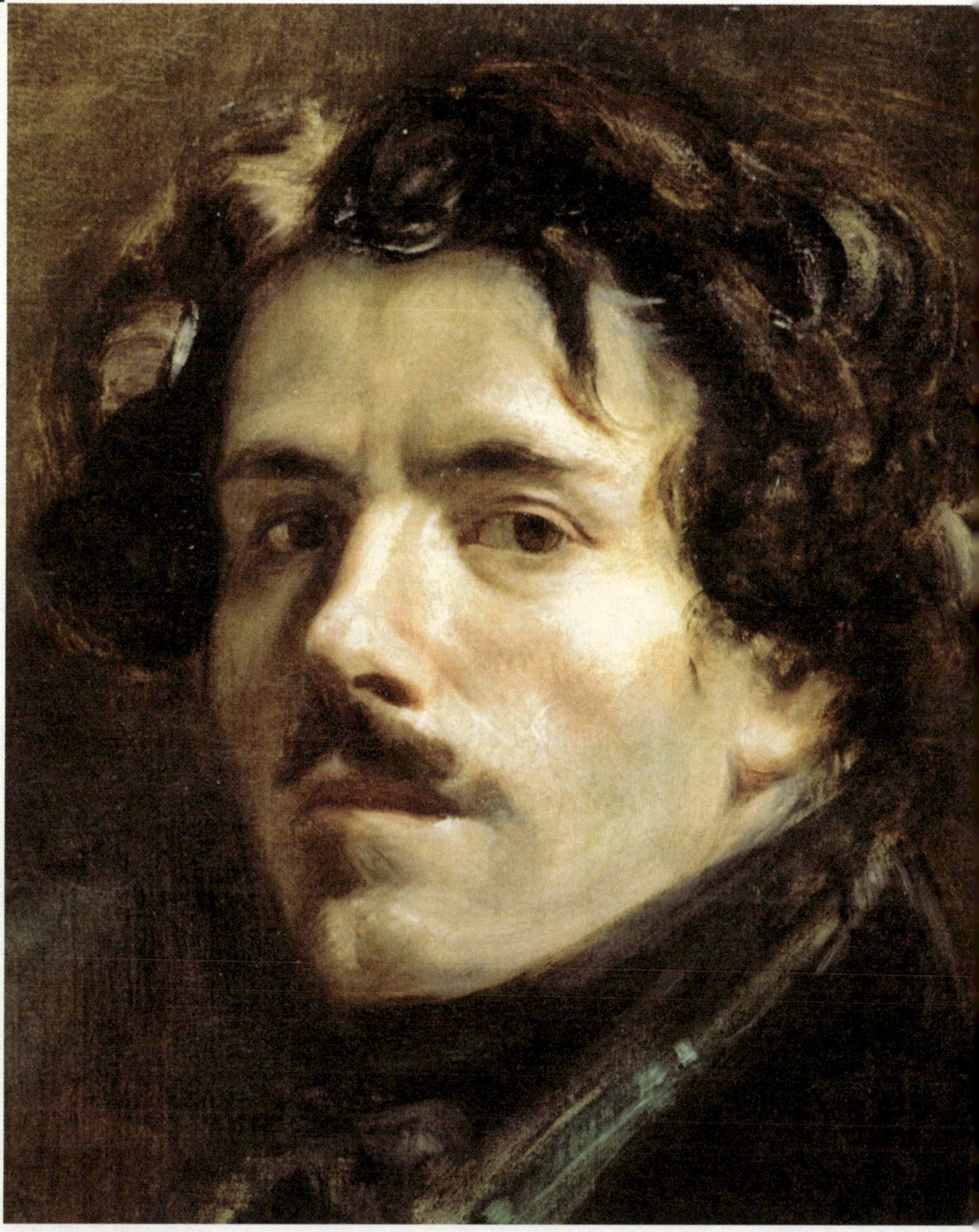

德拉克洛瓦的自画像（局部）

反思我的小毛病

1822 年 10 月 24 日，巴黎，24 岁

我总是没办法克制自己爱脸红和其他的一些毛病。我的自制力也不够。我老是考虑模特的不舒服和不自在。在我开始作画之前，观察得总是还不够仔细。

做事的才能

1823 年 12 月 12 或 23 日午夜，巴黎，25 岁

我回到家的时候，心中舒服多了，把自己交出去听从命运的安排吧。今天我在皮埃雷夫妇简陋的小家里度过了整个晚上。我们都能安于贫困的生活，虽然有时候也会穷得发发牢骚，但那时的我却不能代表真正的我，这已经超出我本身固有的身份了。想要发财，你就需要有某种才能，而这种才能我是非常欠缺的，而且如果你没有这种才能，那你就得有其他的什么优势来弥补这个缺陷。

我们做任何事情的时候都应该保持冷静，只有在面对伟大的艺术作品和高尚的行为时，才能在情感上表露出强烈的反应。工作的时候要从容沉着，不要慌张。一旦你觉得有些焦虑或者有些兴奋时，就得格外小心。松散的作品必然是懒汉的作品。

新年

1824 年 1 月 1 日，巴黎，26 岁

像往常一样，如果我没有记错的话，

皮埃雷为我们举办了辉煌的除夕晚会，但从那场晚会上我没有收获任何东西，除了带走那最黯然的忧郁心情。新年的小夜曲，尤其是那号角和喇叭，只能让你为过去的时光感到悲伤，而不能使你振作起来欢快地去迎接未来。这一天，我的意思是说今天，这一年中最哀伤的日子；昨天这个时候，一年还没有过完呢。今晚爱德华跟我们在一起。我又见到了古博（Goubaux），我们聊起了过去的校园时光……有许多老同学的情况都不怎么好，不少人因为这样或那样的原因消沉低落下去了。

《窥伺猎物的狮子》（*Lion on the deerstalking*）
1850 年，德拉克洛瓦，布面油画
24.5 厘米 ×33.5 厘米
私人收藏

早起与长寿

● **1824 年 1 月 18 日，巴黎，26 岁**

我读到一个有关健康长寿的故事。某个英国法官想要过有质量的长寿生活，于是他每遇到一个老人家就仔细询问别人的生活饮食起居等情况，用来研究他们的长寿是否和饮食、饮酒等东西有关。结果发现，长寿之人的唯一共同点就是早起，而且更重要的是，他们一醒就立刻起来，绝不赖床。这确实非常重要。

生活中需要一些消遣

● **1824 年 2 月 27 日，巴黎，26 岁**

我感到很高兴，我的理智日益增进，却并没有丧失美在内心中所引起的震颤。我并没有什么奢望，只想能比以前更安静地工作，并一如既往地热爱我的工作。但是有点事情让我发愁，然而，我还说不清那是什么，我似乎感到生活中需要一些消遣来调剂，比如访亲问友等等。至于说，大多数男人都被外界的诱惑所包围，但我却从来没被这些诱惑深深困扰过，特别是现在。但是谁又会相信呢？其实真正能使我陶醉的只有我用绘画所创造出来的幻象，其他东西不过是倏忽来去的流沙罢了。

1824 年 4 月的生活记账单

• **1824 年 4 月 9 日，巴黎，26 岁**

我还剩大概 240 法郎，皮埃雷还欠我 20 法郎。

今天：
午餐，鸡蛋和面包…………30 生丁①
贝尔然（Bergini）……………3 法郎
贝罗（Belot）、颜料…1 法郎 50 生丁
晚餐……………………1 法郎 20 生丁

合计：6 法郎

①生丁（centime）法国辅币名。此处原文没标注单位。根据 1 法郎兑换 100 生丁推算，此处单位应当为生丁。

• **1824 年 4 月 11 日**

午餐…………………………17 苏②
晚餐…………………………16 苏
肥皂………………………1 法郎 10 苏
糖……………………………7 苏

合计：3 法郎 10 苏

②苏（sou），法国辅币名，相当于 1/20 法郎，即 5 生丁；1 法郎等于 20 苏。

• **1824 年 4 月 19 日**

去拜访菲尔丁，并一起在鲁热家吃晚

餐。饭后和菲尔丁一起回来，并在波旁街(rue Bourbon) 转角处的小咖啡馆里喝了点东西。十点一刻才回家。

午餐……………………1 法郎 8 苏
车夫……………………2 法郎 12 苏
晚餐……………………1 法郎 2 苏
啤酒………………………………6 苏

合计：5 法郎 8 苏

时间宝贵

- **1824 年 4 月 13 日，巴黎，26 岁**

几乎每天晚上，我都会产生这种坐立不安的感觉！哎，我与哲学家的那种平静悠然怎么就没有缘分呢？我并不打算怨天尤人，但对于那些凡是摆脱不掉的事情，我必须有清醒的理智使自己去顺从。对于那些去做就能有所收获的事情，我应该立马着手，绝不能坐等另外的日子。而我已经做了的事，也不能被抢去。而我对于那些完全有把握能做的事情畏缩不前，实在未免可笑……不，这正是毛病的症结所在！是我必须改正的错误。自负的人哪！难道什么也不能约束你吗？你那恶劣的记性与虚弱的身体不能约束你，你那恍惚无定的心神时时在与你脑海里的念头作斗争，但同样也不能约束你吗？在你脑后，常常有声音说："人生如此短暂，你虽然无意于追求永恒，要珍惜时间的可贵啊。你要记住：凡是别人能从生活中获取到的一切，你从生活中也一定能得到。"当然，我知道我说的意思是什么。我想每一个曾经活过的人，

《窥伺猎物的母狮》
(*Lioness on the deerstalking*)
1852~1854 年，德拉克洛瓦，布面油画
41.5 厘米 ×30.5 厘米
法国巴黎奥塞美术馆

都一定在某种程度上，曾经为这种念头苦恼过。

天才的动力

● **1824年5月15日，巴黎，26岁**

那些令天才感动，或者说鼓舞他们进行工作的东西，不是一些新的观点想法，而是他们自己无法摆脱的顽强信念，也就是说，别人已经提出的见解总还不够完善。

伟大与空虚

● **1824年5月28日，巴黎，26岁**

即使你自己还不够坚强到足以成为一个真正有德行的人，至少应该仰慕那些伟大的美德！杜弗瑞说，他倒是有献身于一切伟大事业的能力，但他看穿了其中的空虚——到头来它们都是一场空梦。我的感觉刚好和他相反，我尊敬一切伟大事物，但我却无力去实践它们。我的情况和他完全不一样。

经验日增，精力日退

● **1847年2月4日，巴黎，49岁**

等我们活到经验丰富的年岁时，我们的体力就开始衰退，这是多么悲哀的事情！什么天赋的才能，真是造化的残酷讽刺！它要等你研究多年，把创作所需用到的精力耗费净尽之后，才会降临于你。

拜祭妈妈

● **1847年6月7日，巴黎，49岁**

阿道夫·卡伯特（Adolphe Cabot），纪念碑石匠，住在德拉罗盖特街（rue de la Roquette）106号。

我和珍妮一起去拉雪兹神甫公墓去拜祭，并去看看达维特[①]的纪念碑。我和守墓人约定，从现在起每年给他20法郎，请他照管妈妈的墓地，并且要他把妈妈的墓碑重新翻刻，清洗干净。

① 这里指雅克·路易·达维特（Jacques-Louis David, 1748~1825）的纪念碑。达维特，又译大卫，是法国新古典主义绘画大师及奠基人，格罗、席拉尔等人都是他的学生或助手。他的作品构图严谨，色彩庄重，积极为当时的历史政治事件服务，代表作有《荷拉斯兄弟之誓》(*Oath of the Horatii*)《苏格拉底之死》(*The Death of Socrates*)《马拉之死》(*The Death of Marat*) 等等。达维特富有政治激情，他曾追随罗伯斯庇尔，在雅各宾党人倒台后曾被捕入狱，后获释。拿破仑上台后，达维特成为拿破仑的首席宫廷画师，为他创作了许多大型歌颂作品。1815年波旁王朝复辟后，他逃亡到布鲁塞尔，直到1825年去世，最后安葬于布鲁塞尔。但他的心脏单独运回巴黎，葬于拉雪兹神甫公墓。他曾为德拉克洛瓦的姐姐亨丽埃特·德·维尼纳克夫人画过肖像。

雅克·路易·达维特位于巴黎拉雪兹神甫公墓纪念碑上的浮雕像

荷拉斯，是古罗马时代的一个家族。在战争中双方约定各选三名勇士来进行决斗，以决斗的胜败来判定战争胜败。荷拉斯兄弟被选出来与来自阿尔巴隆加（Alba Longa）家族的人进行格斗。而这两家正是姻亲，荷拉斯兄弟的姐妹嫁给了对手兄弟们。

达维特虚构了一个在历史上并未记载的悲壮场景。老荷拉斯将武器分发给三兄弟，三兄弟伸出右手向宝剑宣誓。画中男人的四肢被画成直线，以表达对国家的忠诚，他们是共和国最高美德的象征；画中女人则被画成弧线，正在哭泣和哀悼，与男人形成对比。

决斗以罗马的荷拉斯三兄弟战胜而告终。这个题材早在17世纪就被法国剧作家高乃依（Corneille）写过，它的主题思想是个人感情要服从国家利益。该画展出后使达维特一举成名，它表达了严肃的英雄主义，并涉及复杂的道义与情感冲突，在法国大革命前夕的背景下对民众的鼓舞是显而易见的。

荷拉斯兄弟之誓（*Oath of the Horatii*）
1784年，路易 • 达维特，布面油画，326厘米 ×420厘米
法国巴黎卢浮宫

出售画作的记账单

● **1849年3月13日，巴黎，50岁**

下午五点钟，医生来了。他讲起了探针等的东西，使我很有点儿担心。我呆在家里，靠近了火炉。

今天早晨，韦尔（Weill）过来拿走了：

《土耳其宫女》（*The Odalisque*），付给我……………………………200法郎

《棋手》（*The Chess-Players*）
……………………………200法郎

《狮子噬人图》（*The Man devoured by a Lion*）……………………500法郎

（勒费布尔）《十字架脚下的基督》（Lefebvre, *Christ at the Foot of the Cross*）……………………200法郎

（托马斯）《基督在橄榄山上》(Thomas, *Christ on the Mount of Olives*)，小型
……………………………100法郎

《土耳其妇女》（*Turkish Women*）
……………………………100法郎

（布凯）《哈姆雷特与掘墓人》(Bouquet, *Hamlet and the Rat Scene*)
……………………………100法郎

（韦尔）《贝根格鲁厄撰写回忆录》(Weill, *Berlichingen writing his Memoirs*)
……………………………100法郎

（勒费布尔）速写，《基督安葬》的复制品 (Lefebvre, Sketch, Repetition of '*The*

Entombment')
………………………………… 200 法郎

(勒费布尔)《土耳其宫女》(*Odalisque*)
………………………………… 150 法郎

《基督受难图》(*Scourging of Christ*)
………………………………… 150 法郎

合计：2,000 法郎

● **1856 年 4 月 14 日，巴黎，58 岁**

11 月以来卖出的作品：

《希腊骑手》复制品（*Greek Horseman*），付给我 …………1,200 法郎

《克罗林德》（*Chlorinde*）
…………………………………2,000 法郎

《狮子》（*Lion*），小幅画
…………………………………2,000 法郎

《希腊骑手和土耳其人》（*Greek Horseman and Turk*），特德斯科（Tedesco）…………………… 1,600 法郎

小幅《摩尔骑手》(*Moorish Horseman*)，巴瑞（Barye）……………………300 法郎

《哈姆雷特和波洛尼厄斯》（*Hamlet and Polonius*）…………………1,000 法郎

合计：8,100 法郎

一个月前售出《马力诺·法列罗总督受刑图》① ……………………12,000 法郎

①《马力诺·法列罗总督受刑图》(Marino Faliero) 这幅画作于 1826 年，1855 年曾在展览会上展出，现藏于英国伦敦华莱士收藏馆。1824 年 3 月 3 日，26 岁的德拉克洛瓦曾在日记里写过“去探望了艾米莉·罗伯特，她病了，胃痛。没有什么事情好做，我考虑了一下《在威尼斯的受刑人》（即此画）这张画的构图”。参见 57 页的“艾米莉·罗伯特”条目。

尚罗塞的生活

● **1849 年 6 月 5 日，尚罗塞，51 岁**

晚上八点动身到尚罗塞去，到的时候已经很晚了，发现花园里的一切都荒芜了。我从溪边取了一些泉水，准备用这次带来的新机器做成苏打水喝。

● **1849 年 6 月 6 日，尚罗塞，51 岁**

维洛特夫人（Mme Villot）请我吃晚饭，她今天很早就把请帖送来了。我之前并不知道她也在尚罗塞，真是令人惊喜。吃过饭后，我们就在花园中漫步，然后在客厅里度过了整个晚上。

● **1850 年 4 月 26 日，尚罗塞，52 岁**

上午十一点半出发前往尚罗塞。重新回到此地，真是令人陶醉。我心中最美妙的感觉，就是在这里我能享有完全的自由。那些讨厌的家伙再也不会来对我穷追不舍了，尽管他们倒是相当地有耐性，即使在这样的情况下，他们也还是来找了我一两次。花园美丽而整洁，一切都进行得非常好。

● **1850 年 4 月 27 日，尚罗塞，52 岁**

我每到晚上睡觉的时候，总觉得这是一种不光彩的方式，有时候白天也会这样想。在不愿意看太多书的情况下，乡村生活中最难受的就是无聊了，而老天还似乎总会让你产生一种忧郁伤感的情绪。

我在忙于工作的时候从来意识不到这

《狮子吞噬兔子》（*Lion with a Rabbit*）
1851~1856 年，德拉克洛瓦，布面油画
46.5 厘米 ×55.5 厘米
法国巴黎卢浮宫

一点，但这一次，我下决心坚决不做任何事情，也打算暂时不考虑我那天顶画的构图问题，好让我自己能得到充分的休憩。

1850 年 4 月 28 日，尚罗塞，52 岁

这个早上去树林里散步走了很长时间。我走的是穿过侯爵土地的那条小路，我在公园的围墙前停下来观察那上面的雕刻字迹。由于岁月与风雨的剥蚀，它们迄今已经几乎看不分明了。每当我路过这里——我常常有意地来到这里——我都不禁为那对可怜的恋人所打动！对他的爱人塞莉斯汀（Celestine）那种永恒的爱情，他似乎特别自信。他和她的爱情为了那些事，结果如何只有天知道了。一个人从来没有过片刻的宁静，在令人痛苦的纠缠中享受喜悦，这种年轻人的狂热，我们又有谁不曾经历过这种情形呢？

我走得很远，一直走到了青蛙池塘那里，回家的时候是沿着山边的一条小路归来的。

我又走进甘达斯（Gandas）的田里，帮小女仆捡蒲公英。

我的那辆旧马车

1850 年 1 月 30 日，巴黎，52 岁

我刚才对帕蒂尔（Pardier）说，由于我不能中断工作去吃午饭，所以我常常在晚上大吃一顿。而为了能够消化掉食物，我又不得不强迫自己在吃完后去散一散步。他说：“当你只有一辆旧马车时，你不会带它去作长途旅行，你只会把它停在那里，必要的时候才用一用，并且也只让它担当轻松的任务。”

（我在2月20号这天，记起了这段话，在我安排行程准备前往比利时旅行时，它颇有助于使我摆脱克服那些烦恼和不安的情绪。）

凌晨两点才回到家中，非常疲惫。这是我第一次忘掉了那些我才获得的教训。

我与医生的生活进行对比

- **1850年4月8日，巴黎，52岁**

今天早上，我本来应该去参加一个会议，评判一些经过修复的绘画作品，但我不得不回到床上躺下，一整天都觉得不舒服。

我去看了医生，但没有什么大碍，只是一点暂时的身体不适，所以我只让医生治了一下我的感冒。我们聊起了当天新闻，后来又谈到了他的工作。这个可怜的人，从来没有片刻的闲暇。我把我们的生活进行了一下对比，不由觉得非常地感激。他的时间并不完全用来和病人、手术等等打交道，还在医学院里担任教学、考试和其他的一些工作。他说这样做的后果是他经常会觉得很厌倦和疲惫。这就使得迪皮特朗①过早地去世。这样看起来，对那些全身心投入工作的医生来说，这似乎是不可避免的命运。

在我开始可怜我自己时，我真应该好好考虑考虑这种情况。

《猎狮》（*The Lion Hunt in Marocco*）
1854年，德拉克洛瓦，布面油画
74厘米×92厘米
俄罗斯圣彼得堡埃尔米塔什（冬宫）美术馆

① 纪尧姆·迪皮特朗（Guillaume Dupuytren, 1777~1835），19世纪法国解剖家和军用外科医生。他曾经为拿破仑治过病，今天医学上的“迪皮特朗挛缩”即“掌腱膜挛缩症”就是他在1831年描述出来、后以他的名字命名的。英文版此处作“Depuytrien”，法文三卷版为“Dupuytren”。

要么高兴，要么不高兴

• **1850 年 5 月 11 日，尚罗塞，52 岁**

我已经决定了，把今天离开此地的计划无限期地推迟。

当突然作出了继续留在此地的决定之后，我觉得很高兴，就像一个孩子刚开始放假一样。人们是多么的脆弱啊，他们的感觉和决心，是多么容易改变啊！昨天晚上，我的心情非常阴沉抑郁。昨天晚上回家以后，我什么都没做，老是乱想着各种倒霉不幸的事情；然而今天早晨，那田园的景色和太阳，还有暂时推迟回去巴黎的想法——哦，那喧嚷吵闹可怕的巴黎，这一切又让我的情绪高涨得像天一样。要么高兴，要么不高兴，我总是不走这个极端，就走那个极端。

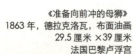

《准备向前冲的母狮》
1863 年，德拉克洛瓦，布面油画
29.5 厘米 ×39 厘米
法国巴黎卢浮宫

我喜欢什么？

• **1850 年 5 月 18 日，52 岁**

大概是下午一点钟，我带着亲爱的珍妮去树林里走了一趟。在那一片翠绿又新鲜的迷人景致面前，看到她那种热情洋溢的欢乐，我也确实感觉非常愉悦。我让她多休息了一会儿，所以她走回家一点也不觉得困难。我们走得很远，一直走到了昂坦橡树（Antin oak）那里。当我们经过拉莫鲁（Lamouroux）家的围墙时，她很伤感地对我说：“难道我总这样一直看着你消沉下去，过着跟你的地位很不相称的生活吗？我是不是永远无法看到你在一个属于你自己的地方，就像在这里，安定下来并且在艺术上钻研进步呢？”她说得完全正确。在这方面，我有点像狄德罗，他认为他注定要在一间小茅屋里度过一生，当他发现由于凯瑟琳（Catherine）的慷慨大方，而使得他能住在一间华丽的大房子里时，他就觉得自己站在死亡的门口了。不过，事实的真相是这样——我喜欢过简朴的生活。我讨厌出风头，更痛恨华而不实；一些旧东西，在它们还是新的时候是吸引不了我的；我喜欢旧房子，也喜欢旧家具；我喜欢我现在所住的地方，喜欢我常常给自己提到它们曾经是如何如何的那些东西；同样地，我常常对自己说到的那些人我也喜欢，他们的所见所闻我也喜欢。

对金钱的态度

- **1854 年 10 月 4 日，56 岁**

在我年轻的时候我就发现，像我这样的身份地位，没有钱是不行的。有太多钱也不好，钱太多和没钱一样毫无意义。保持一个适当的舒适的生活水准，对保持人的体面和自尊是有必要的。这是我亲身实践的体会，是绝对有必要的。它比你在经济情况好的时候，所能支付购买的小小奢侈享受要实在得多。独立的收入立刻能给你带来的好处是，使你能安下心来，能解除你精神上的负担，能改变你在经济困难的情况下所过的那种窘迫生活。为了达到这种最基本的安全生活水平，你需要非常谨慎。你应当不断地把目光投到这种需要上来，表现得从容稳重而毋需担忧物质上的匮乏，这样就能允许你全心全意地投入到工作和事业中去，并防止你的心灵与精神坠向堕落。

简与奢

● **1856年1月19日，58岁**

……当他们正在杜塞（Doucet）家玩纸牌的时候，奥吉尔（Augier）——我非常喜欢他，他对我说，不要总是企图挣很多很多钱，以免有了钱就总想把它花在一些很轻浮无谓的事情上面。这一点对于艺术家来说，实在太重要了。他设想艺术家应该生活在简单纯朴的环境里面。杜塞夫人说过，当她以300或400法郎一个人的标准请人参加过宴会之后，就使得收入较少的人不好意思以50法郎的成本请3到4个朋友到家里去吃一顿便饭了。不仅如此，她住的地方是巴克大街（rue du Bac）上一套很小的底楼住宅，天花板很低，但是每个地方却都布置装饰出可以想象得到的豪华摩登感，到处是闪闪发亮的镀金、锦缎，以及一些轻浮炫耀的小摆设，等等。

人生的思索与感悟

我将要成为创造伟业之人的先驱

● **1822年10月8日，巴黎，24岁**

对于过去否定过的东西，不应因其既有的印象而在今天继续忽视。有些书初次阅读之时似乎觉得没有什么价值，然而当眼界开阔之后重新阅读，也许却会发现大有可取之处。

我的抱负，或者不如说我的能力所能达成的抱负，正在朝另外一个方向发展：我将要成为创造伟业之人的先驱。

我心中有一些内在的力量，它经常比我的身体更为强健有力，时常赋予我新的热忱。

对于某些人来说，这种内在的力量似乎并不存在，而对于我，它的力量甚至远远超过我的肉体；没有它，我必将死亡并被燃成灰烬。我认为这种力量就是我的想象力，它主宰了我的一切，鞭策我继续前进。

如果你认为一个人的灵魂比肉体更为可贵的话，那么当你发觉自己犯了错误的时候，不要试图掩饰，而要坚定地面对它，停止装腔作势并且自我反省。然而灵魂也有变得丑陋的可能，它那软弱而美好的一面永远在和它的另一面进行着斗争。一切肉体的欲念都是卑鄙的，然而那出自灵魂的邪恶欲望才是真正致命的毒瘤，好比妒忌等等。而懦弱之所以如此令人作呕，那肯定是因为它既是从肉体，也是从灵魂中散发出来的。

我画了一张漂亮的画，可并没有表达出什么思想！这就是别人对我的作品的看法。多么愚蠢的人啊！他们会剥夺画作所有的优点和长处，把作品弄得一文不值。为了让人们更清楚地理解作品的含义，作家写东西必须面面俱到，写得详详细细；而一幅画，则好比是一座神奇的桥梁，架在画中人物的精神面貌与观众之间。观众鉴赏人物，通过人物的外形，引起内心的深思。人们从一件作品所受到的真正感染，都是共同的。有的人把这种感受发为文章，但是这样做却失去了最微妙的精髓。所以说，比起画家或音乐家，大众更容易被作家所感动。然而在我看来，画家的艺术更接近于人们的心灵，因为它的艺术性体现在有形的物体上，看起来更形象、更具体。当绘画创作的时候，就以画外部形象来说吧，什么应当肯定，什么应当舍弃，早已有了一定的选择。换句话说，对那些通过感觉而察知的外界物体，其所能引起人们内心共鸣的因素，早就经过一定的安排了。

宇宙·我·上帝

● 1822年10月13日凌晨一点半，巴黎，24岁

在乌黑的云际，我忽然看见猎户星座显露了一下。刚开始，和这宇宙间的世界相比，我感到自己真是沧海一粟，无足轻重。后来，我又想到正义，想到友谊，想到铭刻在人们心灵间的神圣情感，这样，我又觉得除了人和人的创造者之外，宇宙间就再没有什么更伟大的东西了。这种看法深深地打动了我的心。但造物主是否可能并不存在呢？什么？机遇？这宇宙间的一切难道都是一些元素偶然相遇所产生的结果？万一宇宙只是在偶然的机会中形成的，那么所谓的良心又意味着什么呢，忏悔、忠诚又意味着什么呢？哦！只要你相信，所有你存在的力量，都是上帝所赐，那你就不会再优柔寡断了。承认这一点吧，因为它总是你现在生活中的问题，恐惧它或缓解它，都会给你有限的生涯带来无穷的烦恼，如果在你生命的终点有父神接引的话，你这有限的生涯原是可以安然度过的。

我要睡觉了，不能再想这些问题了：这是一个令我非常高兴的梦。

我想，我在画马的技巧上已经多多少少有了些进步。

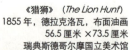

《猎狮》（*The Lion Hunt*）
1855年，德拉克洛瓦，布面油画
56.5厘米 ×73.5厘米
瑞典斯德哥尔摩国立美术馆

记忆力

● 1824年1月25日，巴黎，26岁

今天晚上与爱德华一起回家，这时候我的想法比一天中的任何时间都多，人们一旦有了想法，就总想让自己的观点得到其他人的鼓励认同。但我的记忆是这样飘忽不定，以至于什么事情都记不清了。这不是指过去的事，那些事我早就忘记了；也不是指现在的事，因为我几乎整日都在忙这个或者忙那个，导致没做好或者没空去做那些我应该做的事；而且也不是指未来的事，因为我从来不敢确定我什么时候真正有空。我要让自己用心记住很多东西来增进我的记忆力。一个记忆力很差的人是什么本钱都没有的，所有的事情都会玩弄他。在回家的路上我们谈了很多，但原本应该记住的许多好想法都被我忘光了。我对自己说，在我们这个不愉快的国度里，有许多可悲的事情，其中之一就是，我们必须不断地与我们自己对质。这就是为什么温和的人们所在的社会能够如此和谐的原因。在一段时间里，他们几乎能使你相信，在某种程度上他们就是你，但是很快，我们就会陷入某种不愉快的孤独境地。难道说一个人的挚友，或者他最亲密的女人，也不能分担一下，哪怕是部分分担一下他的重担吗？是的，能分担，但是只能分担片刻而已。他们也有他们自己的十字架需要背负。

这又使我想起了另外一个观念，这个观念比前面所说的更为重要。就像我跟爱德华所说的那样，每天晚上，在我离开勒列夫尔先生（M.Lelièvre）那里回自己家的途中，就感到自己好像一个饱经世事沧桑的人一样，最后脑子一片混乱，让我彻底迷糊。我相信我处理日常事务的能力比一个耕田劳作了一整天的农民还不如，我感到比他们还要笨拙 100 倍。我对爱德华说，当朋友在人生中取得了和我们同样的成就时，我们与朋友的联系和情谊会越来越深厚。证据在于，我们生命中最快乐的时刻，那种我们每次想起来就会兴奋不已的快乐，如果真的又原封不动地在我们的生活中重现的话，并不能像这样令我们感觉如此愉悦。看看那些我们童年时代的朋友，在阔别多年之后又和我们重逢会面时的情景就明白了。

1824年4月4日，巴黎，26岁

一旦不能为记忆增添新的重要内容，记忆就会逐渐萎缩乃至消失。我的脑海不断地被没有结果的构思所侵占。无数个有价值的线索都半途而废了，因为我没有把它们思考透彻。它们令我的激情燃烧，却使我的思想荒废。敌人总是在我自己身上，在我的内心深处，我处处都能感受它那无形之手的存在。要时刻想到那正等待着你的幸福，而不要去想那经常让你精神恍惚的空虚。思考如何才能得到清醒的头脑、可靠的记忆力和有秩序的生活所带来的自制力；如何获得不被削弱的健康，不因一些过度的行为而不断妥协；以及如何才能不受分心的影响而持续地工作？这都是需要经常思考的。

死亡

1824年2月2日[1]早晨，巴黎，26岁[2]

大约在早上七点起床。我应该经常这样早起才好。无知的中产阶级是十分幸运的。在他们看来任何事情都很简单，事情是什么样，就是什么样，这样的解释他们觉得已经足够了。然而事实上，与那些想入非非，连自己的脑袋都不相信的梦想家们相比，他们难道不是更清醒些吗？一个朋友死了，因为他们自以为懂得死亡的意义，所以除了为死者表示哀悼之外，对于

①日记记录的“1824年2月2日，星期二”在日期和曜日上有明显的错误，这一类时间的错误在日记中有好几处。

②这是德拉克洛瓦因籍里柯于33岁英年早逝而触发的感悟。在日记的记载中，1823年5月，籍里柯来看过德拉克洛瓦，令他感到十分高兴；1823年12月30日，德拉克洛瓦还去探访过缠绵病榻的籍里柯；时隔不到一个月，也就是写这篇日记的几天前，1824年1月27日，德拉克洛瓦接到了籍里柯的死讯。

死亡这种自然现象所造成的残酷现实，就再也不去思考，也不想办法去求得解释了。他（籍里柯）曾经活着，但现在已离开人世；他曾经和我交谈，我们之间也曾互相了解；但现在除了一块墓地，什么都无法保留。他真的躺在这冰冷的墓穴中，这死一般冰冷的墓穴中了吗？他的亡魂是否还在墓碑之间徘徊游荡？当我想起他的时候，萦绕在我记忆中的是不是他的灵魂呢？对一种意识习以为常之后，会使我们沦落为最平常的一群人。我们刚一听到噩耗时，意识到“他死了”，此后这种认知就再也不来烦扰我们了。就这一点而言，聪明人和哲学家看起来还远远不如那些无知的人，因为那些被用来给他们作证的东西，其实本身还没有被验证过。我是一个人。这个我是什么呢？一个人又是什么呢？他们耗费半生的精力，去一点一滴地学习那早已为人所知的事物。而下半生中，则不过是在为一栋永远不可能高出地表的庞大建筑物打基础而已。

● **1854年7月21日，巴黎，56岁**

曾经有多少人把死亡当做避难所和幸事，但也正是这同一个死亡，被视作人类全体普遍的恐怖，通常被认为是一种不可挽回的不幸——它曾经在多少人的生命中成为不幸事件的根源啊！尽管死亡被看作不幸的事情，然而是不是因为这样，我们就不应当设想死亡也是一种解脱痛苦的途径呢？它能够使我们免除一些烦恼，那些我们所抱怨的真正的烦恼，我们所能感觉到的烦恼；死亡，是最后的终结，在那里，无论意识还是感觉都将化为虚无。

时不我待

● 1824年4月26日，巴黎，26岁

我活过的全部日子都导向同一个结论——对永远不能得到的东西怀有无穷的希冀。我有一种无法得到满足的空虚感，我热切渴望采用一切方法来进行创作，尽一切可能与那飞逝而过的时光以及那使我心灵干涸的焦躁心绪作斗争。然而，这样一来，几乎总是有一种哲学上的冷静来临，它既使我能忍受这种痛苦，又使我忽视掉琐碎细节的困扰。但是在这里，恐怕幻想又在把我引入迷途，因为只需要有一点小小的波折，它就和哲学说再见了。我倒是希望，我的灵魂能和其他人的灵魂印证一下才好。

在佩皮尼昂（Perpignan）家里，听里维埃先生（M.Rivière）给我们讲葛德文①的小说《圣里昂》(Saint-Leon)。在小说中他发现了点金术的秘密和长生不老药的配方。这些要命的秘密，乃是一切可以想象得到的灾难的根源，然而在他的苦恼和悲伤中，他却发现了一种远离尘世的奇特力量，给他带来不为人知的乐趣。天啊！我未能发现这种秘密，因此只能感慨遗憾，自叹无能。这种能力也是对这个人的唯一一点慰藉了。造化在我和最好朋友的灵魂之间，设下了一道屏障。他也感觉到了这一点。要是有时间在我空闲时，能让我充分领略那种只有在独处时才会降临的奇思妙想该有多好！然而万物的法则却把我所期待的这种安慰变成嘲弄。生动的想象能从每一件事情中变出纯粹的乐趣来，但要毁掉这种乐趣，却并不需要数载时光，每一个飞逝着的片段都在驱散它们，或者改变了它们的性质。就在写日记的这一刻，我至少又产生了20来种念头，但当我把它们写下来后，

①葛德文（William Godwin, 1756~1836）是18世纪英国著名的自由主义者、政治哲学家、信奉无政府主义的记者和文学家，他在18世纪80年代断绝与宗教的关系，成为无神论者。他是一位多产的作家，其政治哲学著作《政治正义论》，全名为《论政治正义及其对道德和幸福的影响》(*Enquiry concerning Political Justice, and its Influence on General Virtue and Happiness*)对当时英国激进主义（British radicalism）思想的发展，尤其是对欧文派（Owenite）空想社会主义（Utopian socialism）思想的形成，产生了巨大的影响。他的女儿科幻小说家玛丽（Mary Shelley）是英国著名诗人雪莱的第二任妻子，德拉克洛瓦提到的这部小说《圣里昂》全名为《圣里昂：一个16世纪的故事》(*St. Leon: A Tale of the Sixteenth Century*）是作者的第二部小说，写于1799年。

却又不能辨认它们了。我的思绪在躲避我，我思想上的惰性，或者不如说这是我的弱点，在蒙骗我，这种蒙骗比任何写作技巧上的欠缺或词汇的贫乏更过分。一个人如果记性不好，强烈的感受与想象，对他来说毋宁是一种折磨，因为在它们刚刚形成的时候，就烟消云散了。只要我是诗人，任何事物对我来说都会成为灵感。尽力与你这种不受约束的记忆作斗争吧。写诗不就是一种方法吗？对我目前的处境来说，这意味着什么呢？我有想象力，因此唯一的困难只是，我懒于在我的想法逃离我之前，就先去找到并抓住它们。

荣誉

● **1824 年 4 月 29 日，巴黎，26 岁**

荣誉，对我来说并不是一个空洞的字眼。赞美的声音的确能带给我真正的欢乐。造化将这样的感觉赐予每一颗心灵。那些放弃了荣誉，或是得不到荣誉的人，他们聪明地对于荣誉这种幻想，这种最伟大的心灵甘露，表现出了一种他们称之为哲学式的轻视。最近，人们似乎都具有一种不可理解的疯狂力量，推动他们去摆脱那些原本是大自然赋予他们，使他们比牛马这类负重的牲畜更高级的东西。哲学家是一位绅士，他每天要坐下四次，享用他所能得到的最美味的饮食。他认为对美德、光荣、高尚情操的追求要迁就一下，只有在不妨碍他实现这四次必不可少的功能以及他个人的一切小小享受时，那些东西才值得追求。照这样看来，目前为止骡子倒是个更高明的哲学家，因为除了这些以外，它还毫无怨言地承受了鞭打与辛劳。这种人似乎觉得，甘愿放弃那些完全超乎他们能力之上的高尚品质，是一件足以沾沾自喜的事情。

善与恶

• **1824年6月1日，巴黎，26岁**

贝利博士[①]，他有一双和蔼的眼睛与稳重的仪态。回到家后，从穿衣镜中看到我自己时，几乎为自己那邪恶的面容感到惊恐。正是这个人，把命运的火炬带进了我的灵魂，那火炬如同灵前所点的蜡烛一样，只为那曾经的美德的葬礼而照亮光明。

噢，爱好沉思的人们！你发誓用你纯净的鲜血去供奉他们的信仰，去恳求那些博学的神学修士们，恢复那年轻人所应具有的清晰而锐利的目光、平静而无忧无虑的精神吧。对你来说，贞洁的修女比荡妇妓女更为有害，她们所提供的欢乐虚情假意并不忠实，要比肉欲的快感更为虚幻。你的精神严重削弱了了你的判断力，以至于你还在25岁的年华时就丧失了年轻人的活力，纵有你的热情也无力支撑。你对一切事物还抱有想象力，但你的记忆力即使和最卑微的小店主相比，也大大不如了。真正的智慧应当能欣赏世间万物，一切事物皆有美德，即使仅仅是纯粹的幻想，然而一些自身本就完美的事物，却往往被我们自己弄得支离破碎。自然赋予我们生命，就好比是大人把玩具给了小孩。我们本想搞清楚怎样去操作它，但却用手指把它给弄坏了。用我们这双已经来不及学会观察事物的迟钝眼睛来看，生命除了贫瘠的尘土和破碎的残片之外，再没有什么内容了。善良是如此单纯，但想要用诡计来毁灭它却并非容易。所有这些善与美的事物它们什么都不是，只是天国的光华，一个擦亮的贝壳，

①约瑟夫·贝利博士（Doctor Joseph Bailly），当时德拉克洛瓦正因某些生理疾患而感到焦虑，为此向他求教。

来帮助我们去忍受其他的东西，这甚至就是事实。至少在这个范围内，谁又能否认它的存在？人们真是奇怪，只因为画框的衬板被虫蛀食，就拒绝让自己去欣赏一幅美丽图画的“美”！一切皆非善，但一切也皆未能变坏，或者更确切地说，恰好是因为这个理由，所有的东西都是好东西！

谁不是因为曾经搞了一点自私自利的行动，为此而进行自我反省呢？

躯体与精神

● **1824年6月5日，早晨，巴黎，26岁**

我与我的身体为伍，我这沉默的伴侣，是忠诚的而且严格的。他很有个性，这是我们种族弱点的共同烙印。我的精神生有双翅，但我这躯体，是精神她那冷酷的监狱看守长，非常严厉。他知道，她所能得到自由只是为了再一次被奴役，她是个怯懦的弱者。在她的牢狱中，她遗忘了自我，只是偶尔，还对她天上的家园中那抹纯净的蓝色投以一瞥。不幸的命运啊！我的精神被监禁在这卑鄙的肉体容器中，不断地渴望解脱释放。但你用力挣扎，却不过是百般折磨自己而已。

但似乎对我来说，躯体可能正有如约束精神的机器，只是台更万能的机器。精神必须通过大脑穿行，就像通过碾磨一样，在那里被敲上、戳上我们这卑劣性格的印记。但是像这样行尸走肉地活着，这种负担是如此地不堪忍受！精神她度过了人生的一瞬，屈从于那些被专制的躯体所操纵的罪恶，对于那些既不能让她得到抚慰，又不能得到安定的东西，她放任给身体驱使。上帝给我们开了一个很不妙的玩笑，他让我们透过这种可笑的眼镜去观察世界，它那模糊不清的镜片，歪曲了心灵的判断，也腐化了天赋的坚定信念，常常产生可怕的后果。要我相信有恶势力的存在和我们背上所背负的重担是很容易的事情，但这样做会带来无穷的悲痛。要是离开了头脑，还有什么精神可言？当科学家们沉迷于对事物进行分类和命名的时候，他们就犯下了一个致命的错误。那些随和而中庸的人，相信大自然是个不可洞穿的神秘之谜，在他们眼里，科学家实在坚定不移地走得太远、太过分了，以至于往往自食其果。我很清楚，任何事物都应该被命名，这样我们才能互相了解，但是这样一来，事物就都有了类别，他们既不是一成不变的物种，也不是……

诚实

1824年6月6日，巴黎，26岁

前天晚上，我们遇到了杜弗瑞(Dufresne)，他打算今天早上到乡下去。

> 早睡又早起，
> 使人健康、富足有智慧。
> ——富兰克林（Franklin）

我会变成什么样呢？我既没有财产也没有能力去获取它。我实在懒得去拼命挣钱，尽管我经常不时地为缺钱而担忧。当人有钱时他并没觉得有什么方便，但没钱时就觉得万事艰难了。但是只要我的想象力继续作为我苦与乐的源泉，那么穷也好，富也好，又有什么关系？贫穷是令人讨厌，但还不是最令人担忧的东西。

一个人一旦开始变得明白事理，他首先的责任是要做到诚实而有节制。企图把他内在的服从与知足这种美德掩盖起来，是没有用的。你认为，那些努力使自己超越寻常群体的人，他们过的是一种什么样的生活？那是持续不断的斗争。例如作家，当他写作的时候，他必须与世人都共有的那种懒惰作斗争，这样做倒不仅仅是服从于渴望成名的虚荣欲望，而是本心的问题，因为他的天赋要求得到表现。让那些庸碌之人冷淡而平静地去工作吧，保持他们的沉默，因为他们没有在灵感的激励下工作的这种概念。而灵感——是令人惊惧的，足以惊醒睡狮的可怕的力量，而醒狮的怒吼则将深深震撼我们每个人的心弦。总的来说，要坚强、朴素而真实。这是一日之中，每时每刻都要追求的目标，而且总是有用的。

当一个人本性就很诚实，或者说他想不诚实也不行的时候，诚实也就无所谓是优点了，它是一种天赋，就像诗和音乐一样。但是，在经过仔细考虑后，想要做到诚实，是很需要一点勇气的，除非跟他的面子或自尊有关。例如，有个人对自己说“我很丑”，然后跟他的朋友也说“我很丑”，免得这些人竟然想他们是第一个发现这一点的。

杜弗瑞，我觉得他是一个真诚的人，因为他在各个方面都表现得很圆满。但是当他的见识还不够广博时，他也曾是个矫揉造作的人。现在他很真诚，因为他知道不真诚有多么愚蠢。我觉得他总是很擅长掩饰自己的弱点。现在他希望自己不再有什么弱点，即使有，他也很乐意去责备自己。他自己以为只要掩饰得好，就不会暴露任何弱点了。对他，我还不能像对那些我比较熟的人那样，那么坦白和直率。我还不能算是他多好的朋友，因为我还不能直截了当地发表和他针锋相对的意见，在他发言时也不能不仔细聆听，或者至少，也要装出一副全神贯注的样子。如果要我去找

《土耳其女奴》（*Odalisque*）
1848 年，德拉克洛瓦，布面油画
24 厘米 ×32.5 厘米
法国巴黎卢浮宫

原因的话，我想恐怕是因为——我看一定是这样——假如我不同意他的意见的话，我恐怕会显得不如他聪明。多么荒谬可笑！即使有个人认为你可以感动他，但老是在脸上挂着一副虚伪的表情，难道还有比这更难堪的事情吗？无论如何，他总是一个男人，所以总有些自尊心。只有在你坦率和真诚的时候，你才会尊重你自己。

《在闺房中的阿尔及尔妇女》
(*The Women of Algiers in their Harem*)
1847~1849 年，德拉克洛瓦，布面油画
84 厘米 ×11 厘米
法国蒙彼利法布尔美术馆

进步与深渊

1849 年 4 月 23 日，51 岁

从过去一年中清清楚楚、明明白白的一切迹象来看，我觉得可以有把握地认为，一切的进步并不会导致进一步的进步，最后反而会导致否定进步，重新回归原来的起点。人类的全部历史就是这一点的证明。不过，这一代人和上一代人，对现代思想以及对必定将预告人类彻底改变（尽管在我看来，在改变一个人的命运之前，必须先改变他的本性）的新纪元的到来，怀有盲目的信仰——这种古怪的信仰，在历史上还找不到理由来支持——但它仍然是我们未来胜利的唯一保证，也是人类所十分渴望的未来革命的唯一保证。进步，这就是说，一切事物向前发展，无论好的事物还是坏的，它们已经把我们的文明带到了深渊的边缘，它非常有可能掉进这个深渊里，从而回复到完全彻底的未开化状态。这难道还不清楚吗？产生这种情况的原因，那唯一的原因，难道不能从主宰着一切事物的规律中去寻找吗？它需要进行某种形式或其他形式的变革。我们必须改变，没有一种东西可以继续处在同样的状态，在进行许多次实验以前，古人的智慧所发现

的东西，必须为我们所接受，我们也必须信服它们。那些现在将要随我们一起衰落的东西，毫无疑问地将会获得新的形态，或者将要在别的地方继续存在不知道多久。

伟大的天才与时代

● **1850 年 2 月 19 日，52 岁**

在任何一个特定的时期内，卓然超凡的人物只能出现一次。在衰微的时代，只有最富于独立性的人物，才有生存下来的机会。所以对那些天才们来说，生不逢时才是他们最大的悲哀。他们不能把公众的欣赏品位引回到高贵优雅的阳春白雪上去，因为那样就没有人能理解他们了。但是，在他们的作品中也有东西闪耀着光芒，正是这些东西为我们揭示了：如果在一个纯朴的时代，他们能获得怎样的成就。在那漫长的数个世纪中，卓越超凡的人被人们遗忘了，而平庸之辈们甚至连当时的一般水平都达不到。这就是说，简练与真实这种对大家都有益处的审美格调，在这样的时期内，对他们的这种要求，似乎都无法达成。在那样的时代，这些平庸的艺术家要么去孜孜追求夸大那些被有才华的人所忽略的一些东西，从而导致了一种特殊的平庸形式——夸张的兴起；要么这些平庸艺术家去对盛期杰出画家的作品进行过时的模仿，做出一些——只有用单调乏味才可以形容的东西。他们甚至还倒退得更远，一方面借用前盛期时代画家那种质朴的优点，另一方面，则对其作品的完整性摆出一副瞧不起的神气，而这种完整性本是一切艺术理所当然的目标。

艺术也有其童年时期、成熟时期与衰

落时期。有些伟大的天才在这种状况下出现得太早，有些又太晚，但即使是在这两类人中，我们依然能够看到杰出的成就。文艺复兴前期出现的人才并不能比衰落时期所出现的人才更易于臻至完美的境地。人们可以举出和莫扎特、奇马罗萨同时的40位音乐家的名字来，他们看起来似乎是属于同一类的人物，他们的作品也各自在不同程度上包括了完整性的所有条件。但是自从那时之后，并非所有的天才，都能如罗西尼和贝多芬一样，使自己的作品避免流于装腔作势、矫揉造作。对于一些已经听腻了的观众来说，他们更想要新的刺激，“样式主义”的风格可以使艺术家在他们当中受到欢迎。不过，也正是因为这种过分讲究样式的矫揉造作，很快会让作品过时，因为即使艺术家在创作时或许是受到了灵感的启发，但由于他们表露在艺术中的是虚假的独创性，结果只会使自己受骗。在这样的情况下，公众常常又会掉转头去从那些虽然曾经被他们遗忘过的，但却蕴藏着无穷魅力的艺术大师身上去汲取新的乐趣了。

我真应当把我对哥特式风格的感想写下来，上面所写的都是一时间想到的，它们都自然而然地被记录下来了。

“独立的后果就是孤独”

● 1850年5月13日，尚罗塞，52岁

今天独自过了一天，我却也不觉得无聊。珍妮和女佣人早上去了巴黎，回来的时候已经下午六点了。

她们到家时我正在吃晚餐，整天都没有停过的倾盆大雨把她们俩都淋得湿透了。

我已经充分享受到了今天的这种清净和安宁。

● **1850年5月14日，尚罗塞，52岁**

我拜访了昆汀尼特夫人（Mme Quantinet），呆在那里闲聊了半天。她给我弹了一会儿钢琴，并为我演唱了《查拉斯托》（*Zarastro*）里面的歌曲。

"独立的后果就是孤独。"她从本杰明•贡斯当[1]的《阿道夫》（*Adolphe*）中引用了。天哪，两种情况之中必选其一，要么是终生被别人嘲笑和骚扰，就像一个人必须与他的家庭关系连在一起；要么就得被任何人和任何事物唾弃，因为他不能承受任何束缚。这种抉择，我重复一遍，是不可避免的。有一些人，他们的生命受制于悍妇的统治，或者沉迷于对风骚女郎的渴望，他们已经把自己的命运寄托在这种女人身上。最终，生活对他们来说，已经成为一种负担。直到他们生命的尽头，他们却甚至连这样一点自知之明式的安慰都得不到，像这样的女人会蒙蔽他们的双眼，或者为他们招来杀身之祸——这种女人，也许仅仅只能在他们生命的最后一刻，对他们有点安慰罢了。当女人正能帮你排遣孤独时，她们却总是在此时离开你或者突然离世。如果你还有孩子的话，他们就会在他们的童年时期、青年时期给你带来无穷无尽的烦恼，然后早早地就把你抛弃掉。所以这样一来，你就几乎不可避免地陷入一种可怕的孤独之境，在这种情况下，你的余下的残生和你所遭际的痛苦都即将结束了。

①本杰明•贡斯当（Benjamin Constant, 1767~1830），原籍瑞士的法国作家、政治家。

《圣殿骑士团的追击》
（*The Expulsion of Heliodorus from the Temple*）
1854~1861年，德拉克洛瓦，油彩，
751厘米×485厘米
法国巴黎圣苏尔毕斯圣天使礼拜堂

对葡萄是好的气候，对稻谷却是坏的

● **1854 年 7 月 19 日，56 岁**

安德里厄（Andrieu）告诉我，对葡萄来说是好的气候，而对稻谷来说，它的需求却是相反的；后者所需要的天气是寒冷而晴朗的，但是对葡萄来说，却需要潮湿而闷热——热风与冷风。可以把这一点加到我的对无法避免的魔鬼的感想中去。

牺牲一个来满足其他，我们并不是在自然界才见过像这样明显的矛盾。我们自己本身就是一大堆矛盾的集合体，犹豫不决以及因矛盾而互相误解，这样使得我们的情况在任何一个特定的时间和地点，不是变得痛苦悲惨，就是变得欢欣雀跃。客观条件其实并没有发生变化，改变的只是我们自己。我们渴望获得某种特定状态的欢乐，但每当我们得手之后，却又觉得不过如此。我们常常能发觉最后的状态——我们曾经极为渴望的状况一旦到来——反而觉得不如从前了。

人类真是相当奇怪，有时候他们竟然能从不幸的事情中得到安慰甚至幸福感（例如，有人受到了不公正的判决，当得知这个人应当得到更好的命运时，你就颇感欣慰），不过更常见的情况却是这样的，当一个人太富裕了却反而会觉得烦恼无聊，甚至感到自己是个极度痛苦的人。

人们很少能把他们自己的快乐建立在人生真正的幸福之上。他们几乎总是相信快乐来自于虚荣的满足，来自于成为公众瞩目之中心这些荒谬的快事，最终为自己招来羡慕和妒忌。不过即使作这种无益的追求，他们也很少能达成目的。因为他们一旦稳固自己成为舞台的中心地位后，就又企图更进一步向更高的地方攀爬了。他们越爬越高，野心也越来越大，于是也就越来越妒忌别人，正像他们自己也被另外的人越来越妒忌一样。对于真正的幸福来说，他们却离得越来越远了。内心平和而宁静的幸福、谦逊自立和知足常乐都与他们无缘，他们在大多数时间内听命于人，把自己的生命浪费在没有价值的琐事上。像这样的人只要还感觉他们的尊严在于锦衣华服，并且好风能送他青云直上的话，他们就会埋身于烦琐公务之中，为其他人的事业甘愿奉献自我。当首相或者总统，这都是风险很大的职位，它不仅破坏一个人心灵上的宁静，还会使他的名誉濒临险境，让他的性格遭遇严峻的考验。除非他能依赖他自己的良心，否则他将暴露在越来越多的危险之中，终将招致灾难。

每个时代的人都有自己的娱乐

● 1854 年 8 月 9 日，巴黎，56 岁

我在《评论》杂志上读到一篇圣-马克·吉拉丹（Saint-Marc Girardin）写的论及卢梭《关于戏剧演出的信》（*Lettre sur les Spectacles*）的文章。作者用了相当长的篇幅来争论剧院是否具有不良影响的问题。我觉得不良影响是有的，但不会比别的消遣娱乐多到哪里去。为了使我们从人生痛苦的思索中转移注意力，为了调剂照顾日常生活，我们为此所发明创造的一切都有这样一种倾向，它们或多或少都是被严格的道德标准所不允许的。只有通过表现情感以及由此所产生的反应，你才会产生兴趣，在这里，很少是通过说教和劝导的方式来取悦于人的。我们的艺术并非其他，其作用也在于刺激人们的情感。图画中的女人裸像，戏剧和小说中

《愤怒的米提亚》
（*Medea about to Kill her Children*）
1838 年，德拉克洛瓦，布面油画
260 厘米 ×165 厘米
法国里尔美术馆

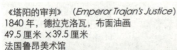

《塔阳的审判》 (*Emperor Trajan's Justice*)
1840年，德拉克洛瓦，布面油画
49.5厘米 ×39.5厘米
法国鲁昂美术馆

的多情女郎，被愚弄了的丈夫和保护人，这些都是在提倡贞洁，鼓励维护家庭生活。卢梭要是看到我们当代的戏剧和浪漫爱情小说一定会震惊百倍有余，因为在过去除了少数的例外，小说也好，戏剧也好，在情感的描写上无论成功还是失败都还或多或少维护了一定的道德尺度。通奸等事还很少被搬上戏剧舞台。爱情在那个时候还是一种很顽强的激情，不过按照我们的道德行为标准来看，那些人的宗旨是合情合理的；只是就我们当代戏剧所经常表现的那些罗曼蒂克怪癖来说，就满足那些无所事事的闲散头脑来说，那时的爱情与他们的需求还有相当的距离。……

安宁

• 1856年6月14日，巴黎，58岁

……看起来似乎是这样，最大的幸福莫过于安宁的生活了。既然如此，为什么不把安宁看得比一切都重要呢？如果人们早晚都会发现这一点——安宁的境界乃是最美的境界——的话，那么为什么不下定决心去享受能营造这种环境的生活呢？在这种生活里，虽然有时也说不定可能会发生一两件风流韵事，但这比起那些能使人神魂颠倒的爱情事件来说却不可同日而语。只是人们需要提高警惕，风流之事好景不长，应当防患于未然。

回忆

● **1856 年 10 月 12 日，奥热维勒，58 岁**

对于一件事情，如果想要更加完美地去欣赏它，必须加上回忆的辅助。可惜，对于同一件事，我们并不能一边欣赏一边回忆。如果能够这样做，就可以为现实的事物加上理想的成分，因为美好的时光可以在记忆中得到单独的保留，或者通过回忆的增删润色而带有幻觉的色彩。

我站在这棵树下，耳朵里听着一群鸟儿的歌声，于是回忆浮现。当我回味那些往年的美好岁月时，现在得到的乐趣欢欣，比当年更多一倍有余。

一个人最大的享受无过于对自己的满足，但有的时候也可能是这样，你喜欢从知道别人对你的看法中来得到满足感，即使这种感觉不是间接地产生的。有些人之所以有这种感觉，乃是出于自身修养，而有些不是这样，他们的目的是出于想引起别人对自己的仰慕，因而只是追求其表面的效果。

我倒是很羡慕那无数的小蜘蛛网，由于清晨的露水把它们压得很沉重，所以一下子都出现了。请思考一下，有多少苍蝇和虫子会自投罗网而成为结网者或鸟雀之食，何止千万啊！

CHAPTER 3

德拉克洛瓦论艺术

1. 德拉克洛瓦论艺术形式

审美

简练

● 1857年1月11日，巴黎，59岁

简练（Simplicity）

作品简练的范例，是艺术上的最高成就，古希腊、古罗马时期的艺术作品以简练而见长……

幻觉

● 1857年1月11日，巴黎，59岁

幻觉（Illusion）

是外表上的虚假相似。此种术语一般仅用于绘画，但对某些文学形式来讲，也同样适用。

凝聚力

● 1857年1月13日，巴黎，59岁

凝聚力（Cohesion）

是画面营造的气氛和对事物的反映所形成的效果，能把色彩极不协调的物体融合为一个整体。

你通过效果、色彩、线条、反射等等

方法将画面的各个部分联系起来成为整体的艺术。

意趣

1857 年 1 月 13 日，巴黎，59 岁

意趣（Interest）

在本质上关注趣味性的艺术。你不能把所有的东西都表现出来。这似乎对绘画来说有些难度，头脑只能通过那些被眼睛所感知的东西去加以想象。牺牲一些细节或悄悄地忽略它们对诗人来说并不觉得很难。画家的艺术在于把人们的注意力引向那些最重要、最精华的部分，而在同时……

统一感

1857 年 1 月 23 日，巴黎，59 岁

统一感（Unity）

奥伯曼（Obermann）说："没有统一感，就不会有美的作品。"我对他这句话再补充一点，只有人才会制作缺乏统一感的作品，大自然则与此相反……哪怕只是对于整体的一部分，大自然也都赋予它们统一感。

色彩

马背上的中间调子

1847 年 2 月 4 日，巴黎，49 岁

乘坐马车回家时，我仔细地观察了马

背上中间色调的效果，也就是说，枣红色马和黑色马那晶亮皮毛上的色调。处理这些东西的方法和处理其他部分是一样的，一般来说，就是把固有色画在亮色和暖色之间。在底稿上涂一层暖色，透明的光油就应该足以通过反光把暗影部分的变化显示出来。至于，射到中间色调上的高光，则可以用明亮的冷色调来表现。这种效果在枣红色马上更为显著。

歌剧《清教徒》的布景色彩

- **1847年3月3日，巴黎，49岁**

今天星期三，……

星期二晚上，曾跟德·福舍夫人一起去看了《清教徒》(*Puritans*)，我很欣赏它的音乐。快结束时的月光布景实在太美了，就像该剧的设计师在这剧院中所设计的其他东西一样美。我想他是用很单纯的色彩来获得他所需要的效果的，用了黑色、蓝色可能还有赭石色。把舞台看作是一个平面和色彩一层比一层浅的通道的话，采用这种方法完全是可以理解的。布景中城堡上的平台使用的是非常单纯的色调，上面白而发亮的笔触表现了石头之间的灰泥纹路。用“坦培拉”①来表现这种质朴的效果是很有用的，因为它们不会像在油画里面那样，彼此混淆不清。不仅如此，在那被画得极其清澈的天空前面还衬托出了几座城堡或尖塔，而它们之间仅仅用加深色调的方法就被区别开了；整体的反射光也体现得很好，而高光的部分，只用几乎是纯白色的几笔点上去就足够了。

① 坦培拉（tempera），是一个容易被混淆的绘画术语，按英语音译为“坦培拉”或“丹培拉”、“蛋培拉”，词源来自古意大利语，意为“调和”“搅拌”，后泛指一切由水溶性、胶性颜料及结合剂组成的绘画；按意译则五花八门，有译为“蛋彩画”、“蛋清画”，也有译为“蛋胶画”、“色胶画”的；由于现代坦培拉材料体系并非仅用蛋液，还使用酪蛋白和蜡等各种天然或人工的乳剂型材料，所以可能音译更为适合。传统的坦培拉是以蛋黄或全蛋作为颜料调和剂的乳剂型颜料，可以用水稀释调合作画，其干燥速度较快，干后又不会被水溶解。鸡蛋是含有油和水的理想天然乳剂，蛋彩画在油画材料成熟之前一直是西方架上绘画的主要形式，油画也是在其基础上发展而来的。意大利文艺复兴时期有大量艺术大师运用坦培拉创作了大量绘画杰作，如乔托(Giotto)、波提切利(Botticelli)、达·芬奇(Da Vinci) 等人。随着油画材料技术的不断发展成熟，在文艺复兴晚期和巴洛克时代坦培拉不再流行，但迄止当代一直都有画家或画派仍钟爱于这种材料。

建筑物与彩色

● **1850 年 4 月 22 日，52 岁**

参加梅内瓦先生（M. Meneval）的葬礼。坐在我身边的伊萨贝（Isabey）说，他不赞成在建筑物上施以色彩。“你们总是只看到色调，而色调则把一切应当突出特征的地方反而弄得很隐晦，应当隐晦的地方反而又弄得很突出。其实，建筑物的突出部分所形成的暗影就足以显出装饰的作用了。”这些话是他在葬礼进行当中说的，那时我们都注视着劳莱特圣母院（Notre-Dame de Lorette）的绘画与建筑，这些作品的每个部分都被弄得走了样——人们几乎可以把它们都看作是荒诞无稽的东西了。

以金色为背景的美术作品

● **1850 年 4 月 22 日，52 岁**

对于以金色为背景的美术作品，伊萨贝也同样抱有批判的态度，我认为他这样看是正确的。一旦以金色为背景，金色就会成为画面上最突出的特征，从而就会破坏人物形象的全部立体感，使得画面的一切效果都显得很不调和，使得整个背景丧失了将画面作为一个整体而应具有的那种衬托作用。

夕阳的奇妙色彩效果

● **1850 年 11 月 3 日，巴黎，52 岁**

就在这次散步中，维洛特①和我看到了一些非常奇妙的效果。夕阳西下，在光芒

① 弗雷德里克·维洛特（Frédéric Villot, 1809~1875），他是一位版画家，1830 年结识德拉克洛瓦，并曾教过德拉克洛瓦制作铜版画。维洛特在 1848~1861 年间担任卢浮宫绘画部主任，曾由于对某些作品加以修补而遭到尖锐的批评。但直到他逝世，仍然是卢浮宫的秘书长。德拉克洛瓦为维洛特画过肖像。

四射的那一面，铬黄与深红的色调非常鲜明；而在阴影的那一面则呈现出强烈的蓝色和冷色调。相应的，树木的影子也都呈现出黄色（土黄色、棕红色），在夕阳余晖的直接映照下，在渐次变蓝的灰色云彩的衬托下，形成美妙的对比。看起来越是浅淡一点的颜色，越是显得温暖。在这种明暗对比之下，灰色反而在夸张中显得自然了，就好像阿拉伯人身上的那种中间调的色彩和黄铜色的肌肤。自然景物的色彩效果之所以如此生动，就是因为这种内在对比规律在起作用。

昨天黄昏时分，在太阳落山时，我也看到过同样的现象。就因为这些对比较强烈，所以夕阳要比正午时分显得更为明亮、耀眼。灰色的云彩在黄昏时分会渐次显出蓝色，没有云彩的天空则呈现出鲜黄色或橘黄色。一般的规律都是这样，其对比越强烈，效果也就越鲜明。

《维洛特肖像》（*Portrait of Frederic Villot*）
1832 年，德拉克洛瓦，布面油画
捷克布拉格国家美术馆

维洛特肖像
德拉克洛瓦，素描

光线与色彩

• **1852年5月5日，巴黎，54岁**

应当这样来给作品画底色：设想你好像在一个阴天里看东西，没有阳光或清晰的阴影，这时基本上来说，亮部和暗部就都不存在了。每个物体都作为一个色彩的块面而出现，每一个面都有不同的反射光。在这种阴沉的光线条件下，假如有一道阳光突然照射到这些室外露天的物体上，此时你才能看到所谓的明暗，这纯粹是一种偶然的现象。出现这种情况的虽然也许会让你感觉很奇怪，但它却蕴含着一种深刻的真理，其中包含了绘画色彩的全部意义。然而奇怪的是，这样浅显易懂的道理，那些为数不多的著名画家们都是应该懂得的呀，他们之中有些人甚至还被大家看作是色彩方面的大师呢！①

鲁本斯是正确的

● **1852 年 10 月 11 日，巴黎，54 岁**

我在《大地》（*Earth*）这幅画中所画的人物，因为过于偏红了一些，所以就用那不勒斯黄②去表现高光，这样一来，人的皮肤就显得光亮多了。但用这种方法得到的效果，似乎不如用灰色或者紫罗兰色来得自然。实际情况证明了鲁本斯是正确的。至少有一点可以完全肯定：假如你用红色或略带紫色来表现肌肉，同时又用差不多的色彩去处理高光的话，那就再也无法形成对比，其结果只能产生单一的色调。除此之外，如果中间色调也是我平时喜用的那种紫罗兰色的话，几乎可以肯定那整个画面一定会泛红。在这种情况下，绝对必须要在中间色调里多加一点绿色。至于用金色来表现高光，我也不能解释这是为什么，但效果是令人满意的，鲁本斯就到处都这样做……例如在《主保瞻礼节》（*Kermesse*）里面，就充斥着这种表现手法。

论肌肉上的黄色高光

● **1861 年 1 月 1 日，巴黎，63 岁**

1852 年 10 月 11 日的日记本上③，我

①色彩的反射问题是画家中的重要问题之一，比如说这也是德拉克洛瓦与安格尔之间的一项主要分歧。1852 年 5 月这篇日记所表达的观点成为了后来印象主义画派色彩运用的先驱。

②那不勒斯黄（Naples yellow），又译拿蒲黄，是锑黄的别名，由铅和锑的氧化物一起烧制而成。是一种比较亮的明黄色，永固性强，半透明，在油中易于处理。

③即本页的“鲁本斯是正确的”条目。

觉得我做了下述实验：我给市政厅画的一些人物，原本用的是红色和紫色，我冒险采用那不勒斯黄来表现高光，按道理原本是应该用冷色调来画的，这虽然不合乎传统规定，但黄色在紫色调上产生的对比，却出现了令人满意的效果。

展览悬挂效果与用色

1852 年无日期，54 岁

记住，灰色乃是一切绘画的敌人。因为作品悬挂时总是斜对着光线，所以它总是不得不比实际颜色显得更灰暗。例如，陈列在卢浮宫中鲁本斯所画的妇女肖像，《奥地利的安娜》（*Anne of Austria*）《佩戴项链的海伦富尔曼》（*Helen Fourment with a chain*）都能让观众看见画幅的底板，凡艾克与其他一些大画家的作品都是如此。

以下这种方式，为避免花很长时间来加工作品提供了一点解决线索：在开始作画之前，必须先定好思路。如果要做到这一点，就必须尽量先设法创造条件；在画背景之前，首先必须满意已经画好的人物；这样在以后画背景时，才能比较顺利地让它们恰到好处。

在一幅画的中间色调（泛指全部色调）中应该有夸张之处，这是绝对重要的。你完全可以预想得到，画被挂起来之后，只有对着光时才能展示它的真实面貌；然而从其他的角度去观赏时，它就不可避免地会显得灰暗和不真实。鲁本斯是夸张的，提香也是，而委罗内塞的作品有时就显得灰一些，那是因为他太过于追求真实了。

鲁本斯在作画时先画人物的形象，然

后才画背景，用这种方式作画的结果，会使人物好像能够从画中站出来似的。他所使用的一定是白色的底子。事实上，人物的固有色本就应该是透明的，虽然画中它只是中间色调，但在绘画的一开始就是为了模仿皮下血色的那种透明效果而存在的。你还可以注意到，在他作品的草图中，画中道具的受光部分总是画在一层简单的底色上。

- **1857 年 1 月 11 日，巴黎，59 岁**

灰色与土黄色　灰色是一切绘画的敌人。绘画悬挂时由于往往斜对着光线，所以往往看起来比实际颜色显得更灰暗。所有的土黄色都应该予以清除。

色彩的作用

- **1853 年 1 月 2 日，巴黎，55 岁**

色彩，除非它在一幅画里非常适合那个主题，并能通过想象的力量加强画面的效果，否则它什么都不是。就让像布歇①和凡洛②这样的人去使用光和迷人的色调……吧。

① 弗朗索瓦·布歇（François Boucher, 1703~1770），18 世纪法国著名画家、版画家和设计师，洛可可风格的代表人物之一。他深受法王路易十五最有权势的情妇蓬巴杜夫人（Madame de Pompadour, 1721~1764）的喜爱，主要为宫廷服务，其画风细腻，擅长表现光与色，画中人物粉嫩白皙，充满含蓄优雅的情欲色彩。

② 让·巴斯蒂安·凡洛（Jean-Baptiste Van Loo, 1684~1745），18 世纪法国洛可可风格肖像及寓言故事画家。凡洛家族数代均是画家，他的祖父是 17 世纪弗兰德斯画家雅各·凡洛（Jacob van Loo, 1614~1670）。他从小自父亲处接受艺术教育，他的几个儿子也都是画家。

《蓬巴杜夫人画像》（*Madame de Pompadour François* ）
1758 年，布歇，布面油画，91 厘米 × 68 厘米
英国伦敦华莱士陈列馆

《伽拉忒亚》（*The Triumph of Galatea*）
1720 年，凡洛，布面油画，90 厘米 x116 厘米
俄罗斯圣彼得堡艾尔米塔什（冬宫）博物馆

早晨海面的颜色

● 1854 年 8 月 24 日，56 岁

今天早晨散步时，我花了很长的时间来研究海面的景色。因为太阳在我的身后，所以向我迎面荡漾的水波呈现出黄色，而面向地平线那一侧的水波则倒映着天空的色彩。云彩的影子掠过海面，产生极为悦目的效果。远处的海面上是蓝色和绿色的，云影则呈紫色；近处的海面全部为云影所笼罩，显出金色和紫色的调子。海面波光闪闪宛如玛瑙一般。在面向太阳时，云影笼罩之处也可以看到和前面说到的金黄色波浪那样的色彩效果关系，天空颜色的那蓝色和发亮的条纹般的色彩也同样被反映出来。

阳光下肌肤的色彩

● 1856 年 9 月 7 日，巴黎，58 岁

有一个人在我窗户对面的走廊上做着镶花地板，他工作的时候赤裸着上身。我注意到，他皮肤的中间色调在那无生命的外墙颜色衬托之下，显得格外光亮。前天我在圣叙尔比斯区（Saint-Sulpice）时，也看到过类似的情形。在强烈的阳光下，一只海胆爬上了一座带有雕像的喷泉，于是出现了这样的明暗对比：雕像的亮面上是深沉的桔黄色，明暗交替的地方是蓝紫色的，而在暗处则散射出由地面反射来的金光。橘黄和蓝紫两种颜色彼此糅合，相互辉映。而在那淡淡的金色之中，也略微显现出一些绿色。看来，只有在露天之下，特别是在阳光之下，肌肉才会呈现出其真正的色彩。当一个人把头伸出窗户时，颜色看起来与他把头缩进室内时相当不同。

由此可见，一味躲在画室里搞习作，是没有多大好处的，因为你所观察到并加以描绘的并非物体真正的色彩。

今天（9月11日），我注意观察了对面窗子里出现的那位歌唱家，因此启发了我，使我写下了上面这一段话。

1857年1月23日，巴黎，59岁

肌肤的色彩

只有在室外环境下，肌肤才会呈现出其原有的真实颜色：我在圣叙尔比斯区留意到海胆往喷泉雕像上爬时的色彩效果，以及在我窗户对面的走廊上干活的木匠的肌肤色彩。与没有生命的东西相比，后者肌肤的固有色彩是多么生动啊。①

① 参阅275页，1856年9月7日的日记。

反射光

1857年1月11日，巴黎，59岁

反射光（Reflections）

每一种反射光中都含有绿色，每一道阴影的边缘都含有紫罗兰色。

灰外套上的色彩

1857年11月4日，巴黎，59岁

前天早上，我在阳台上的时候，忽然从我身上的灰外套上的千万根织线中看到了三棱色彩效应。它们闪耀着红、橙、黄、绿、青、蓝、紫这几种色彩，看上去就像是一颗颗的水晶和宝石。每一根织线都散发着光亮，反射出那最鲜明的色彩，并随着我的身体转动而变幻。这种效果，我们只有在阳光下才能看到……

技法技巧

技法

- **1847 年 9 月 18 日，巴黎，49 岁**

画家的技艺（craft）是所有东西中最难的，它需要进行极长时间的学习。就像作曲一样，绘画需要博学多才，但也需要技法，好比拉小提琴需要掌握指法一样。

- **1857 年 1 月 23 日，巴黎，59 岁**

技法（Execution）

我在伏尔泰的《百科问答》（*Questions Encyclopédique*）中看到一段论“历史”的文字，也许可以借用到美术辞典中作为题词：“当艺术史补充了对各种技巧方法的详细描述，并记载了一种创造性知识的实践情况以及各种艺术学科的进展时，那么它对于所有的历史记录来说才是最有用的。”

- **1857 年 1 月 25 日，巴黎，59 岁**

好的技法，或者说真正的技法是这样的：它能通过一些似乎是物质上、技术上的技艺等手段来实现你的创作意图，没有它你就无法完美地展现自己的创作构想。伟大的诗歌之所以能够诞生即是如此。很好的构思也能被表现得非常平淡。达维特的技法是冷漠的，无论他拥有其他什么能耐，这都足以使本来更崇高、更充满生机的构想变得平淡无奇。从另一个方面来说，真正的技法可以弥补创

《基督在十字架上》（*Christ on the Cross*）
1860 年，德拉克洛瓦，布面油画
182 厘米 ×135 厘米
法国瓦讷美术馆

作思想上软弱或平庸的随意成分。

技巧

● **1857 年 1 月 11 日，巴黎，59 岁**

技巧（Technique）（通过手中的调色盘作示范）

这个问题在教科书中被过于轻视了。一些很差的画派对冒牌的技巧过分崇拜。真正的技巧对于作品臻至高度完美境界有着强烈重要性。从一些伟大大师画中可以观摩到最完美的技巧，如鲁本斯、提香、委罗内塞、荷兰画家等等；在研制颜料、绘画前的准备工作、每一次给画布打底后的干燥（见画板）等方面，他们都给予特别的注意。这种传统在当代绘画中已经完全丧失了，于是也产生了不良的后果——忽视准备工作，画布、画笔、糟糕的调和油，画家本人对这些东西表现得漫不经心。

方法

● **1857 年 1 月 11 日，巴黎，59 岁**

方法（Method）

这种东西在素描或绘画等等中果然存在吗？

透视缩短法

● **1857 年 1 月 13 日，巴黎，59 岁**

透视缩短法（Foreshortening）

在观察模特时，任何情况下都会出现某

种程度上的透视缩短感，即使身体笔直站立，两臂垂直时也是如此。用各种透视方法创作的艺术作品和素描是一体同形的东西。有些画派有意回避这些问题，由于他们无须表现强烈的透视缩短感，因而他们认为实际上似乎不会产生这类的问题。从侧面去看头部——眼睛、前额等等，所有的地方都有透视缩短法的存在，头部的其他部分当然也是一样。

轮廓

- **1857 年 1 月 11 日，巴黎，59 岁**

轮廓（Contour）

与通常的做法相反，应当在最后出现。只有最富有阅历的眼睛才能对它作出正确的安排。

阴影

- **1857 年 1 月 11 日，巴黎，59 岁**

阴影（Shadows）

准确地说，像阴影这类东西是不存在的，它们只不过是反射的结果。界定阴影边缘的重要性，通常都会表现得过于强烈。参阅 1847 年 6 月 10 日的日记①。模特的岁数越年轻，所形成的阴影就越淡。

光线和高光

- **1857 年 1 月 13 日，巴黎，59 岁**

光线和高光（Light, high light）

① 德拉克洛瓦的日记初次问世是在1893 年，是从他的日记底稿和各式各样的笔记本以及零散的纸片中辑集而成。1932 年他的日记又出现了一个新的版本，该版本根据日记原本（现藏于巴黎大学）又重新做了缜密的校订，该校订版整理出“日记”三卷本，包括所增添的大量注释材料，现行出版的法文版“三卷本”日记中并无1847 年6 月10 日的日记内容。

为什么总是能在高光的边缘看出物体的真实色调呢？因为只有在光线直接照射到的地方，也就是说那些不回避光线照射的地方，才会显现受光点。对于圆形的物体来说，这种情况就不会出现，因为它的弧度逃离了光线的直射。

物体的表面比较粗糙才能看出其真正的色彩，越光滑的物体就越不容易看出色彩的本原。在绝对的情况下，它干脆可以变成一面镜子，反映的都是其周围物体的颜色。

距离

- **1857 年 1 月 13 日，巴黎，59 岁**

距离（Distance）

要使物体产生距离感，你通常会用把物体表现得更灰暗一些的方法来实现：这是一个笔触问题，等等。此外，你还可以用平涂的办法。

笔法、笔触

- **1857 年 1 月 11 日，巴黎，59 岁**

笔法（Brushwork）

好的笔法。雷诺兹①过去常说，一个画家应该用他的画笔来作画。

- **1857 年 1 月 13 日，巴黎，59 岁**

笔触（Touch）

也就是画笔的笔触（brush-stroke）。

有不少绘画大师避免把笔触显示出来，毫无疑问，他们认为这样做可以使作品更接近

①雷诺兹（Reynolds, 1723~1792），是18世纪英国最重要的学院派肖像画家，曾担任1768年成立的英国皇家艺术学院第一任院长。他曾游历意大利罗马、佛罗伦萨、威尼斯等地，推崇古希腊、古罗马和意大利文艺复兴盛期艺术，大力倡导“宏伟风格”（the Grand Style）。

于自然，在自然形态中当然是不存在笔触这种东西的。艺术家通过绘画表现其思想，而笔触只不过是为了达到这种目的所采用的多种手段之一。无疑，创作一幅完美的作品而不显示笔触是完全可能的，但如果认为，一旦这样做就可以让作品更接近自然，就未免太过幼稚了。若这一点成立的话，你似乎也可以利用色彩在画布平面上塑造真实的立体感了，因为一切凸起的物体都会产生投影！每一种艺术都有它惯常沿用的方法，如果一个批评家不能看出这些体现画家想法的迹象，那他就只是一知半解。证据是大众的欣赏品位总偏好于平滑的画面，越看不出笔触来越好，越是这样的作品他们越喜欢。此外，真正大师的艺术作品能不能被欣赏，全在于欣赏者是否站在合适的距离去领略。在特定的距离处，就能够感受到笔触与整体画面效果融为一体，并且在某种意味上加强了画面的效果，这种作用是仅靠色彩的配合无法达到的。从另一个方面来说，如果你去仔细审视一幅经过精心加工的作品，也一定同样会看出笔触、落笔的轻重等痕迹……当然，一幅未完成的草图，就算笔触再好，它给人们带来的美的享受也不可能像精心加工过的作品那样充分。我所说的精心加工的作品意思是指一般都看不出笔触的作品，有很多作品几乎就不存在笔触，尽管它们离“完成”还有相当的距离。

笔触只要运用得当，就可以作为一种比较合适的方法去表现一个物体的不同块面。只有在笔触强烈分明的时候，物体的块面才能得到最鲜明的表现，反过来也是一样的。

即使在小幅的作品中，笔触也不是完全无谓的东西，你也许会很喜欢但耶斯②、梅里斯③或凡·德·韦夫④。

有些大师单纯强调轮廓，同时对笔触避而不用，这样又如何呢？轮廓和笔触都是自然界并不存在的东西。在每一种艺术中，我

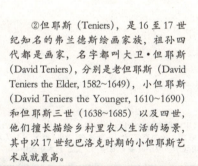

②但耶斯（Teniers），是16至17世纪知名的弗兰德斯绘画家族，祖孙四代都是画家，名字都叫大卫·但耶斯(David Teniers)，分别是老但耶斯（David Teniers the Elder, 1582~1649），小但耶斯(David Teniers the Younger, 1610~1690)和但耶斯三世（1638~1685）以及四世，他们擅长描绘乡村里农人生活的场景，其中以17世纪巴洛克时期的小但耶斯艺术成就最高。

③弗兰斯·凡·梅里斯（Frans van Mieris, 1635~1681），17世纪荷兰黄金时代艺术流派的肖像画家。梅里斯同样是荷兰的绘画世家，他的两个儿子和孙子都是该派画家。

④阿德里安·凡·德·韦夫（Adriaen Van der Werff, 1659~1722），17至18世纪成熟的荷兰肖像画家，他的弟弟彼得(Pieter van der Werff , 1661~1722）是他的学生和助手。他在世时是最受称赞的荷兰画家之一，获得了巨大的声誉和财富。

们总是不可避免地回到惯常通用的表现手法上来，也就是运用被公认的艺术语言。黑白分明的素描是什么？那不就是一种观众所习惯接受的表现形式吗？通过他们心灵的眼睛去感受，从而认为那就是自然的变换转译。

版画的情况也同样如此。版画家通过纵横交错的线条来获得其所预期的效果，这对用眼力观察来说，并不需要增加什么特殊的东西。这里的笔触，多多少少在安排是很巧妙的，有时候线条排得比较稀疏，好在纸上有回旋的余地；有的时候又排得比较紧凑，用来减弱浓淡而产生连贯的感觉。虽然它不用利用色彩磨砺，然而像这样的笔触不仅对生理上，而且对心理上的色彩感受都是同样富有表现力的。它能把大自然的全部丰富内容都通过常用的惯例手法表达出来，出于对艺术的爱，这种惯例总是能被人们发现并被视为神圣的经典。它们既能表现出少女两颊上青春的光辉，也能表现出老者面部的皱纹、布的柔软、水的清澈，以及那遥远的天空和山峦。我们可能主张，在某些绘画大师的作品中也一样看不到笔触，笔触似乎是可有可无的。但我们不要忘记了，那里的光滑平坦很多是由于岁月磨损而造成的效果。

《克丽欧佩托拉与农民》（*Cleopatra and the Peasant*）
1838 年，德拉克洛瓦，布面油画，98.4 厘米 ×127.7 厘米
美国北卡罗莱纳威廉·海斯·艾克兰艺术纪念中心

材料

选择材料

● 1824 年 7 月 20 日，巴黎，26 岁

今天我考虑了很久关于乌德托（M.Houdetot）的画风和他的素描。我应当为自己多准备点时间来画速写，这是我急需改进的地方。在方便的时候，我应当

找一些普桑的版画来研究一下。最重要的是要避免滥用画笔所提供的方便，宁可选一种难做的东西来做，就像大理石——那会是一种相当新颖的材料。要选择一种难对付的材料，然后用耐心把它征服。

蜡的作用

- **1847年10月5日，巴黎，49岁**

我在画这个人像（指议会大厅图书馆中象征“意大利”的那个人像）时，发现蜡很有用处；它一方面能够促使画面干得快，另一方面，有了它，随时都可以修改作品。柯巴树脂上光油①等，也可以实现同样的目标，而且蜡还可以和其他材料混合起来使用。

光油（Varnishes）

- **1849年2月7日，巴黎，51岁**

我在画《阿尔及利亚女人》（*The Women of Algiers*）的过程中，发现在画的表面涂上一层光油，是多么的漂亮——甚至是多么的必要啊！唯一需要注意的是，当光油脱落之后，要么得想出一些办法来保护下面的油彩，避免受到损伤；要么就得找到一种不会挥发的光油，比如德鲁西（Desrosiers）或苏歇里（Sochnée）提供的那种油；再不行就是一开始就涂上光油，或者在画完的时候同样再涂一次。

①柯巴树脂上光油（Copal varnish），一种绘画油性媒介材料。油画通过使用各种油性调色媒介剂、各种树脂上光油等等油性媒介材料使其粘合牢固，光泽效果独特，以及干燥速度可控等等，具有强烈的表现力和丰富的技法效果。

《阿尔及利亚女人》（*The Women of Algiers*）
1834 年，德拉克洛瓦，布面油画，180 厘米 ×229 厘米
法国巴黎卢浮宫

● **1857 年 1 月 11 日，巴黎，59 岁**

光油（它们的强大效果）

少量的使用对旧画的效果。……

光油应当是一件保护绘画的盔甲，同时也是使画面显出光泽的手段。

尖头笔与平头笔

● **1853 年 3 月 18 日，巴黎，55 岁**

会①开完之后，我看到了鲁本斯的那幅名画——《圣鞠斯特》②。第二天，在我打算参考版画凭记忆来临摹这幅名画时，我才发现就像这幅画表现的那样，鲁本斯那种光滑而细致的画法（这是一种没有“面”的强烈对比的画法），是用尖头笔，而不是用平头笔画出来的。这种方法比较擅长产生一种圆润的效果，而且还能迅速地给人一种作品已经完成的感觉。不仅如此，在木板上画油画，尖头笔几乎是不可或缺的工具，因为平滑而又柔和的笔触可以减少木质画板表面的粗糙感。如果使用黑貂毛制成的普通画笔或平头笔来画，不可避免地会在调色时遇到困难，而且这种因为笔锋不齐而造成细小纹路的情况是掩盖不了的。

外框和底板

● **1857 年 1 月 13 日，巴黎，59 岁**

外框和底板（Frames, Mounts）

它们能对画面产生好的效果，也能产生坏的影响。应当重视画框与底板的形式与绘画属性之间的关系。当前时期对金色画框已经滥用了。

管装水彩颜料

● **1860 年 3 月 1 日，巴黎，62 岁**

买了管装水彩画颜料；为了事先进行研究，打算先用它们来预览效果。

① 德拉克洛瓦通过他与波拿巴党人的关系，在 1851 年 12 月政变后被指派为地方议院的成员之一。他以十分谨慎的态度来承当这个职务，他在这种地方议院的会议上浪费了不少时间。

② 参见 334 页的“鲁本斯”之“观摩《圣鞠斯特》”条目。

2. 德拉克洛瓦论艺术创作

临摹大师

● **1822年10月5日，巴黎，26岁**

照着凡•奥斯塔德[①]的《冬景》（*Winter Landscape*）画了一幅水彩画；还照着《画室中的画家》（*The Painter in his Studio*）画了一幅，这幅画的作者是谁我忘记了；另外还画了一两幅佛兰德斯式（Flemish）的小画。

● **1824年4月11日，巴黎，26岁**

看到了委拉斯凯兹的画，并获得临摹的许可。他的画令我钦佩得五体投地。这种坚实感还有那动人的厚涂法，是我长久以来一直寻觅并渴望的。我应当特别记住那些手的画法。我想，如果我能把这种厚涂着色的风格和清晰有力的轮廓结合起来的话，就可以比较容易地画出一两件小作品。

很早就回家了，今天很高兴临摹了委拉斯凯兹的作品，热情高涨！

……

今天早上在德罗林（Drolling）那里看到了一些他所临摹的米开朗基罗的人体局部图。天哪！多么了不起的人！真漂亮！如果把米开朗基罗和委拉斯凯兹的风格结合到一起，那将是多么神奇，多么完美啊！这种想法在我一看到这件素描摹本的时候就冒出来

① 凡•奥斯塔德（Van Ostade），17世纪荷兰风俗画家兄弟，哥哥阿德里安（Adriaen, 1610~1685）、弟弟伊萨克（Isaac, 1621~1649）兄弟两人都出生于荷兰西部的哈勒姆（Haarlem），并在当地度过了一生。阿德里安以描绘农夫和村民的日常生活和风俗绘画而闻名；伊萨克师从其兄，早期的室内风俗画显示了其兄长的影响，后期形成了自己的风景画风格，并以冬季风景画成名。所以德拉克洛瓦这里临摹的冬季风景画可能是伊萨克的作品。

了。这件作品给人以柔美与纯熟的感觉，外形有一种柔和感，似乎只有厚涂的颜料才能带来这种效果，但轮廓仍然强健有力。在米开朗基罗之后的雕塑作品是不具备这样的一些特征的。这是技巧的巅峰！安格尔的作品也具有类似的特点，轮廓之间的块面比较柔和，只是在细节上稍微加以控制。这种方法对人们的创作是多么有益啊！特别是画小型作品。我很高兴我记住了这次的感觉。一定要记得米开朗基罗的这些头像。应当请求德罗林的同意，把它们都临摹下来。这些手画得很值得关注，身体结构处理得非常好，面颊处理得很单纯，鼻子上也没有琐碎的描绘。事实上，这正是平时我所努力追求的东西！以前存在贝尔坦那里的一张籍里柯的小型肖像画中就多少有一些这样的特点，我给伊丽莎白·绍尔特所画的肖像，还有给我外甥作的画像中都有一点这样的感觉。如果我早知道只有轮廓十分显著而有力的作品才能具备这样的效果的话，我早就能达到这种水平了。我所临摹的乔尔乔内②的那个站着的女人就非常明显——就是那张《风景与裸女》（德拉克洛瓦这里指《田园合奏》那张画）。莱昂纳多·达·芬奇也有一些这样的特点，而委拉斯凯兹这样的特点非常多。凡·代克（Van Dyke）③就很不相同，在他的画上你可以注意到油用得过多，而轮廓模糊软弱，不够确定。乔尔乔内也有大量这样感觉的东西。在籍里柯画中那出色的背部描绘上，也有不少与此相似并引人入胜的地方，比如那个没有胡须的年轻人的头和手，那坐在木筏最尾端上的少年的大拇指等都是如此。记得这个人物的一只手臂还是照着我画的呢。如果能在他这里买一两件他所画的前辈大师作品的摹本，那就太幸福了。比如说，他临摹的那张委拉斯凯兹的家庭群像。

② 乔尔乔内（Giorgione, 1477~1510），文艺复兴盛期意大利威尼斯画派画家。乔尔乔内是第一个真正意义上的意大利威尼斯画派画家和代表人物。他与提香都是贝利尼的学生，他的传世作品很少，但几乎每一件都堪称为艺术史上的精品。乔尔乔内的生平几不可考，作品也含有一种难以琢磨的神秘特色。他虽在32岁时英年早逝，但却对16世纪的威尼斯画派产生了深远影响。

③ 凡•代克（Anthony Van Dyke, 1599~1641），17世纪佛兰德斯的著名画家，鲁本斯的得力助手，巴洛克时期杰出的肖像画家。

《田园合奏》（*Concert Champêtre*）
1510~1511 年，乔尔乔内和提香，布面油彩，110 厘米 ×138 厘米
法国巴黎卢浮宫

《田园合奏》（*Concert Champètre*）的作者是乔尔乔内还是提香一直以来存在着争议，现在的普遍看法是：乔尔乔内的早逝导致来不及把该作品画完，而由提香最后完成。此画描绘了把女性裸像置于自然风景和乡村生活之间，它既不像在描绘神话，也不是在谱写人生的享乐的乐章，画的主题非常含蓄。这张画对后世影响很大，19世纪中叶，巴黎画家马奈对此画有所领悟，他也画了一幅《草地上的午餐》，后来竟引起全巴黎的轩然大波，在1863年展出时遭到社会舆论的强烈谴责，认为他虚构了现实生活中不可能有的泛性社交活动。

1824 年 4 月 14 日，巴黎，26 岁

这个早上在临摹委拉斯凯兹的作品。重新修改了头部，对于身体来说它太大了。画到中途出去参加了午宴。这倒挺不错，回来后一口气画到了四点半。勒布隆来访。

1824 年 4 月 21 日，巴黎，26 岁

很早就开始临摹委拉斯凯兹，但却做不了什么。午餐后走访了柯涅，给他画了一张速写写生，但不太好。我必须研究轮廓，就像费德尔在画室中所做的那样，我甚至应该到美术学院去，到那里搞一些习作。

论模仿

1850 年 1 月 25 日，巴黎，52 岁

我想起来，只有那种精气活力特别充沛的风格，才最能免除进行精细的临摹。米开朗基罗就是一个例子。当他们达到某种程度时，就能把原本他们在自然表象的真实中所失去的东西，独立而大胆地表现得超出原有水平。

1853 年 10 月 12 日，尚罗塞，55 岁

论模仿自然。这是每个美术学校一开始就要碰到的重要问题，也是他们一开口解释，相互之间就会意见分歧的一个问题。整个问题的焦点似乎在于：模仿的目的是为了更好地发挥想象的作用呢，还是仅仅为了服从于一种奇特的愿望——只要画家能把眼前的模特如实地描摹下来就可以了？

● **1859年3月1日，巴黎，61岁**

模仿（Imitation）

人总是从模仿开始的。

众所周知，所谓大画家的创造，只不过是他们每个人在看待自然、表现自然以及处理自然上所采取的一种特殊形式而已。单就“创造”这个词的适当涵义来讲，这种看法并不等于是说，他们什么也没有创造，也不是说他们只是为了培养才能，或者是为了防止这种才能的退化，才不得不去模仿前人的作品，而且还在有意无意之间经常不断地进行模仿。

拉斐尔，这位画家中出类拔萃的人物，也是最勤勉的一位模仿者。他模仿他的老师，这位老师在拉斐尔的风格中留下了永恒的印记，他还模仿古希腊、古罗马和其他前辈大师们的作品，久而久之他兼收并蓄、推陈出新，形成了自己的风格。最后，拉斐尔对自己同时代的人，如丢勒①、提香和米开朗基罗等人的作品，也都加以模仿。

① 阿尔布雷特·丢勒（Albrecht Dürer, 1471~1528），15至16世纪即中世纪末期及文艺复兴时期德国著名画家、版画家及艺术理论家。丢勒的画作包括木刻版画及其他版画、油画、素描等，其中以版画影响最为卓著，他还留有大量的自画像。

选择并处理创作题材

● **1822年9月5日，卢洛，24岁**

和哥哥查理聊天聊到很晚。他讲了一个关于罗克贝尔（Roquebert）船长的故事。这位船长在战斗中手脚都被人打断了，之后他叫人把他自己绑在木板上，扔进大海里——这真是绘画创作的好题材，而那位船长的英勇事迹也应当被人从遗忘中挖掘出来。

● **1824年4月11日，巴黎，26岁**

老是把设想中的最佳题材留到将来才

动笔，这种习惯真是愚蠢啊！

至于我的作品，那些已经画好的部分必须留下来，虽然之前样式的画法我现在已经放弃了。下一件作品就算看不出什么进步，至少也应当跟以前的作品有所不同才好。

现在还是回过头来谈谈，我在做那些极其不感兴趣的事情时所产生的那种荒谬的狂躁吧，所以我把那些事情做得很糟。但你越是讨厌做这些事，这些事就越多。我经常有一些非常好的想法，但我却没有趁它们在我印象中还十分新鲜的时候去做，我不断地对自己说，将来会做的——可是将来是什么时候？后来这些想法逐渐被我淡忘了，更糟糕的是，在这些似乎确实曾经赋予我灵感的想法中，我再也找不到任何感兴趣的东西了。麻烦就在于，像我这种多变善感的头脑中，只要一想起新的东西，原有的东西就会被赶跑了，跑得甚至比大风推转风车还要快。而当我的脑海中同时想起不同的题材时，我又该怎么办呢？我能不能把它们先储存起来，或者让这些不同类型的题材默默地排队，候补待用？如果真能这样做，就算我有普罗米修斯的呼吸那样快的笔法，也没有突然产生的灵感能加快创作速度。我是不是应当在想要画画的时候才把它们从抽屉里拿出来呢？那将意味着天才的毁灭。看看今天晚上发生的事吧！就在这过去的一个小时之内，我还在马捷帕①、唐璜②、塔索③以及成百上千个题材之间犹豫不决！

令德拉克洛瓦犹豫不决的这些“近代”的创作题材，在19世纪吸引了欧洲各个领域的艺术家进行创作，启发了大批浪漫主义诗人、作家、音乐家的灵感，详见本页旁释。

① 马捷帕（Mazeppa），是一位颇具传奇色彩的乌克兰悲剧英雄，他的故事传说体现了他张扬的个性和多重的矛盾性格，其大起大落的人生充满了强烈的戏剧性，吸引了19世纪欧洲各领域的浪漫主义艺术家们。英国诗人拜伦、法国文豪雨果和俄罗斯诗人普希金等文学家纷纷以此为题材创作了诗歌和小说，匈牙利音乐家李斯特以雨果的长诗为基础创作了交响诗，俄罗斯音乐家柴可夫斯基则以普希金的作品为基础创作了歌剧。

②唐璜（Don Juan），历史上的唐璜是一个生活在15世纪的西班牙贵族，其真实的生活细节并不可考，他的故事早已成为欧洲各地所流行的民间传说。在传说中他作为一个追求性爱欲望的好色之徒形象，启发了后代许多诗人、作家、音乐家的艺术创作灵感。例如，奥地利音乐家莫扎特曾于1787年以唐璜为题材创作了一部喜剧歌剧；而英国诗人拜伦则在1818至1823年间写了其代表作之一的长篇诗体小说《唐璜》（未完成）。

③托尔夸托•塔索（Torquato Tasso, 1544~1595），16世纪意大利诗人，文艺复兴运动晚期的代表，其代表作是以11世纪第一次十字军东征为背景所写的浪漫叙事长诗《被解放的耶路撒冷》。歌德在1789年以塔索的身世为题材创作了戏剧《托尔夸托•塔索》，描写他从一个充满激情和幻想的年轻人和抗争者变为一个克制自我、安于现状的普通人的过程。这一题材同样吸引了许多艺术家的创作灵感，1849年，在歌德诞生100周年时，匈牙利音乐家李斯特为这部戏剧谱写了序曲，后来屡次修改，1854年定稿为交响诗《塔索》。

我认为，当你需要选择创作题材时，最好不要重新回到古希腊、古罗马的文学圈子里去，不要去那里挑选什么东西。实话说，还有什么比这样做更愚蠢的呢？我应该怎样选择创作题材呢？我记得很多题材，因为它们似乎一度让我觉得很出色，但现在又觉得它们好像差不多都一样，不相上下。我之所以会在两个题材之间犹豫不决，就完全说明其实我缺乏灵感的这一事实。可以确定的是，此刻我如果拿起调色板来进行创作的话——我也渴望如此，但我一定会被可爱的委拉斯凯兹弄得不知所措 。我想做的是，把颜色涂抹好，在那一层已经涂了棕色或红色的画布上再厚厚地涂上一层颜料。所以为了寻找题材，我要打开书本从中去获得灵感，然后再任凭我的情绪去引导自己……有些书从来不会失灵，有些雕塑也是，好比但丁、拉马丁、拜伦、米开朗基罗这些人的作品。

● **1824 年 4 月 19 日，巴黎，26 岁**

我想采用一些革命题材来进行创作。例如《拿破仑 • 波拿巴率领军队到达埃及》（*Bonaparte' s Arrival with the Army in Egypt*）或者《枫丹白露之别》（*Farewell at Fontainebleau*）。

● **1824 年 5 月 9 日，巴黎，26 岁**

我打算以本世纪的事情为主题进行创作。比如拿破仑的人生就充满了合适的题材。我最近还读了一些贝尔蒙特先生（M.Belmontet）的诗，那是一些非常浪漫、极富情感的作品。也许正是因为读了诗的缘故，我的想象力才显得比从前更为活跃。

《乔治 · 桑位于诺昂的庭园》
1842 年，德拉克洛瓦，布面油画
45.4 厘米 ×55.2 厘米
美国纽约大都会美术馆

● 1824年5月11日，巴黎，26岁

……拿破仑的一生，就是我们这个世纪所有艺术家都可以取用的史诗般宏大的主题。不过要动手我就得赶快。

● 1824年6月17日，巴黎，26岁

我一旦想到有意思的创作题材就立刻考虑构图，这样做绝对有必要。根据经验，我知道，一旦我稍事拖延的话，就不能做出最好的效果了。

● 1847年10月6日，巴黎，49岁

我的某些能力确实应当提升，应该就一些当代的或戏剧类的题材来创作一些小画，等等。如果我按照在议会大厅画草图的方法[①]，用墨水来描绘的话，应该会快很多。以后就可以把它们当做草图来对待。由于小画在比例上显得更大一些，所以在画布上的安排也就显得更为困难。如果这画面原本就还打算要改进的话，这本来也许只是个小问题，但事实并非如此。你必须在给作品打底时就小心翼翼，因为这会影响到最后画作完成时的优劣。不过我在处理像这类较小的题材时，从未发生过这种状况。

① 这里指德拉克洛瓦为议会大厅（Chambre des Députés）所画的半圆形屋顶，参见本节中311页的“创作议会大厅中的半圆屋顶”条目。

● 1847年10月7日，巴黎，49岁

在这些小画作中，我越是严格地按照原始草图进行创作，它们就越显得强劲有力。这样做既节省时间，又避免了从事一些令人疲劳厌倦的探讨。

● 1849年10月13日，瓦尔蒙特，51岁

直到晚饭时间，我都懒散无聊得很。

曾在房内小睡片刻，黄昏时分又去花园走了走。在黄昏的光线下，花园里林立的高大树木看起来气氛相当阴郁。我觉得要是能把这种效果表现在画面上的话，那一定是我所看到过的最好的风景画了。我简直想不出还有什么能和这种情况媲美。高大的松树排成纵队式的森林，走上山坡时就能看得见老胡桃树，等等。

《希奥岛的屠杀》②创作心路

②《希奥岛的屠杀》这幅画在1824年于沙龙展出，取材于希腊独立战争中的现实事件，描绘1822年土耳其军队在希奥岛大肆屠杀手无寸铁的希腊平民的情景。虽然当时的社会对这幅画毁誉不一，但还是由政府出资6,000法郎购去。此画现藏于法国卢浮宫，是德拉克洛瓦早期的杰作之一。

《希奥岛的屠杀的水彩小稿》（*Sketch for Le Massacre de Scio*）
德拉克洛瓦，纸上铅笔淡彩，38厘米×30厘米
法国巴黎卢浮宫

《干草车》（*The Hay wain*）
1821 年，康斯太勃尔，布面油画，130 厘米 ×185 厘米
英国伦敦国家美术馆

德拉克洛瓦在1824年4月11的日记中写道：“我认为当你需要选择题材时，最好不要回到古希腊、古罗马的圈子里……”相对于这些神话或诗歌题材，他选择了希腊独立战争中的现实事件作为他在1824年沙龙展出作品的题材。米开朗基罗雄浑壮丽的风格仍然占据着他的脑海，但新的题材要求在风格和细节的描绘上采用新的现实主义手法。

德拉克洛瓦从现场目击者那里收集材料，画了许多练习和草稿。然后在1824年1月12日正式开始创作。创作的时候他常常直接以他的朋友或模特来作为绘画对象（参见“德拉克洛瓦的爱情”中“女模特西多妮娅”和“艾米莉•罗伯特”的条目）。当时他正在临摹一件据说是委拉斯凯兹的作品，并专注于用戏剧性的手法表现人物头部。此后他还受到了英国画家康斯太勃尔和波宁顿的影响，德拉克洛瓦在1823年11月9日和1824年6月19日的日记中都提到了观看康斯太勃尔画作的感受，并在给希尔维斯特的信中写道：“在我画《希奥岛的屠杀》时，康斯太勃尔给了我非常深刻的印象。”有一种说法是：1824年，巴黎举办了一次万国博览会，康斯太勃尔的《干草车》等展出作品引起了震动，德拉克洛瓦看到康斯太勃尔的作品后惊呆了，激动之余，马上跑回去把他的《希奥岛的屠杀》画中的背景又重画了一遍。

这幅画与作者的另一幅风景画于1823年同在巴黎展出，并且在1824年的沙龙上获得金质奖章。德拉克洛瓦对此画中以层次不同的连绵绿色去表现广袤的牧场这一效果，感触十分深刻。他从康斯太勃尔这里学会了运用光线、营造氛围和描画断断续续的树枝。

• 1823年5月X日，巴黎，25岁

我决定画一幅关于希奥岛屠杀①情景的作品送去沙龙。

• 1824年1月12日，巴黎，26岁

今天早晨跟雷蒙·德·维尼纳克②约好，一起去拜访沃蒂埃先生（M.Voutier）。他刚从希腊回来，以后还要再去，他在那里担任一个重要的职务。沃蒂埃是一个外貌英俊的希腊型美男子。他有一双明亮的小眼睛，看起来炯炯有神。他再三对希腊士兵的英勇行为表示敬佩。他亲眼看到那些士兵如何战胜敌人，把敌人踩到脚下，并高喊“Zito Eleutheria（自由万岁）！”在围攻雅典的战役中，当希腊士兵攻城进入双方手枪射程以内时，沃蒂埃看到一个土耳其人将他那引人注目的脑袋从防卫的城垛上伸了出来，这瞬间场景给他留下了深刻印象。

希奥岛的屠杀大约持续了一个月左右。大概在月末的时候，乔治·德伊斯法罕船长（Captain Georges d' Ispahan）率领了，我想大概是140多人，他们放火烧掉了土耳其军队的旗舰。那些土耳其高级军官和他们的巴夏舰长③全部丧生，而希腊人则都安全撤离了。英勇光荣的法国军官巴列斯特（Balleste）的头颅载在一艘军舰上，这艘军舰被人们当做了可怕的战利品。军舰在从干地亚④驶往君士坦丁堡⑤的途中开进了希俄斯⑥港口。在这里军舰被纵火焚毁，英勇的巴列斯特的头颅也以适当的荣勋被安葬了。

《希奥岛的屠杀》我已经画了大概一个月了。

与雷蒙·维尼纳克以及沃蒂埃共进午餐，饭后一起去了卢森堡宫。回到画室后，情绪仍然十分兴奋激动。刚好不久，海伦

① 希奥岛的屠杀是当时希腊独立战争中土耳其军队的暴行。希腊长期受土耳其统治，于1821年兴起独立战争，博得欧洲进步人士的同情和支持。1822年土耳其侵略军在希奥岛上掠夺屠杀手无寸铁的希腊平民，这一暴行激怒了整个欧洲文艺界，德拉克罗瓦以此为题材创作了这幅油画。1826年德拉克洛瓦又用象征的手法创作了《米索隆基废墟上的希腊》（*Greece on the Ruins of Missolonghi*），再次声援希腊人民。

② 雷蒙·德·维尼纳克（Raymond de Verninac）是德拉克洛瓦的姐夫，参见14页旁注①中关于维尼纳克的相关介绍。

③巴夏（pacha）原指奥斯曼土耳其帝国的各省总督，旧时土耳其对某些显赫人物的尊称，这里指土耳其舰长。

④干地亚（Candia），希腊克里特岛（Crete）的首府，克里特岛也被称为干地亚。

⑤君士坦丁堡（Constantinople），原为公元前7世纪中叶时希腊人所建古城，名为拜占庭（Byzantium），位于巴尔干半岛东端黑海岸，扼欧亚大陆交通咽喉，战略位置十分重要。公元4世纪时，东罗马帝国迁都至此后更名为君士坦丁堡。而在15世纪奥斯曼帝国入侵东罗马帝国后，土耳其人又把君士坦丁堡作为奥斯曼的首都改名为伊斯坦布尔（Istanbul）。但西方人仍习惯称其为君士坦丁堡。

⑥希俄斯(Chios)，希腊的希俄斯岛，它距离土耳其西岸很近，是传说中诗人荷马的出生地。

娜（Hélène）就如约来了。原本我早就为我的作品画了一些系列草稿和习作。但遗憾的是，我今天创作所需要的，并寄望于模特身上的那种神气，她却没能带来。

……

今天，12 号，星期一，我已经正式开始画《希奥岛的屠杀》这幅画了。

《希奥岛的屠杀》（*Massacre at Scio*）
1824 年，德拉克洛瓦，布面油画，419 厘米 ×354 厘米
法国巴黎卢浮宫

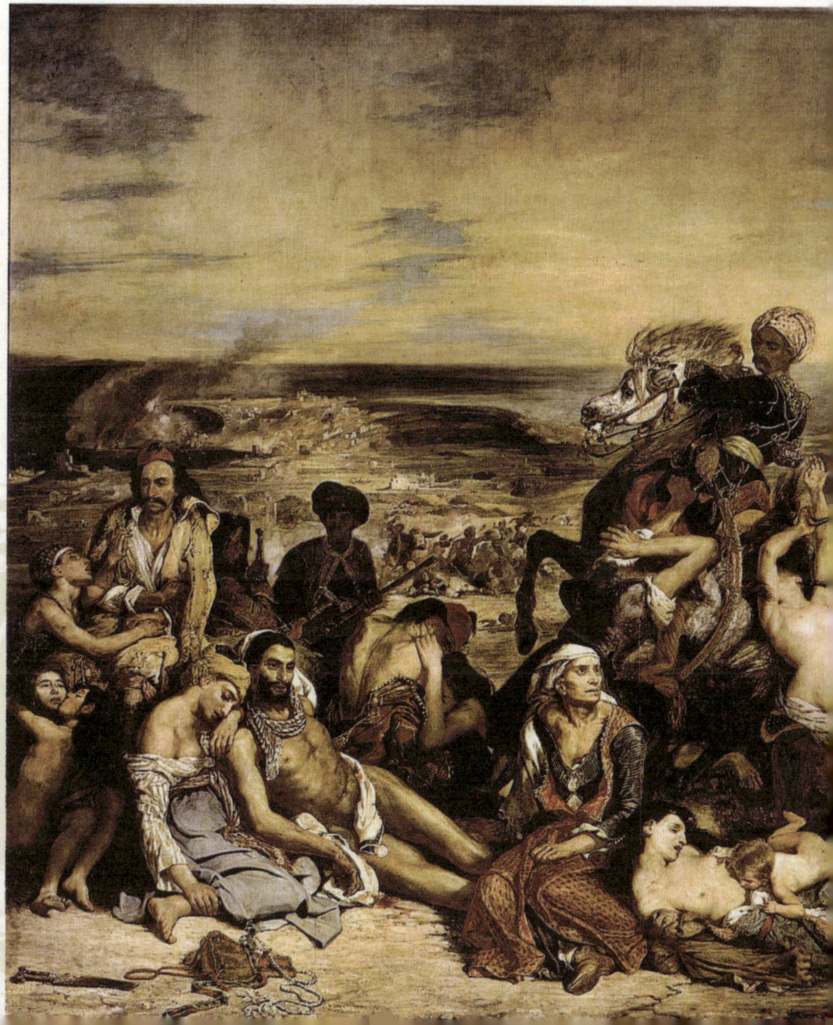

● **1824 年 1 月 23 日，巴黎，26 岁**

今天，正当我开始画那个从马背上被拖下来的女人时，里兹内尔、亨利·雨果和鲁热一起来看我。想象一下，他们会怎样对待我这可怜的创作，他们所看到的还是作品乱七八糟的阶段，当时我只能把创作意图和未来走向讲给他们听。

“看！”我对爱德华说，“我必须和贫困以及我天生的惰性作斗争；为了维持生活，我还必须满怀激情地面对我的工作，而像他们这样的野兽却侵入了我的巢穴，打断了我刚刚萌生的灵感，还透过他们的眼镜来仔细打量我——这些家伙，让他们当鲁本斯他们也不见得会在意！”对于这意外而来的“好运”，我当然十分感谢，它使我有了充分的思想准备去应对那些由于他们愚蠢的批评而引起的疑问，我会对那些疑问敬而远之。皮埃雷也作了些评论，但这丝毫也没能影响到我，因为我知道自己到底要怎么做。至于亨利，他倒不像其他人那样难于应付。

他们走了之后，我诅咒他们都是平庸之辈来发泄情绪，由此来宽慰自己的头脑，然后我又爬回我的外壳里去了。

鲁热先生的赞扬使我彻底地无话可说，他是个连鲁本斯都不放在心上的人。那时他打算找我借草稿，答应借给他真是个错误，也许那草稿还会有用处呢。

当我回到画室后，我想起了一个主意，应当画一个女孩儿站在桌前，仔细地削着鹅毛笔。

● **1824 年 1 月 24 日，巴黎，26 岁**

今天我又重新开始画我的画。从上个星期天，18 号以来，我就把它放下了。上个星期一，或者不如说上个星期二，13 号开始，我也只画了寥寥几笔；但是今天，我已经把前景中那个死去的女人的脑袋和胸部等地方的轮廓画好了并上了颜色。

我又有了“la mia chiavatura dinanzi colla mia carina Emilia”①（在我心爱的艾米莉亚面前，我深深地陷入进去）的感觉。这打击不到我的热情，对于这种生活，你应该表现出青春活力。除了手和头发之外，我把大部分东西都画进去了。

① 原文为拉丁语。

● **1824年4月11日，巴黎，26岁**

在卢森堡宫看到了吉罗德(Girodet)《开罗的反叛》②这幅画，非常生动有力，形式也很宏大优美；还看到一件令人赏心悦目的安格尔（Ingres）作品；而后来也看到了我自己的那张《但丁和维吉尔》。我很喜欢自己的这幅画，但它跟我现在正在画着的那幅作品有同样的毛病，特别是缚在马上的女人画得不够好；它缺少一点生气和活力，色彩也不够厚实。轮廓画得太软弱无力，不够坚实果断。今后我必须注意这一点。

在画室里工作，修改那个跪着的女人。

② 吉罗德（Girodet Trioson，1767~1824），19世纪法国画家，新古典主义大师路易·达维特的学生，他虽然受到了老师那种严格理性的古典画风的教诲，但他本人是一位带有浪漫气质的画家，他的画在清晰严谨的古典基础上带有某种令人激动的情欲气息，并成为浪漫主义运动兴起时的一份子。吉罗德的某些浪漫特点在德拉克洛瓦所看过的这幅完成于1810年、长达5米的巨作《开罗的反叛》(又译《开罗的起义》《浪漫的反叛》等）中，能够很明确地看到：其场面宏大，构图充满律动感，色彩鲜明绚丽。

《哈姆雷特与欧哈修在墓园》
德拉克洛瓦，布面油画
81.5厘米 ×65.4厘米
法国巴黎卢浮宫

《1798 年 10 月 21 日开罗的起义》（*The Revolt at Cairo, 21st October 1798*）
1810 年，吉罗德（Girodet Trioson），布面油画，365 厘米 ×500 厘米
法国凡尔赛宫

• 1824 年 4 月 25 日，巴黎，26 岁

……按一个主题来写诗，不管是否押韵，它总是激起一个人想象力的绝妙办法，也能让你酝酿创作的情绪。如果一旦我能养成一种用诗来表达创作思想的习惯的话，我就会很容易地驾驭它，至少用我自己的方法。我应当试试以希奥岛为题材写一些诗。①

① 参见 216 页“写诗的欲望”条目。

- **1824年5月4日，巴黎，26岁**

新年伊始至今，已经是第五个月了。这段时间我是不是在做梦呢？时间飞逝如电啊！我的画还没有接近完成。每一步都停一下。今天又涂了一下背景。

- **1824年5月5日，巴黎，26岁**

大概从上午九点开始画马，一直画到下午两点。曾经拜访过尚马丹，在那里骑过马罗切提（Marochetti）的马。下马的时候，我跳错了边，着地时又不知道怎么保持平衡，差一点摔倒。归途中路过了卢森堡宫，我感受到一种奇妙的轻松自由，充满幸福的感觉！人的天性真是特别，它总能找到忍耐的力量，甚至在任何情况下都能适应——至少几乎是常常都能适应。

- **1824年5月7日，巴黎，26岁**

当我回来时，皮埃雷已经在我画室里了。我画了一下中间那个男人的外衣。这就使得那个斜倚着的人从背景上显得更加突出了。杜弗瑞（Dufresne）建议我用一些当地特有的颜色，并画一些当地人在上面。除了完成委拉斯凯兹的摹本外，无论如何我都不能中断这次创作。人的思想是多么奇怪啊！当我最初开始的时候，就算要我坐到教堂尖塔的顶上去画画，我也愿意；而现在即便是考虑一下如何把画完成也要费很大的力气。而之所以这样，是因为我已经很久没有碰它了。画画以及做其他的事情时我都是这个样子。在我能全力以赴来做一件事的时候，总有一层坚硬的外壳需要被打破，它的质地非常硬，甚至能够抗击耕犁和锄头的重击。但是只要我稍微有点耐性，坚硬的外壳就会突然崩裂，并且孕育出丰盛的鲜花和果实，使我感到目不暇接，美不胜收。

……

我的画正在开始发展出节奏感，那是一种巨大的漩涡式的力量。我必须全力以赴。应当保持画中那种很好的黑色，那种令人愉悦的，或者不如说是暗淡的特点。还有四肢的画法，这些地方我知道怎么去画而有些人却几乎不敢尝试。黑白混血儿的效果会不错的，我一定要贯彻到底。即使这会让自然的本来状态有所不同，但它会产生更丰富效果。只要它们组织得巧妙和谐就完全能办到！噢！那死者的微笑！那母亲眼中的神采！绝望的拥抱！这宝贵的绘画领域啊！那无言的力量一开始会紧紧地吸引了你的眼睛，然后就会俘获占据你的整个心灵。这就是真正的精神；这就是属于你自己的真正的美丽——出色的绘画，但是它们却受过这样多的侮辱，这样痛心的误解，它们被那些利用你的蠢材们放弃。不管如何最后仍然会有一些心灵真诚地欢迎你。灵魂不会满足于空话，它需要创新以及更聪明的技巧。你只需要表现出你的男子气概和朴实的活力来，给人以干净和纯粹的喜悦。

我承认我曾经按逻辑规律进行创作，但是我却对那些刻板的逻辑式的绘画毫无热爱。现在我感到我那混乱不堪的头脑需要活动一下，我的思维必须打破一切。在我一直所追求的目标实现之前，一定要试试用上百种不同的方法来进行创作。在我身上有一种陋习潜移默化地影响着我，有一些阴暗面必须被迁就满足。除非我能像女巫手中的巨蟒那样不停地折腾扭动，不然我就会心灰意冷，彻底放弃。我必须认识到并接受这一点，能做到这样是最大的幸福。我所做过的每件成功有益的事都是由于自己的清醒认知而的来的。像《堂・吉诃德》①那样无谓的事情不要再做了！

当你作画的时候，应当全神贯注地深入进去，一心只想到但丁。在他的作品中展现了我经常从自己内心深处感受到的东西。

● 1824年5月8日，巴黎，26岁

……我去了裁缝那里，然后回到画室，皮埃雷已经在了。我给中间的那个男人画上了外衣，这样就把躺在他前面的那个人衬托出来了。这是一个很好的改进。

● 1824年5月9日，巴黎，26岁

已经是第八天了！我大概在早上八点钟到达画室，但皮埃雷还没有来，于是我去伏尔泰咖啡馆(Café Voltaire)吃了早饭。

……

我的画正在开始改变面貌，繁杂混乱开始让位于深沉幽暗。我一直在画中间的那个男人，就是那个以皮埃雷为模特画的坐着的人物。我正在改变计划。

● 1824年5月12日，巴黎，26岁

柯涅（Cogniet）到画室来了。我看他好像很喜欢我的作品。他说他似乎看到了一件划时代的伟大作品的出现。他还说如果籍里柯还在世的话，一定会多么地喜欢！那个老妇人的嘴，似开似闭，眼睛的表情也不算太夸张。角落里两个年轻人的构想，朴实而动人。他似乎是很惊讶地发现目前竟然会有人画这样的作品。我非常喜欢他，这是理所当然的。

① 这里指当时德拉克洛瓦在画一张小型的《堂・吉诃德》作品，参见本节308页的“画《堂・吉诃德》等小型作品”条目。

《土耳其浴》（*Turkish Women Bathing*）
1854年，德拉克洛瓦，布面油画
92.7厘米×78.7厘米
美国哈特佛特威兹华斯文艺协会

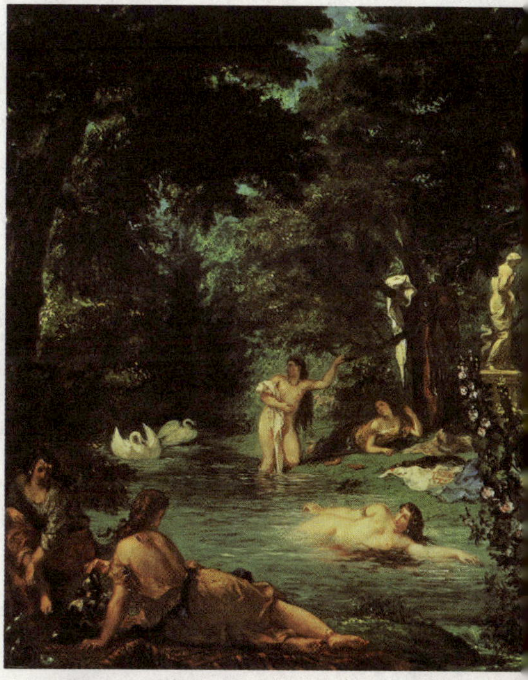

德拉克洛瓦画于1823年的女性头像练习作品局部，该画像与《希奥岛的屠杀》中老妇人的头部面貌表现，有明显的承接关系。

《希奥岛的屠杀》局部：老妇人

● **1824 年 5 月 20 日，巴黎，26 岁**

今天去画室，把背景定了稿。狄米耶来得很早，我那时感到不舒服，头痛，胃也痛。中午和别人一起在黄油磨坊（Moulin de Beurre）吃的饭，在那里我也觉得不太舒服。后来晚上去了咖啡馆，那里感觉爽多了。

● **1824 年 6 月 14 日，巴黎，26 岁**

和菲尔丁、索莱尔一起度过了整个上午，在画室里，我处理了一下画面的左上角，特别是那个坐在地上的男人，我把他头部周围的一抹白色给涂掉了。

● **1824 年 6 月 15 日，巴黎，26 岁**

蒂尔（Thil）今天早上来了，他认为我的画比籍里柯的还要好；在我个人来说，两者我都非常喜欢。

德拉克洛瓦在1926年创作的另一幅有关希腊独立战争的作品，迈索隆吉翁正是英国诗人拜伦参加希腊独立战争后不幸病逝之地，德拉克洛瓦非常喜欢拜伦的诗，认为它激发了自己的想象和灵感，他也多次采用拜伦诗歌的主题来进行创作。

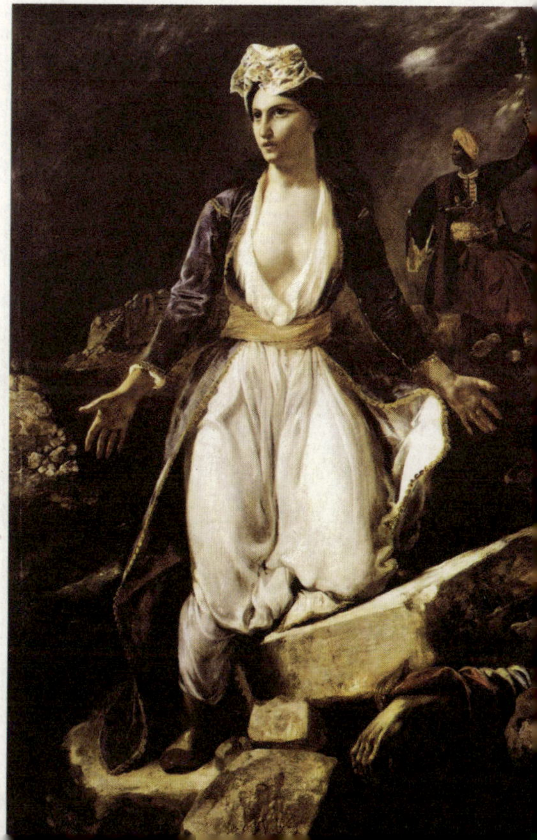

《希腊妇女在迈索隆吉翁的废墟》
（*Greece on the Ruins of Missolonghi*）
德拉克洛瓦，布面油画，209 厘米 ×147 厘米
法国波尔多美术馆

画《堂·吉诃德》等小型作品

• **1824年4月7日，巴黎，26岁**

又到星期三了！我仍然没有进展，但是时间却过得飞快。今天早晨，海伦娜来了。噢！可耻的……我竟然无能为力。难道我也要走哥哥的老路吗？

在画一幅小的《堂·吉诃德》（Don Quixore）。晚上，勒布隆来了。我又尝试做了一下石版画。对于这个流程我倒有些极好的主意，那就是用戈雅的手法来作讽刺画。

绘画中第一位的，也是最重要的东西就是轮廓。即使其他的一切东西都被疏忽了，只要轮廓还在那里，这幅画仍然可以算是一幅还能画好的画。我还有比注意这些更迫切的事要去做。我总是这样，既要不断地想到某一点，又常常开始去考虑别的方面。

拉斐尔就是这样完成创作的，而且，籍里柯也经常这样做。

……

我一定要开始画一些当代人的素描肖像，还要做一些装饰着裸体人像的浮雕纪念章。

• **1824年4月8日，巴黎，26岁**

我的钱就快要用完了。我必须努力工作。今天在画《堂·吉诃德》。

• **1824年4月9日，巴黎，26岁**

与其再创作一幅相当大型的作品，我更想要画几幅小的，而且我也乐于画这些东西。

• **1824年4月12日，巴黎，26岁**

我最近很喜欢做一些有关动物的石版画，画一些老虎，例如环绕着猎物的尸体，几只秃鹰等等。

绘画创作与模特

● 1847 年 1 月 29 日，巴黎，49 岁

一位画家如果习惯于不依照模特来进行创作——尽管他的原始构思很不错——但他还是会错失那种大师巨匠们轻易便可以达到的动人效果。因为大师们用自然的方法画了自然的东西——即使是很平常的东西。不采用模特的方法总是比较危险的，比如普吕东和柯罗乔的作品，就永远不会产生像鲁本斯作品那样的效果。例如，凡・代克的小《圣・马丁》（*St.Martin*）这幅画（籍里柯曾经临摹过），在构图上并没有什么特别的地方，然而那马和骑马人的效果却是很突出的。这大概是由于画家曾通过活生生的模特亲眼观察过这个主题。而我自己的那幅小希腊人像《帕拉蒂亚诺伯爵》(*Count Palatiano*)也有同样的优点。

不过用其他的方法你也可以得到更精致微妙的效果，即使这种效果也许并不会在一看之下就立刻引人注目并信服。鲁本斯在那幅《圣・贝努瓦》（*St. Benoît*）中画的白马，似乎就是完全凭想象画出来的，然而它却具有强烈的效果。

● 1847 年 2 月 19 日，巴黎，49 岁

T①——说得很对，模特会把画他的画家拽低到跟他一个水平，愚蠢的人会令你感觉到自己是个傻瓜。一个想象力很强的画家，总是试图尽力把模特画得符合自己的要求。但是不管他自己如何，他身边的各个方面都被世俗之见包围了，而眼前能

《土耳其与希腊人的争斗》
1856 年，德拉克洛瓦，布面油画
81.3 厘米 ×64.8 厘米
美国剑桥福格美术馆

① 指籍里柯 (T.Géricault)。

看到的又总是这样的东西。

● **1853 年 10 月 12 日，尚罗塞，55 岁**

论对模特的使用。这是一个效果的问题，也是一个在依据模特或按照自然常规作画时如何获得效果的问题。在大多数凡是模特扮演主要角色的作品中，真正好的画面效果是极为罕见的。模特似乎总是要把观众的注意力都吸引到自己身上，结果没有为画家留下任何关注的目光。当一位博学而睿智的画家在使用模特时，如果他对自己所画的对象有一定的了解，他就不会太着力去描绘细节；但是对于全凭想象来进行创作的画家来说就不是这样了，由于担心漏掉什么重要的东西，他总是把所有的东西都罗列进来，过分注意精雕细刻。这种担心妨碍了他大胆自如地处理并充分突出那些真正特征鲜明的细节，例如，画暗部的时候，往往会过分注重画面中来自想象的那一部分的细节，特别是树木、衣褶等这一类的对象，尤其如此。

昨天当我和珍妮一起在树林里散步的时候，我夸奖迪亚兹（Diaz）的森林画得不错，珍妮颇有感觉地评价说："精确地模仿总是要比事物原本的模样僵硬得多。"完全正确！把从自然中所见的东西一丝不苟地描摹下来，只能使一位画家变得比他所描绘的那种大自然更僵硬，更死板。从这一点来说，大自然并不意味着始终生趣盎然，如果你是从整体效果上去衡量的话……即使模特可以给画面增添某些分量，但这也只有那些极为高明的艺术家才能做到，换句话说，就是只有那些不依赖模特也能达成好效果的画家，才能善用模特为自己的作品锦上添花。

《涉水过河》（*Fording a River in Morocco*）
1858 年，德拉克洛瓦，布面油画，60 厘米 ×73 厘米
法国巴黎卢浮宫

创作议会大厅（Chambre des Députés）中的半圆屋顶[①]

- **1847 年 2 月 4 日，巴黎，49 岁**

我很高兴又看到了我的那半圆形作品，我一眼就看出来，需要做些什么达成更好的效果，仅仅只要把俄耳甫斯[②]身上的衣料改动一下，整个构图就会变得生动多了。

- **1847 年 2 月 8 日，巴黎，49 岁**

然后我就去了议会大厅，画那个怀抱婴儿的妇女、地上的小孩以及那个斜靠在半人马（centaur）身上的男子。我想我的体力有很大的进步。工作了那么久，回到家后却并不感到有多累。

- **1847 年 3 月 4 日，巴黎，49 岁**

又回到议会大厅，并决定以后还是由我自己来干这费力的工作。以前我做这种事是完全没问题的，而且越做越自在纯熟。这是我第 11 次到这里来，作品现在已经进展了很多。今天画了"俄耳甫斯"的大部分。

仅仅就色调与块面而言，这种底子真是特别适合于这一类的作品，特别是像头这样的部位，例如画头的时候，几乎不用造型，只用预置清晰的色块即可。当色调定好之后，形体特征就会自动浮现。这幅画作正在逐渐显出崇高与质朴感。我相信在同类的作品中，这是我画得最好的一件。

- **1847 年 3 月 5 日，巴黎，49 岁**

当我正在画小孩（靠近左边妇女的那个小孩，在《俄耳甫斯》画里）时，我想起了

① 德拉克洛瓦在议会大厅中画的半圆屋顶，主题是"俄耳甫斯给希腊带来了文明"（Orpheus bringing Civilization to Greece）。德拉克洛瓦为议会图书馆新制订的装饰规划中，一共包括两个半圆形屋顶和五个穹窿天顶，从 1838 年到 1847 年之间，他一直在忙于做这个工作。

② 俄耳甫斯（Orpheus），又译奥菲斯，他是古希腊传说中的色雷斯（Thracia）诗人和音乐家。传说他是太阳神阿波罗（光明神也是主管文艺之神）和司掌文艺的缪斯女神卡利俄帕（Calliope）之子。俄耳甫斯具有非凡的音乐才能，阿波罗赠予他七弦琴，他的琴声能使人神陶醉、野兽驯服。传说俄耳甫斯死后他的七弦琴由阿波罗挂在天空中，此即希腊传说中天琴座的来历。

拉斐尔所画的小幅圣母像中，有大量精细的小笔触，那幅画是我和维洛特一起在格兰治-巴塔里尔街上看到的。[3]在这类作品里面，所有的一切都为风格服务，那种随意而炫耀的笔触，就像凡洛那样的画家，仅仅只是满足于风格上的“差不多”而已。完美的风格，只有在长期研究琢磨之后才会成型。如果小笔触的触感是愉快的，那就可以放弃那种随意流畅的大笔触了。我一定要设法到卢浮宫去看看柯罗乔的那些大幅树胶水彩画。我觉得它们一定也是用很小的笔触画成的。

晚上呆在家里，觉得很累也很难受。确实，我对于上帝所赐予我的才能，没有能够充分感激。每当我疲惫到这样的地步时，我就开始丧失信心。

《基督安葬》创作过程

• 1847年2月15日，巴黎，49岁

起床时感觉不太舒服。我把《基督安葬》这幅画的速写草图又拿出来琢磨，这一下沉迷进去，满身的不自在似乎都被赶跑了。但是这样我的脖子在晚上又开始酸痛，一直持续痛到第二天。这张草图挺好的，但是还少了点神秘性，精心安排的草图一般都会有这种毛病。其实，只要好的素描能够解决构图上的主线和任务的安排问题，草图本来可以不要的。它几乎变成了作品本身不必要的重复。草图的特征可以通过细节的模糊保留在画面中。我用生赭石色、那不勒斯黄和白色作为基督的固有色；再用一些黑色和白色的调子到处点缀点缀，阴影则用暖色调。

圣母衣袖的固有色用灰色，更确切说是微微泛红的灰色。光线用那不勒斯黄和黑色。

③参见170页的“参观提香和拉斐尔作品”条目。

《基督安葬》（*The Entombment of Christ*）
1848 年，德拉克洛瓦，布面油画
美国波士顿美术馆

● 1847 年 3 月 1 日，巴黎，49 岁

早饭后，继续着手画《基督安葬》。草图已经进行到第三天了，身体虽然觉得有点不舒服，但我仍然把色调加强了不少，并把它处理成适合下次继续画的状态。我对这幅草图很满意。不过我画细节的时候，如何才能把这种由一些非常简单的块面形成的统一感保留下来呢？大多数画家，包括我自己，以前都是采用先从细节开始，最后调整效果的方法。按我现在的方法，在添加细节之后，虽然会因眼见一幅好的草图所具有的简练印象逐渐消失而感到失落，但最后所留下的东西，仍然比采用其他方法来画要丰富得多。

• **1847年3月2日，巴黎，49岁**

身体很不舒服。已经很晚了才勉强努力画了一下“基督”的背景。修饰了一下群山。

按着色调和总体效果铺了一层底色，先不考虑局部和细节，这样做最大的好处之一是，你只需要把那些绝对必要的东西画进去。就像我现在做的那样，我先把背景画完，而且尽可能画得简单，以免它们在那些虽然简单但仍代表着人物轮廓的块面旁边出现时，显得过于堆砌。相反，当我着手来完成那些人物时，这种简单的背景就会允许我，甚至是强迫我，只把那些绝对必要的本质画进去。当草图画到这个阶段以后，下一步就是尽可能地把各个部位分别画完整，而不再把作品当成一个整体来加工，当然，这是在作品的色调和效果已经完全决定好了的情况下来说的。我的意思是，当你决定从那些仍然只是打了底子的人物中，选择一个人物来加工完成时，应当注意保持细节的简单明快，以免这个人物和其余还在草图阶段的人物产生不协调感。如果一幅作品在第一次打底之后，线条、色彩和总体效果都令人满意，于是你就以同样的方法去继续完成它（就是说，把它作为一个整体去继续画完）。但很明显，这样做，你会失去非常多在刚开始着手绘画时所获得的那种极为简练纯朴的感受。只有把人物的细节和局部一个个地逐步画完，并且在同一段时间内完成全部的人物细节，我们的眼睛才会逐渐适应它们，而作品看上去也永远不像画完的。这种方法的第一个缺点是：那些局部细节会把块面掩盖掉；第二个缺点是：工作的时间会拖得更长。

- **1847 年 3 月 3 日，巴黎，49 岁**

今天，星期三。把《基督安葬》背景里面的岩石重画了一下。还铺完了底色，画了抹大拉①和前景中一个裸露的人物。我希望我能尽量把底色上的颜料铺得更厚实一些。画面上的颜料消失速度之快，简直令人不可思议；我的“希贝儿”②已经沉浸在画布中。这是我必须要仔细注意的事情。

- **1847 年 7 月 10 日，巴黎，49 岁**

画《基督安葬》中的抹大拉的玛利亚。

必须记住头部那简练单纯的效果。它是用一种非常灰暗的调子来画底色的。我不是很确定，到底应该给它多画一些暗影，还是该把受光部分画得更明亮呢？最后，我把它处理得比整个块面要鲜明一些，这样就可以利用暖色和反光，足够把在暗影中的那个部分整体遮盖起来。虽然光与影的明暗都差不多，但光的冷调子与影的暖调子就足以使整个画面重点突出了。第二天我们和维洛特在一起时，谈到了这幅画，谈起用这种方法来取得这种效果，并不是很费力。这种效果经常出现，特别在室外。保罗·委罗内塞那种令人赞叹的质朴感，也是用这种方法画成的。维洛特认为最有用而且也最常用的一个原则，就是在铺底色阶段。当一开始处理固有色的时候，就通过所画物体的块面，让你被画的物体在背景前面显得暗一些。我还不太明白怎样像维洛特一样熟练地运用这个原则。我还要研究它。

① 抹大拉（Magdalen），这里指抹大拉的玛利亚，抹大拉是个地名，因圣经中有多位玛利亚，所以她被称为抹大拉的玛利亚，或简称为抹大拉。在一般的传说中，她是个非常美丽的妓女，遇上耶稣基督后，洗净罪孽，成为超凡脱俗的圣女。西方画家喜爱表现这一题材，历代以来有很多关于抹大拉的画作传世，在大量关于基督殉难及安葬题材的画作中，都有抹大拉的存在，她陪伴着耶稣的母亲圣母玛利亚，亲眼看着耶稣死去。不过实际上对于抹大拉的玛利亚的真实性和她的事迹一直存在争论。

② 希贝儿（Sibyl），来自希腊语，意思是女先知、女预言家。

委罗内塞的那种质朴感，也是因为他不太注重细节刻画而获得的。这就使得他在一开始就确定出固有色。用色粉颜料作画也迫使他必须做到这一点。此外衣褶描绘的单纯性增强了他的这种特点。他围绕人物所勾勒出的轮廓，恰当而生动，在光与影的对比下，也有助于达成这种单纯的效果，从而完成并突出整幅画的观感。

这不像提香的处理手法，委罗内塞从未打算过把他的每一幅画都变成杰作。他的技巧避免在每一处都做得过火，还有他对细节的明显忽视（这让他的画有种浓厚的质朴感），都是为了装饰的体验。创作这种类型的作品，画家不得不被迫作出许多牺牲。

因为光线的关系，造成了阴影在明暗浓淡上的微妙差异，这种原则应当特别在画年轻人时加以运用。应当注意到，所画的人物越年轻，皮肤的透明感也就越强，就越符合这种效果的要求。

创作议会大厅中“意大利”的过程

● **1847 年 10 月 5 日**

维洛特过来看我，我们讨论了我在画“意大利”这个人物（在议会大厅图书馆内）时所使用的方法步骤。自从 9 月 12 日之后，这是我第一次重新又回到那里去作画。我对这个人物形象的效果感到还算满意，至于下一步要怎么做，整整一天，我的脑子里充满了各种令人愉悦的打算。那个小的、倒在前面、被箭射穿了的男人形象，我只用了几秒钟的时间就画好了。

我应当用这种方法先画一些速写草图，这样可以使它们还在打底稿的时候，就已经表现出奔放自由。小幅的作品令我感到焦虑——它们使我难以忍受。我在画室里作的大型架上绘画也同样糟糕，它们让我疲惫不堪，我甚至把它们都画坏了。正像库尔诺（Cournault）对我描述的他在佛罗伦萨所看到的鲁本斯的《伊夫里之战》（*Battle of Ivry*）①一样，一个人应当创作巨型作品，他所有的热情和能量最好还是保留起来去创作壁画。

① 伊夫里之战发生在1590年3月14日，法国宗教战争期间，反对天主教的拉瓦纳的亨利（Henry of Navarre），也就是后来法国的亨利四世取得了决定性的胜利。文中指的是鲁本斯的《亨利四世在伊夫里之战》一画，其中描绘了亨利四世在伊夫里战场上的情形。

《亨利四世在伊夫里之战》（*Henry IV at the Battle of Ivry*）
1577~1640年，鲁本斯，布面油画

对于你所要描绘的人物，如果你打算尽可能地按照想象的形象去进行表现而无碍于色彩之类的东西的话，那么我用来处理“意大利”这个人物形象的手法，可能是画人物时最令人满意的方法了。

普吕东的样式，就是为了既能满足于一遍又一遍给作品加工，而又无损于作品的朴实感而生的。如果用平常的手法来处理的话，往往就会在获得一种效果的同时却损害了另一种效果。鲁本斯在《水之女神》（*Naiads*）这幅画中就显得比较放纵，这样反而避免了损失他的光线与色彩。画肖像画也是这样，如果你想把人物的表情表现得非常有力、个性突出的话，随意的笔触就会消失，光线与色彩也会因此而受到影响。如果用其他方法来处理，倒是很快能够得到结果，并且从来不会觉得费力。由于作品的效果大体几乎已经能够确定，所以总是可以随时都拿起来继续画。

我在画这个人像时，发现蜡很有用处；它一方面能够促使画面干得快，另一方面，有了它，随时都可以修改作品。柯巴树脂上光油（Copal varnish）等，也可以实现同样的目标，而且蜡还可以和其他材料混合起来使用。

为什么在白纸上画的画会显现出这种细腻和光泽，很可能是因为纸张原本的白色所具有的那种透明性的缘故。例如凡·艾克兄弟①以及后来鲁本斯的作品，之所以显出那样的光泽，毫无疑问，也是因为他们所用的画布洁白之故。

很可能，早年的威尼斯画家使用的都是很白很白的底子。他们所画的褐色的肌肉，看上去就好像是在底子上薄薄地涂了一层深红色，透过这层色彩，似乎总是可以看到底子一样。在早期佛兰德斯画派的作品中，似乎也使用了同样的方法。例如，

① 凡·艾克兄弟（Van Eycks），是15世纪佛兰德斯的重要画家，哥哥胡伯特·凡·艾克（Hubert van Eyck，1385~1426）；弟弟扬·凡·艾克（Jan van Eyck，1395~1441）是15世纪欧洲北部最伟大的画家之一，他是油画形成时期的关键人物，他首先使用了含有树脂的颜料调和剂，使得油画颜色鲜艳明亮，得以推广；由于他对油画材料的改良和油画技巧的发展探索作出了突出贡献，因此被誉为“油画之父”。

不仅肌肤，连背景、土地和树木，都是用一层薄薄地透明色彩涂在白色的底子上。我应当设法记住《睡着的林中女神》(*Sleeping Nymph*) 这幅画中，人物后面的山石效果。前几天，我才开始着手画这幅画，今天（星期日）索莱尔和皮埃雷在这里的时候，我正在画它。我用黄色色锭和孔雀绿等透明的颜色给树林的地面和背景涂了一层所产生的效果，一定也不能忘记。我把这些颜色涂在一层白色底子上，用这层底子把原来那难看的赭石色石头给盖住了。

早期的佛兰德斯作品画在木板上，也是采用与此相同的方法绘制而成。先涂上一层薄薄的透明色彩，透过这层透明色，带褐色的底子就清晰地显露出来。困难的地方在于要找出适合的灰色补偿抵消逐渐转黄的调子和色彩的火气。

我在十多年前，根据鲁本斯的画做了一幅版画《被骑士带走的女人》(*Women Carried off by Horseman*) ②。在为这幅画所作的一幅草图中，就表露过对这些现象的一些想法。这幅草图表明，正是缺少一些灰色的色调。甚至还有可能，当在白色底子上涂了透明的颜色之后，就不应当把对背景和衣服的处理和对皮肤的处理搞混淆。要是用别的方法来画的话，它们之间的这种差别悬殊的状况肯定是令人难以忍受的。当我用纯白色把“仙女”勾勒出来之后，我看出用不透明色调（就像用固有的中间色调给一幅画打底子一样）在她后面所画的山石背景并不太合适，那里所需要的应该是类似墙或衣服一类的浅色背景，所以我又在山石上盖上了白色。最后，我决定用尽可能透明的色调来再画另一块岩石，这样皮肤和这一附加部分就能显得比较和谐了。但这样一来我又不得不被迫用同样的方法，把衣服、土地和树林背景通通重画了一遍。

②德拉克洛瓦根据鲁本斯《被劫夺的留西帕斯的女儿》(*The Rape of the Daughters of Leucippus*) 所做的版画，现在在慕尼黑（Munich）。

《劫夺留西帕斯的女儿》（*The Rape of the Daughters of Leucippus*）
1617 年，鲁本斯，布面油画，224 厘米 ×211 厘米
德国（旧）慕尼黑美术馆

《劫夺丽贝卡》（*The Abduction of Rebecca*）
1846 年，德拉克洛瓦，布面油画，100 厘米 ×82 厘米
美国纽约大都会艺术博物馆

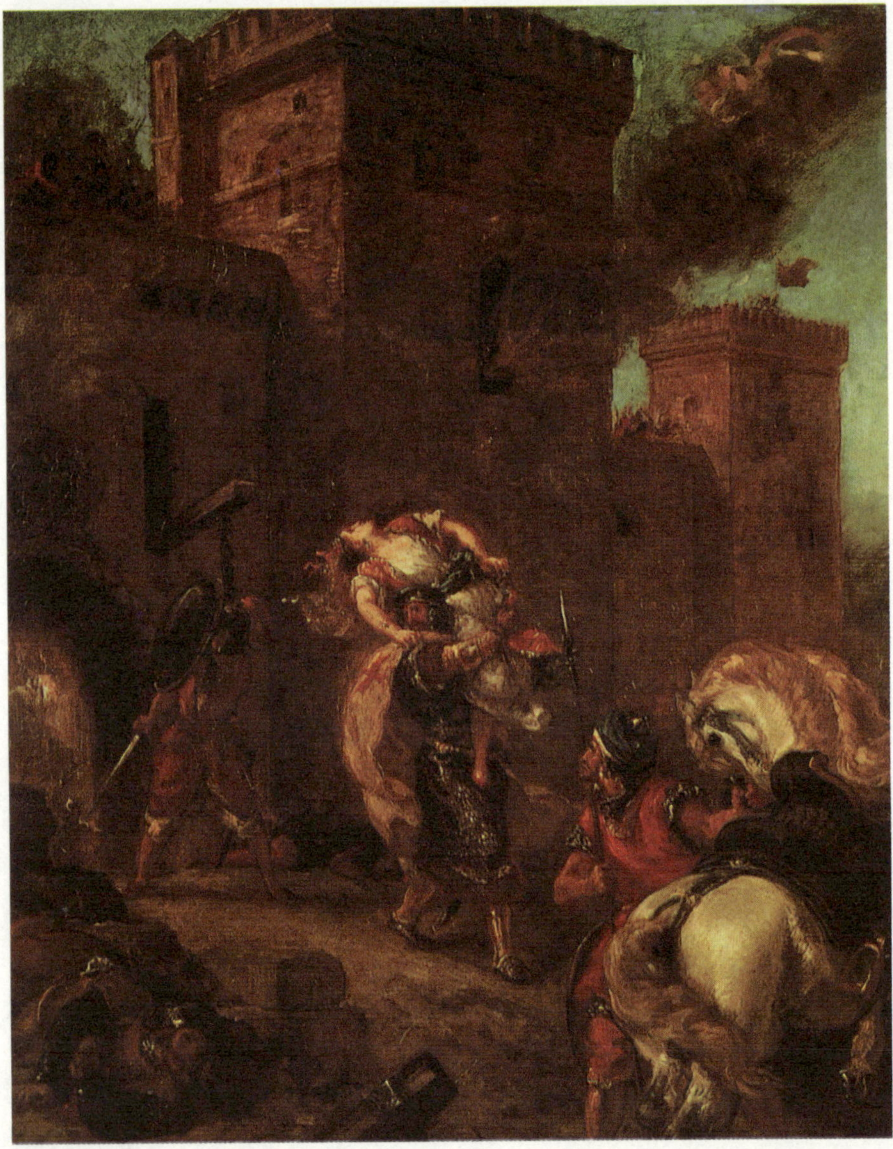

另一幅《劫夺丽贝卡》（*The Abduction of Rebecca*）
1858 年，德拉克洛瓦，布面油画，105 厘米 ×81.5 厘米
法国巴黎卢浮宫

3. 德拉克洛瓦论艺术风格

古典艺术

- **1857 年 1 月 13 日，巴黎，59 岁**

古典的（Classical）

哪一些作品最容易被归入这一类作品的名下呢？显然是那些似乎注定要成为典范的作品，那些每一部分都可以成为标准的作品。我愿意称之为“古典的”艺术是所有那些经过精心安排的作品，它们不仅准确、高贵或者生动地表达情感和物体，而且逻辑安排合理，统一感强；并因这些特点加强了作品的感染力，愉悦人们的心灵；简而言之，就是那些通过创造最终的效果而令你印象深刻的特点。

照这样推算，莎士比亚的作品则不能算作古典作品，这就是说，他的方法和体系并非足以效仿的典范。在莎士比亚的作品中精彩的部分丝毫不能掩盖并让人接受某些单调乏味的章节，而且他在作品中还经常运用文字游戏和某些不相干的描写。无论如何，他的作品完全是属于他自己的东西。

至于他同时代的人们，拉辛是一位罗曼蒂克的作家，但无论在什么时代他都是古典的，也就是说，他无可挑剔。

尊重传统不是别的什么，而是指尊崇、信奉审美之诸般法则，除此以外，更无传统可以延续……

达维特画派一直被错误地形容为最高形式的古典画派，尽管在事实上该画派以效仿古希腊、古罗马艺术为基础，然而精确刻板的模仿往往显得相当无知、缺乏才智，并且这种狭隘的模仿使该画派丧失了古希腊、古罗马艺术中最主要的特征——永恒的生命特质。达维特画派既未能参透古希腊、古罗马艺术的精神，也未能把它与对自然造化的研究联系起来。不过这种模仿也并非一无可取，至少你可以看到当古希腊、古罗马艺术成为一种流行的风尚时，达维特在绘画中所回应效仿的那一个时代。

尽管“古典的”这个词是指非常崇高的秩序美，但对许多着实漂亮的作品来说，你也许会感到它们并不适合用“古典的”这个词来形容。很多人无法把冷峻的概念从古典艺术的概念中分离出来。诚然，大多数艺术家都因他们的冷静而以古典艺术家自命；同样的，也有一些艺术家因为被别人称之为浪漫主义者而以为自己的作品充满热情。但是真正的热情必须具有打动观众的力量才行。

古希腊、古罗马艺术

• **1857年1月25日，巴黎，59岁**

古希腊、古罗马艺术

它们这种特殊的品质，即只有在古希腊、古罗马艺术中才能被发现的那种完美的艺术格调到底从何而来呢？恐怕是来自于这样一个事实：那就是我们把它与其他那些所谓仿效它的摹本进行对比的缘故。

但事实上，在那些以形形色色的风格样式所呈现出来的最完美的艺术品中，有什么可以拿来与古希腊、古罗马艺术进行对比呢？

在维吉尔和贺拉斯的作品中，我看不出来缺少什么，但我清楚地知道，在我们自己的名家写手的作品里，我希望看到什么，或者不希望看到什么。也许，这是因为我和这些名家都处在同样文明程度的社会中（假定我敢于这样称呼），比较而言我对他们有更多一些认识，尤其是我了解他们，了解他们已有的成绩与所希望达到的成就之间的差距。一个罗马人很可能可以从维吉尔和贺拉斯的作品中挑出一些缺点和毛病，然而我是无法看出这些问题的。

但最重要的一点还在于，从留传下来的每一件古希腊、古罗马雕塑作品中，都能够看到这种达到高度完美水平的审美力和鉴赏力。在文学领域内，我们堪与古希腊、古罗人相比，然而在艺术领域，却远远不及！

现实主义

- **1860年2月22日，巴黎，62岁**

现实主义（Realism）

现实主义应当被形容为艺术的对立面。在绘画和雕塑中，它们可能比在历史和文学中显得更为可憎。我这里没有提到诗，仅仅是因为诗人的工具是一种纯粹惯性的东西，是一种有规律的语言，它能立刻提高读者的境界，那种超乎他们日常琐碎生活的境界。像“现实主义的诗”这种畸形怪胎的说法就算可以被想象出来，在用词上也是矛盾的。很难想象，像“现实主义艺术”这种词在雕塑上又会是个什么意思？谁能举例谈谈？

《从海上跃起的马匹》
1860年，德拉克洛瓦，布面油画
50厘米 ×61厘米
私人收藏

从自然界取下来的一截标本，总要比人所能及的最优秀的复制品真实得多。难道有谁能设想艺术家的双手不受他的脑子支配；或者认为，不管他试图模仿得多么精确，他那艰巨的任务也不会受到精神情绪的影响？当然，除非我们认为只要有了眼和手就什么都能办了，不只能作准确的模拟，而且无所不包，无所不能？

“现实主义”这个词如果说有什么意义的话，那就是：所有的人都必须动相同的脑筋，都用相同的方式来想象事物。

如果那不是你追求的效果，那么艺术形式的最高目的又是什么呢？难道艺术家的任务仅仅是把安排好的材料组合到一起，仅仅是让观众根据他们每个人自己的理解去欣赏作品吗？难道说，从结构清楚明确和题材处理巧妙的作品中，除了可以得到艺术享受之外，就没有一点道德上的归属感吗？甚至是从寓言类的作品中？想要揭示这些东西还有谁能比艺术家做得更好呢？为了能让观众或读者自然流畅地去理解和欣赏作品，艺术家事先对作品结构的每一部分都详细考虑过了。

所有原则中最重要的一点就是需要对材料做提炼，该舍弃的地方要舍弃。

孤立的肖像画，无论多么完美，也不能成为完整的作品。而单独的个人感受却能产生统一感，要想达到这种效果只有一种方法，就是在画面中只表现那些值得被表现的东西。

艺术和诗都有赖于虚构。一个专业的写实主义者应该去画些超自然的东西，去画那些神祇，那些仙女，那些怪物和妖魔，去画所有那些由想象而来的令人神魂颠倒的造物吧！

建筑

博韦主教座堂①竟然没有完工!

● **1850 年 2 月 26 日，巴黎，52 岁**

我刚刚才发现一件简直令人难以置信的事情，博韦主教座堂竟然没有完工，缺少了教堂的中殿部分。这座主教座堂原本是哥特式和 16 世纪建筑风格的混合体，但他们却在严肃认真地讨论这样一个问题：这漏建的中殿是应当按照与其余部分相同的建筑风格来重新修建呢，还是按照当代古建筑家所欣赏的 13 世纪风格来重新修建？用这种办法，他们打算给 16 世纪那些不学无术之人上一堂礼仪课。这种人晚生了 300 年真是非常不幸。

①博韦主教座堂（Beauvais Cathedral）是法国一座著名的天主教哥特式教堂，它是一座不完整的教堂，位于法国北部的博韦，始建于 1225 年。1284 年，由于支柱的间距问题，导致穹顶坍塌。

法国博韦主教座堂的穹顶

《吉那萨赫湖上的基督》
(*Christ on the Lake of Gennesaret*)
1841 年，德拉克洛瓦，布面油画
46.1 厘米 ×55.7 厘米
美国奥瑞冈波特兰美术馆

建筑

● 1860 年 1 月 27 日，巴黎，62 岁

建筑（Architecture）

建筑在目前来说完全是堕落的，这门艺术已迷失了它的道路。需要增加一些新东西，但却没有新人。古怪代替了人们一直探索追求的新颖，正是因为这个缘故而使建筑显得如此陈腐，毫无原创性。古人是逐渐达到高度完美的程度的，并不是突然地，也并不是那种必须不惜一切代价来博取一鸣惊人。他们是慢慢地上升，几乎是在不知不觉中达到了完美，这就是天才立足于传统而得到的收获。

建筑师们打破传统是希望取得什么成就呢？他们说人们已经越来越厌烦希腊建筑了，但就连罗马人那样伟大的民族也是很尊重希腊建筑的，罗马人只不过将希腊建筑稍事修改以适应自身不同的民族习俗而已。在中世纪的黑暗过后的文艺复兴时期，所谓文艺复兴其实是审美品位和一种对美的感觉（这里是指在每一种艺术领域中都讲求美）的再生过程。艺术又恢复了过去那些令人景仰的均衡感。尽管那些艺术家们自命不凡，认为文艺复兴是原创性的东西，不过那其中固有的至高的影响力还是应当被人们所承认的。我们现代的生活方式，虽然在很多方面与古希腊不同，但却是非常适于表现均衡感的。阳光与空气，可以容纳多人的宽敞房间、雄伟壮丽的建筑立面，伴随着我们城市的扩容和建筑物的增加而越来越多。我们的先辈所经常考虑的问题，是怎么防卫自己的宅院，怎么从窗户缝隙中侦察敌情；他们那狭窄的街道也不可能让宽广的线条有所发展（这正是古希腊、古罗马建筑的特点）。在一个受压抑的社会中自然要受到限制，那种焦躁不安迫使他们经常处于戒备状态。

不过，这些按照15世纪的巴黎样式来建造房屋的人与我们的生活又有什么联系呢？他所期望的是在每一个窗缝后面都站有一名手持火枪的人，或者在铁钉大门后面听到大铁闸落下的响声。

建筑师们已经落伍了。有些人，已经对自己、对自己的同行失去了信心；他们干脆对你说：不会再有发明家了，我们这个时代已经不可能再有新创造了，因此必然要再走回头路。根据他们的意见，所谓崇尚古典风格也已经寿终正寝，他们转向了哥特风格。这在他们看来就好像是在创造一种新样式，因为它已经好长时间不流行了，所以为了看起来像创新者。他们热情地赞颂哥特式，但请问现在是什么样的哥特式，这又是什么的新奇啊！有些人倒坦率地承认说这是一条死胡同，他们讨厌希腊式建筑那种单调的比例均衡感，也承认除了"黑暗时代"的某些建筑物的比例均衡感之外，没有什么可值得转而依靠的。其实对于那些遭到埋没的艺术，他们只要稍微利用一下原来那种比例均衡感，就能在创造上有所贡献了！但他们并不创造，只是追随着哥特式的足迹而已。

版画

- **1857年1月25日，巴黎，59岁**

版画（Engraving）

版画是正在消亡的艺术，但它的没落并不能完全归结于因为技术的进步而取代了版画，也不能归结为摄影，也不是由于有了石版印刷术——后者倒是一种更为简便、更为经济的技术，但却并不能令人满意地代替版画的地位。

像卢卡斯·凡·莱登[①]、阿尔布雷特·丢勒和马尔坎托尼奥[②]这些人才是真正的版画家。这是说，凡是他们愿意进行复制的作品，他们首先追求的是表现原作者的精神。这些有才华的人在复制过程中，大都觉得能够相当自由地发挥自己的想象，并没有陌生的感觉。然而其他的版画家却是什么样的呢？他们在表现其他艺术家作品时所采用的技巧，是小心翼翼，避免显示他自己的技巧和才华，他们认为这些东西只会使观众对原始作品的印象分散注意力。

使工具更加趋于完善的工作，或者说，使表现的物质手段更加趋于完善的工作，已经开始了。

版画实际上是一种翻译，它是把一定的思想内容从一种艺术形式转译到另一种艺术形式的艺术，就像做翻译的人把一本用外国语言写成的书籍翻译成其他的语言一样。版画家对待这些外国语言——他也正是在这里显露其本领——并不限于利用其自身的艺术作为媒介，把作品的效果原封不动地表现出来而已，他自己的艺术本来就是另一种不同的语言呢！版画家也有他个人的语言（如果我可以这样形容的话），正因为这种语言才使他自己的作品有其独特的标志，即使是在最忠实于原作的翻译情况下，他自己的个人感受也是可以容许出现的。

①卢卡斯·凡·莱登（Lucas van Leyden, 1495~1533），16世纪荷兰版画家及画家，被认为是艺术史上最好的版画家之一。

②马尔坎托尼奥（Marcantonio, 1480~1534），16世纪意大利版画家，是人们所知道的第一个重要的版画复制匠，他使得版画雕刻技术得以系统化，并在意大利和其他一些地区占据了主导地位。

《忧郁 I》（*Melencolia I*）
1514年，丢勒，铜版画，23.9厘米 x 18.9厘米

壁画

- **1857年1月25日，巴黎，59岁**

壁画（Fresco）

壁画需要在创作过程中一次性完成，但如果因此而认为壁画比油画难却是不对的。实际上来说，壁画家本身的素质要求是比较低的。他也知道那些在油画中需要以繁复详尽的技巧进行描绘的细节，观众是不会要求壁画家也同样加以刻画的。他需要花费精力筹备安排的是，使他在准备阶段的工作可以让结束阶段的工作变得尽量简短。对一幅类似镶嵌画那样拼凑起来的作品（有时候甚至比镶嵌画还不如，在画的时候各部分色调看起来就不协调）来说，他如何可能使最后的作品产生最起码的统一效果？换句话来说，他需要做的是把一块又一块整幅画作中的内容相互和谐地联接起来。但问题在于，谁能保证他今天画的东西和前一天画的东西相互之间能够完美地调和？（除非他在创作之前对总体效果能有一个准确的记录）这就到了画稿或者素描该起到作用的时候了。画家在进行具体创作之前，必须要事先对作品的外形和效果作一番研究，甚至什么东西是用什么色彩来表现，也要预先进行考虑。还有，我们不要轻易相信有人说的"壁画家在克服困难这点上，充分表现了他们的非凡才能"之类的话。其实就一件壁画而言，很难有哪一部分能让画家认为完全满意而不需要修补加工的，那些最优秀的作品都经过大量的修补润饰。究竟一件作品在绘制过程中是否体现了熟练的技能，到最后又有什么关系？有关系的是，作品中应当表现出我们有权力要求它产生的那种效果。不过壁画也有它吃亏的地方——必须得承认，后来增加的用坦培拉一类颜料修补的地方，有时候甚至是用油彩，那些修补之处随着时间的推移最终会显得与作品的其余部分脱节，变得格格不入，导致整幅作品缺乏完整性。

随着岁月流转，壁画的颜色会逐渐消褪，变得越来越昏黯；等到一个世纪或者更长的时间之后，就已经面目全非，甚至不知道画的是什么了。这种磨损与油画所造成的损害在性质上完全是相反的。油画之所以会逐渐变黑、变暗，主要是由于油脂碳化的结果，但主要是由光油的杂质所造成。从另一个方面来讲，壁画由于用石灰打底，因为空气中的水分，还有它所安置之地的环境条件等因素，色彩也就很容易逐渐褪却。每个画过壁画的画家都见过这样的现象：在每一个盛颜料的瓶中，颜料的表面都生出了一层白膜，就像一层灰色的雾翳，它们是经年累月逐渐形成的。同样的色彩，要是被大面积地施用，效果会更为明显，这种情况当然也会在画面上体现出来。那时犹如一层薄膜覆盖在作品表面，年长日久，自然而然地就破坏了壁画的协调感。这种褪色的现象主要由于使用了含石灰成分较多的颜料，如果所含的石灰较少，色彩也会显得更为鲜亮一些。有时候因为采用颜料的品质相对比较粗陋，也会给作者带来一些意想不到的结果。

从我刚才所说的这些缺点中可以清楚地了解，我们这里因为空气中含有大量的湿气，所以气候对壁画创作来说是不适宜的。不过即使是在温暖的气候条件下，由于某些更重要的原因，同样也不利于壁画的保存。对于这种类型的绘画，最大的不利条件之一就是要通过墙壁来做准备工作是件很艰难的事情（在这个段落之前应优先对壁画的制作过程作一个简略的说明）。在南方，那极度干燥的气候条件又是一个无法战胜的敌人。任何一幅壁画，不管在哪面墙上最终都会脱落，这几乎是它通常不可避免的命运。

壁画不适于潮湿的气候条件。

这与古代的壁画不同。

雕塑

- **1857 年 1 月 13 日，巴黎，59 岁**

雕塑（Sculpture）

它也像绘画和版画一样，有其惯常的表现手法。雕塑所使用的材料，无论大理石、木材、石料、象牙等，色彩都相对单一，我们并不会对由单一色彩而产生的冷淡效果表示惊奇。雕像的眼睛、头发等都没有用色彩来表现；雕塑的形象被立体地、孤立地加以表现，与周围的环境并不产生联系；还有它那些形形色色的浮雕手法，或者诸如此类的东西都不会成为这种特有艺术在表现形式上的障碍。

即使是在雕塑上也要求有刀法触痕。适当地安排或者夸张某些凹洞都可以增强效果，比如雕塑家在表现头发和附属物时，并不会以连续的雕刻线条来表示，而是在某些部位施以凹洞表现。这样做可以使作品从远处看时，让人觉得比较硬的地方能够显出柔软，以产生轻盈柔顺的感觉，尤其是对那些卷曲而波浪交错的头发来说，更是特别需要进行这样的处理。

《自由引导人民》
(*La Liberté guidant le peuple*)
1830 年，德拉克洛瓦，布面油画
260 厘米 × 325 厘米
法国巴黎卢浮宫

5. 德拉克洛瓦论艺术家

米开朗基罗[1]

向米开朗基罗致敬！

1824年1月4日，巴黎，26岁

可怜的家伙！如果与你交往的人和你接触的东西全都是庸俗不堪的，那你怎么可能创作出伟大的作品呢？想想伟大的米开朗基罗，用那种雄伟的、严峻的、用来哺育灵魂的审美观念滋养自己吧。一些愚蠢而狂妄的事情经常在引诱你，使你分心，还是寻觅独居的生活吧。如果能把生活安排得井然有序，那你的健康就不会受到损害。

①米开朗基罗（Michelangelo, 1475~1564），16世纪文艺复兴盛期意大利雕刻家、画家和诗人，他与莱昂纳多·达芬奇、拉斐尔并称为文艺复兴三杰。他笔下和刀下的人物以健美著称，即使女性的身躯也壮硕健朗。米开朗基罗脾气暴躁，但在其长寿的艺术生涯中一直坚持自己的理想，追求自己心目中艺术的完美，执著而富于激情。他的艺术风格几乎影响了近三个世纪的艺术家。

《创世纪》局部《上帝创造亚当》（*The Creation of Adam*）
1508~1512年，米开朗基罗，壁画
梵蒂冈西斯廷教堂天顶

这里是伟大的米开朗基罗在接近坟墓边缘时写下的语句："一艘脆弱的小舟载着我，在波涛汹涌的大海上，驶完了一生的路程。我不断接近人们共同的归宿，即将在那里接受最后的审判。啊！我已经十分清醒地意识到，这艺术，在我的想象中它曾是我的偶像与君王，主宰着我的行动，然而它却使我的生活陷入错误的深渊，一错再错，满盘皆输。我已经接近了一种死亡——它无可避免，另一种死亡也在威胁着我。在双重死亡面前，那爱情的欲望、甜蜜而又空虚的幻想，如今又会变成什么样呢？不，对于追求神圣爱情的灵魂，对于被天火燃烧得通红的灵魂，雕塑和绘画是不足以使其平静下来的。"②

②摘自米开朗基罗诗选的最后几句。

《画室中的米开朗基罗》
(*Michelangelo in his Studio*)
1849~1850 年，德拉克洛瓦，布面油画，40 厘米 ×30 厘米
法国蒙彼利埃法布尔博物馆

德拉克洛瓦曾写过有关米开朗基罗的艺术评论文章，于 1830 年首次发表于《巴黎评论》杂志的第 15 和第 16 卷上③。结尾处，德拉克洛瓦引用米开朗基罗所景仰的诗人但丁的话来评价他："要用合适的语言去歌颂他是不可能的。"

③中文译本参见《德拉克洛瓦论美术与美术家》，平野译，上海人民出版社，2008 年版，117 页。

论米开朗基罗

1857年1月25日，巴黎，59岁

米开朗基罗

你可以这样说，如果米开朗基罗的风格是使别人的作品普遍在审美上相形见绌的原因之一的话，那么对他的作品所进行的研究，能使每一代的画家都逐渐得到提高，突破了他们原有的水平。鲁本斯就是一个模仿他的人，但是鲁本斯所用来模仿的方法，只有他本人才能加以运用。他沉浸在这些崇高伟大的作品中，他的本性被它们吸引并悠游其间。像他这样的模仿与卡拉奇兄弟那样的模仿，两者之间，差异何等鲜明！

“想要在艺术上有所成就，就必须穷毕生之精力全力以赴。”（这是伏尔泰对悲剧的讨论，写在他的《布鲁图》①之前）伏尔泰在英国生活的时间太长了，以至于他对自己的语言越来越生疏，这使他又花了一些时间来重新熟悉语言。所以持续不断的练习实践是很有必要的。连伏尔泰都是如此，更何况其他人呢！

①布鲁图（Brutus，前85至前42），是一个历史上评价非常复杂的罗马政治人物，晚期罗马帝国的元老院议员，当时的罗马独裁者凯撒（Caesar）所信任的宠臣，他组织并参与了对凯撒的谋杀。曾有不少文学家以该历史题材进行过艺术创作，如但丁、莎士比亚等，但评价不一，有人认为他是无耻的背叛者；有人则反之，如伏尔泰的剧本《布鲁图》发表于1730年，把他塑造为一个高尚的理想主义者，正气凛然为共和理想而英勇奋斗。

鲁本斯

观摩《圣鞠斯特》（St. Just）

1847年2月8日，巴黎，49岁

天气非常好。

今天从观摩鲁本斯开始。我去塔兰内街（rue Taranne）看了鲁本斯的作品《圣鞠斯特》（St.Just）。这是一件令人钦佩的作品。他以粗略奔放的素描手法表现了画中的两个旁观者的外形；在明暗对照和色彩处理上他也显得很大胆，这种手法只有不再对自己所坚持的道路感到疑惑，更不理会外界那轻率甚至是愚蠢的意见的名家才会拥有。

《圣鞠斯特》（*Le Miracle de St. Just*）
1853 年，鲁本斯，布面油画，134 厘米 ×191 厘米
法国波尔多绘画博物馆

寻找鲁本斯的《圣彼得》

● **1850 年 8 月 5 日，科隆，52 岁**

曾试图寻找我的《圣彼得》（*St. Peter*）。经过多次令人失望的问询后，一位同行在困境中帮了我。他是一位刷漆匠，手里拿着笔刷，一边脱帽一边喊出鲁本斯的名字（此地人人都知道这个名字，小孩

子和店员都不例外)，他尽力为我指明道路。这是一所相当简陋的教堂，前面有一条回廊，里面摆满了小十字架和一座基督受难像之类的东西。那里的人们似乎特别虔诚，在我付了15个德国分币(silbergroschen)，或1个弗洛林荷兰盾（florin)，或2个法郎之后，就获准去看那著名的《圣彼得》了，在它的背面有一幅糟糕透顶的复制品。圣彼得本人画得雄伟崇高，但其他人物在我看来好像仅仅是为了给他作伴才放上去似的，而且恐怕还是事后才想起来补画上去的。他们恐怕比当代画作里的人物更软弱无力了，但，即使是这样，他们仍然充满了生命力。总而言之一句话，我已经看到了在一次探访中我所想看到的所有东西。我怀着仰慕之情记下了画作中人物的腿部、躯干和头部，他们在他们可能的范围内做得恰到好处，只不过在整体构图上不够吸引人而已。

《圣彼得》（*St. Peter*）
1603~1604 年，鲁本斯，布面油画，108 厘米 ×84 厘米
西班牙马德里勃拉多美术馆

鲁本斯的《捕鱼奇迹》(Miraculous Draught of Fishes)

● **1852年8月7日，梅赫伦[①]，52岁**

在圣马利教堂（Sainte-Marie）中，鲁本斯的《捕鱼奇迹》这幅画，两边都有侧扇：一边画的是圣彼得的正面立像，钥匙在他身上；另一边画的是圣安德鲁（St. Andrew）穿着深色的衣服，但是由于画面发霉已经不太看得清，就像那个捕鱼的渔网一样，已经开始褪色。正是因为容易的褪色缘故，在所有的画家中，鲁本斯可能是受到损失最大的。他总是习惯把肌肤的肉色调画得比其他部分更淡一些，所以当背景发暗以后，他的人物看上去就好像鬼一样。他原本是为了突出肌肤的肉色调，才不得不把背景画得如此深暗的。

①梅赫伦（Mechelen），荷兰城市，位于布鲁塞尔东北约22公里处。法语名Malines，所以又译马林。

● **1852年8月9日，梅赫伦，52岁**

早上我又到教堂去了一趟。《捕鱼奇迹》这幅画，似乎比我第一次来看时要美丽得多，两边侧扇上的圣彼得和圣安德鲁也都很令人钦佩。

在不同光线的条件下观摩《净化灵魂》[②]

● **1852年8月10日，安特卫普，52岁**

后来去了博物馆。很欣赏《净化灵魂》这幅画，这是鲁本斯最好的样式。在《圣三位一体》（*Trinity*）《圣弗朗西斯》（*Saint Francis*）《圣家族》（*Holy Family*）这些作品面前，我简直不忍离去。后来有一个年轻人，他正在临摹那幅伟大的《十字

②《净化灵魂》(*Souls in Purgatory*)，即鲁本斯的《矛刺》(*Coup de lance*）一画，作于1630年左右。

《矛刺》（*Le coup de lance*）
1620 年，鲁本斯，布面油画，427 厘米 x 312 厘米
比利时安特卫普皇家美术馆

架上的基督》（*Christ on the Cross*），把他的梯子借给了我，使我能够在各种不同的光线条件下去观摩这幅画。这是鲁本斯极盛时期的作品；他在底子上涂的中间色很明显是为了人物造型才采用的，他表现明暗的大笔触相当厚重，尤其是在表现亮部时。在此之前我还从来没有注意到，鲁本斯曾在他的画中运用中间色调到这样的程度，特别是在他最好的作品中，多么奇怪啊！他的许多草图其实早应该让我有正确的认识了。与人们所说的提香的情况对比一下，提香首先是给他的人物形象定一个色调，它在比较清淡的色调面前略显深暗。这样就说明，当他后来画上背景，在急需获得他所预想的效果时，可以通过利用使背景显得阴暗的方法来不慌不忙地表现皮肤的肉色，从而使皮肤变得鲜明而夸张。而鲁本斯的这幅画里，基督的头和那个放下梯子的士兵的头部，基督的腿和那个钉在十字架上的强盗的腿，在预先设计的草图中，色彩都是很强烈的，亮部只在很小的一个范围内。抹大拉的玛利亚也非常值得注意：你可以很容易地看到，她的眼睛、睫毛、眉毛和嘴角，都是在底色

未干的时候直接画上去的。我想，这和保罗·委罗内塞所常用的方法刚好是相反的。

我也应当记住《净化灵魂》这幅画。通过画面下半部分的人物形象，可以明显地看到画家用中间色调所作的浑圆造型，也可以看到他后来画人物时所用的笔触。作品的草图想必是很好的，所以才能允许他有把握地用这种手法去处理画面。你应当总是通过草图来摸索你的画法，一旦正式着手处理，就应当满怀信心地进行下去。

终于看到了《升十字架图》①

● 1852年8月10日，安特卫普，52岁

最后我终于看到了著名的《升十字架图》。我深深地被它打动了！从多方面来看它很类似于籍里柯的《梅杜萨之筏》。鲁本斯在画这个的时候还很年轻，他试图

①《升十字架图》(*Raising of the Cross*)，又名The Elevation of the Cross，鲁本斯作于1610至1611年，现藏于安特卫普圣母大教堂（Cathedral of Our Lady）。

《升十字架图》（*Raising of the Cross*）
1610~1611年，鲁本斯，木板油画
中间板460厘米x340厘米，两侧分别为460厘米x150厘米
比利时安特卫普圣母大教堂

以此来取悦那些卖弄学问的人。整幅作品充满了米开朗基罗的味道。厚涂的颜料非常特别，某些干笔画法看起来很接近莫萨斯[①]的笔法，但又从来不会与他的混淆。例如画面右侧底部，那个正在举起十字架的老人白发红颜，他头上的卷发就是用很干的笔法处理的；还有狗，也采用了该手法。这不是预先用中间色调画好的，在画面的右侧有一些部分，你可以看到底色涂得很重，就像我通常所使用的那种方法；而在这种底色上又画了些透明的颜色——特别是那个手执旗杆的罗马士兵的手臂和十字架上的两个强盗。这种情况在画板的左边也有可能存在，虽然它已经被涂料遮盖得看不见了。画中人物肌肉上的颜色已经褪去，受光部分已经变成了黄色，暗影部分也变成了黑色。仔细观察，人物衣服上的褶皱显然是经过研究，根据一定的服饰而画成的；头发的样式也经过了仔细考虑才安排妥当的。画面的中间部分画得比较洒脱自由，尽管他的笔触还多少带点学院派的感觉，但在画到马的时候，他的笔触是完全自由奔放的，回到他那奔放的本性风格上去了。马的这一部分比画面上的任何部分都要画得好。看到这幅画也促动了我对籍里柯的估量，因为他早就具有了这种特殊的本领，他的作品也丝毫不逊于鲁本斯这幅画。尽管《升十字架图》的实际作画方法可能并不太高明，但是应当承认，与鲁本斯后来所画的一些杰作相比，它在一看之下就给人留下一种更为壮阔宏大，更为鼓舞人心的印象。鲁本斯曾经接受过许多优秀作品的影响和渗透，但不能由此说他是在效仿别人。模仿能力只是他那天才的许多方面中的某一面而已。他与卡拉奇（Carracci）相比是多么的不同！当你想到卡拉奇那些画家时，你就可以确

①让·巴斯蒂特·莫萨斯（Jean-Baptiste Mauzaisse, 1783~1844），19世纪法国学院派画家、石版画家，擅长历史题材，尤其是表现战争场面。

信鲁本斯不是模仿者，他从来一直都是鲁本斯。

所有这一切都会对我的天顶画②很有用处。当我刚开始画它时，我就产生了这种感觉。也许除了对鲁本斯之外，我对其他的一些大师们过去的学习还很不够吧？每一代画家都从他们继承和学习米开朗基罗的过程中得到了很大的提高。

鲁本斯真是了不起！

● 1860年10月21日，巴黎，62岁

鲁本斯真是了不起！他真是个魔术师！我虽然在有时候对他也很生气，抱怨他的形式迟钝，作品不够优雅，不注重修饰，但他所具有的那一些小小优点，却已汇集了其他画家的优点于一身，这个集大成者是多么卓越超凡啊！至少他有勇气来独创一格。他逼得你接受他的那些所谓缺点——这其实是来自于他那奔放豪迈的手法。尽管缺点对谁都不好，可对他却是例外。贝尔（指司汤达）承认他喜欢罗西尼的早期作品更甚于后期，虽然大多数人都说他后期的作品比较好，据他说是因为罗西尼在他年轻的时候，并没有打算写伟大的乐曲，这的确如此。鲁本斯并没有纠正自己，他这样做也是正确的。容许自己驰骋奔腾，他就是用这种办法把你引向那只有最有才华的画家才能达到的巅峰。他是这样的大胆、豪放，以至于仅仅只是把你抓住。

我也还看到：他最伟大的特点（如果你能特别抓住他的某一点来加以思考的话）在于，他那种惊人的浮雕式的刻画人物的本事，使他笔下的人物都具有了惊人的生

②指当时正委托德拉克洛瓦进行创作的卢浮宫阿波罗画廊（Gallery of Apollo）的天顶。

命力。没有这种才能，就没有伟大的艺术家。不仅如此，也只有最杰出的艺术家才能成功地解决这种浮雕与立体感的问题。我想我在别处已经说过，即使在雕塑中，也有一些人掌握不了如何表现立体感的秘密。任何只要有艺术感受的人，只需要用蒲热的作品与其他任何雕塑作品（甚至古代的作品也不例外）比较一下，就能明显地感受到这一点。蒲热通过浮雕手法而使作品具有了生命力，但没有任何一个其他的雕塑家做到了这一点。同样地，在画家之中，鲁本斯也是这样的一个人。比较起来，提香、委拉斯贵兹和他几乎不分上下；但是还是让我们来看看拉斐尔吧，尽管他的作品缺乏色彩感和立体透视感，但他所塑造的人物，却往往是富有浮雕感的。至于今天模仿他的那些人，就没有人可以这样被评价了。这类平淡无味的东西，今天在一切艺术中都很流行，连建筑艺术也不例外，你如果研究一下这种东西，倒是件挺有意思的事情。

提香

- **1857 年 1 月 1 日，巴黎，59 岁**

论提香（Titian），赞美提香。

我们如果赞美当代的人的话，一是其声名尚未得到最终确立，二是往往会赞美不当，赞美了不配受到赞美的人。于是你赞美提香吧，他们又会说，你好像是起草那知名的《赞美上帝之备忘录》的虔诚牧师了……

提香，他已经超越了我所能赞美的言辞，……他那了不起的色彩……

看来情况似乎已经是这样，16 世纪的人不仅是开路先锋，而且他们给我们剩下

《达娜伊》（*Danae e a abundância de oro*）
1553~1554 年，提香，布上油画，129 厘米 ×180 厘米
西班牙马德里勃拉多美术馆

的工作也已经不多了。在每一种艺术形式上，尽管我们也曾见过有其他时代的天才人物作出过某些新的贡献，但是最后达到高度艺术成就的还是 16 世纪的他们。至于后来的天才人物，要是你愿意这样看的话，可以说都是很幸运的。因为他们所处的时代越来越不利于那些具有伟大抱负的人，那些勇气、新的想法，还有纯朴简练的风格都不再受到欢迎。不过他们的出现倒也并没有让他们自己所身处的世纪感到失望，环境虽然不像 16 世纪那般有利，但时代对天才的渴求却并无不同。

《公园中倾倒的花篮》（*Floral Basket in a Park*）
1848~1849 年，德拉克洛瓦，布面油画
107.3 厘米 ×142.2 厘米
美国纽约大都会美术馆

提香可以被看作是风景画的祖师。他对待风景画的手法，同他处理人物与衣褶的手法几乎不相上下。

16 世纪的人，其精力之充沛，知识之广博丰富，简直让我们惊讶不已。想一想，我们为点缀自己的简陋居室所画的那些小画；再想一想，那些知名的艺术事业赞助人又是怎样消失的吧——历代以来，他们的宫殿宅邸始终是优秀艺术作品的宝库，那些宫殿的主人把艺术作品看作尊荣的标志。而且让今天的君王更望尘莫及的是：当年的一帮商人居然能请到这样的艺术家去给他们作画，而他们又是如此富有才华，几乎能胜任一切的委托。

后来，不到一百年，出现了普桑，可是他除了能搞些小东西之外，其余的无能为力。

那许许多多的提香们，当他们锋芒初露时，遭遇了什么样的境况，这一点我们就不必费什么心思去猜测了。

我们所看到的这些令人艳羡的作品，三百年以来，画面上既有光油也有斑驳的创痕，然而一经修补后，反而比原状更加糟糕了……

● 1857 年 1 月 5 日，巴黎，59 岁

在创作上，拉斐尔首重典雅，然后才追求神似，这一点是谁也不能否认的。但是他的这种典雅往往落于俗套，反而成为墨守成规的东西了。他有他美的地方，有那种难以形容的特点，这我完全了解……有些像罗西尼所说的：“唉！这样一些坏朋友——表现力固然重要，但典雅超乎一切。”

如果我们能活 120 岁，我们势必会把提香捧到高于所有人的地方上去。他不是年轻人的画家，他最不遵守传统规则，所

以他是艺术家中最善于推陈出新的人。一些虽有才能但作风拘谨的人，只能拥有单方面的长处，他们更易于受到自己双手的摆布，而不是掌握它们。那些不太拘谨、比较大胆的人，一定也比较活泼一些，因为他们能够不断地与自己内心的情感发生共鸣。这样的艺术家也一定会把这种情感，反映到他的作品中，但可能浮于表象或者卖弄些技巧。但提香却根本不会产生这种念头，相反，凡是无助于他更有力地表现其创作意图的一切，都在他的鄙弃之列。

有些人有他天生的审美品位，随着他年岁增长，这种品位越来越强烈，也越来越高尚。年轻人所爱好的则是反常的，他们喜欢人为的和夸张性的东西。但我说的审美品位，千万不要误认为是冷漠无情的态度。当我提到欣赏品位的时候，是在人们头脑清晰的情况下来说的，这样的头脑可以在刹那之间把值得欣赏的好东西鉴别出来。一句话，良好的审美品位意味着思想的成熟。

提香完全摆脱了前人所采用的那种冷淡的表现方法而形成了自己的一套手法，并在绘画上达到登峰造极的地步。如果仍一味地对文艺复兴早期画家这种冷淡的表现方法加以继承和仿效（对于一些仍在摸索成长之中，几乎是从文艺复兴前发展而来的画派而言，产生这种现象是很正常的）的话，就好比是成年人为了装得天真浪漫而故意学小孩说话，学他们的动作和神气。提香的这种手法才是绘画所要求达到的最终手法，它远远摆脱了早期画家的冷淡枯燥，也摆脱了种种奇形怪状滥用笔触的状态，同时也根绝了在艺术衰退时期画家所采用的那种柔和平滑的画法。古希腊、古罗马的作品就有一些这样的现象。有些与提香同时代的人曾写下了一些他们对提香的仰慕，我又重读了一下他们所作的有关记载，他们对提香的赞扬，有些地方真是令人难以相信。不过话说回来，当你面对那些巨幅的画作而挑不出丝毫的毛病，而在它们还没有遭受长时间的磨损或难以避免的伤害时，那些细致的笔触、和谐的画面以及真实而鲜艳的色彩，都还光彩夺目之际，难道你不会留下深刻的印象吗？阿雷蒂诺[①]写了一篇对话体的文章，谈到这个时期的许多画家，其中也谈到了提香的作品并表示很敬佩。最后他这样说："由于我是他的朋友，由于人们抬头瞻仰太阳时必须闭上眼睛，所以我也得有所克制，不要把赞扬的话说得太过分了。"

他后来又说了一些话，我可以用来当作序言，"因此，我们的提香乃是当代无可匹敌的非凡之才"等等。他又说："归纳总结一下，我们可以这样讲，迄今虽然也出现过一些不错的画家，然而当之无愧的第一流画家，只有米开朗基罗、拉斐尔和提香三人。"

一些现代画派注重素描，认为研究素描本身就是件值得称赞的事情，并为之付出任何代价也在所不惜。而一个人要是被称为色彩专家，这在他们看来，与其说是赞扬，不如说是贬抑。对于这一点，我倒是相当理解。

看起来，色彩大师所考虑的仅仅是绘画上比较次要的，或者说比较浮华表象的一面，而好的素描一旦与深沉的色彩结构相结合，那才是完美的作品。而色彩的使用仅在于分散人们的注意力，也就是减弱人们对其作品中比较突出之处的观察。然而这些突出的地方，即使没有色彩的魔力，也是很容易吸引人们的眼球的。

那些打算在油画上采用古代壁画技法的画派，由于有以上种种奇怪的误解，才产生了上述的错误。壁画技法在处理色彩上往往有着种种不便，以及在实践中需要

① 彼得罗·阿雷蒂诺（Pietro Aretino, 1492~1556），16世纪意大利文艺复兴时期讽刺作家、诗人、散文家。

小心谨慎，所以要求作画的人既要敏捷，又要沉着……

从另一个方面来讲，油画所要达到的效果是要求各方面的高度统一，需要和谐完美，背景要求有吸引力等等。而这一切对于壁画的粗线条而言，是格格不入的。壁画的这种形式比较适于表现粗疏的建筑线条，而对于内容丰富而又细微一些的题材，则比较无能为力。

就表现手法而言，提香是如此的高明，尽管他在局部细节的处理上，好像比较不拘泥于细节，然而也正是由于上述原因，他本人也很少考虑到采用壁画技法。再看看保罗•委罗塞斯，他所爱好表现的景物都具有某种特征，以及他的表现手法似乎更不拘泥于细节，因而看起来似乎更能适应于壁画的技法。可惜的是，他恰恰在这方面没什么考虑。

我还得补充一点，就是在壁画的全盛时期——在文艺复兴初期，当一切风格犹如百花齐放的时候，壁画并没有成为花中之魁。而当油画兴盛起来的时候，在色彩与效果领域中放出异彩之后，壁画的地位则一落千丈，几乎更加无人问津了。

我也并不否认，在这同一时期内，曾在绘画中居于统治地位的高尚格调与史诗般的风格（如果我可以这样讲的话），也开始有所衰退。然而像米开朗基罗和拉斐尔这样的天才人物，毕竟也是难能可贵的。他们曾表现得如此卓越，所以那些用来体现崇高意念的壁画技巧，一到不太胆大的人手里，当然只有消亡一途。但是天才人物却可以通过不同的方法来获得同等的成就。一支画笔，只要掌握在鲁本斯的手里，他画出的油画尽管方法不同，然而表现出的笔力和气魄，对比最优秀的壁画也毫不逊色。就算是在威尼斯画

《奥赛罗与黛丝德梦娜》（*Othello and Desdemona*）
1849 年，德拉克洛瓦，布面油画
50.3 厘米 ×60.7 厘米
加拿大渥太华国立美术馆

派这一个画派的范畴内，情况也是如此。提香是这个画派的代表人物，他的大量名作，以及委罗内塞甚至丁托列托的作品，无一不是神韵与魅力并存的佳作，能与最优秀的壁画媲美。可能由于物质手段的逐渐完善，会导致一些简练优点的丧失，然而这却给表现效果，给作品的丰富与多样化等，提供了新的源泉。

随着时间的变化和新的发明创造不断产生，种种改变的发生不可避免。因此，企图违抗时代潮流而一味模拟古人的举动……自然是最幼稚不过的事情了。

在我们（法国）的这种气候条件下，壁画很容易遭到损毁。即使在南方地带，壁画也不容易保存下来。它的色彩会逐渐消褪，而终至剥蚀。

大多数研究艺术的书籍，其作者并不是进行实践的艺术家，所以大都包含有许许多多的错误见解，以及不少由于轻率或者偏见而造成的错误判断。我毫不怀疑，任何只要受过一般教育的人，都有资格著书立说，但他们如果想要谈论绘画或雕塑，那可能就不够条件了。

籍里柯

籍里柯的版画

1852 年 3 月 8 日，巴黎，54 岁

我又拿出籍里柯的一幅石版画欣赏了很久，这幅画描绘了几匹正在争斗中的马的情形，这幅作品与米开朗基罗的作品有密切的联系。它们具有同样的力量、同样的准确性，尽管它已能给予观者一种力量和动态感，但看起来仍稍嫌拘束，这大概是由于他过度重视了细节刻画的缘故。

● **1855 年 12 月 11 日，巴黎，57 岁**

我看了几幅籍里柯作的版画，深深感到这些画仍缺乏统一性。就整个画面结构来说不够统一，从每一个人物、每一匹马来讲也都还不够统一。画马从来都是不能大面积地直接勾勒的，它需要按细节逐一进行描绘，最后组合在一起成为一个单独的整体。这与我自己所画的《基督安葬》这件作品恰巧相反，这件作品现在就在我眼前，属德•吉罗伊斯伯爵（Count de Geloes）所有。《基督安葬》画中的细节描绘，就一般绘画来说平平无奇，并无大的可取之处，但从另一个角度来看，这幅画的整体效果却能激发出一种甚至连我自己都会感到惊奇的情感。像这样一类艺术作品，其成功之处在于它能够产生一种身临其境的现场感。如果美术作品中的效果能够像文学作品效果（其实那也就是一系列画面的连续出现）那样产生的话，这样我们就可以有据可依地认为，在细节的刻画上应该让它显得更为突出一些。

籍里柯与达维特的作品对比

● **1857 年 1 月 23 日，巴黎，59 岁**

达维特对模特简直有些盲目依赖。我把他与籍里柯互相对比了一下，后者虽然也按照模特写生来进行创作，但手法要更自由一些，因此在模仿自然这点上也就得以更进一步。

《阿弗瑞得·布鲁亚斯像》
(*Portrait of Alfred Bruyas*)
1853 年，德拉克洛瓦，布面油画
116 厘米 ×89 厘米
法国蒙彼利法布尔美术馆

《十字军进入君士坦丁堡》
(*The Crusaders Take Constantinople*)
1840~1841 年，德拉克洛瓦，布面油画

• 1857 年 3 月 5 日，巴黎，59 岁

今天正在吃午餐时，有人拿来两件籍里柯的作品要我提出点意见。其中小的那幅非常一般，画的是罗马乞丐的服装。另外一幅（大约是 12 号油画布那么大）表现的是一座圆形角斗场的主题，手、脚，还有尸体等。值得赞美的是作品显得很有力量，立体感很强，再加上画家个人风格中所独有的那种漫不经心的疏忽随意，更增添了它的价值。

当我把这幅画与达维特的肖像画放到一起时，它的特点就显得更为突出了。从这里可以看到达维特作品中经常所缺少的东西，如画面的感染力，对绘画来说必不可少的生动与大胆，这就类似对戏剧作品来说所必不可少的那种“滑稽”一样。达维特的画作实在太四平八稳了，他画的头部甚至还没有衣褶和座椅出色。

造成这种平淡的原因之一在于他过于依赖模特，不过如果认为这种冷静原本就存在于他本身的性格中，似乎更加合乎情理。想要让他通过眼前那一小块极不完整的自然媒介（指模特）来发现更多的东西看似是不可能的；而且当他把物象描摹好之后似乎常常会就此满足。达维特的大胆无畏所包含的全部内容，就是依照古希腊、古罗马的样子模仿一些片段，例如一只脚，或者一条腿，然后使他那些活生生的模特尽可能被画出如同石膏像般理想式的美。

籍里柯所画的这个片段，展现了真正的卓越。它更加清楚地证明了：那里既没有巨蛇也没有可怕的怪物……而且如同它所表达出的那样，乃是一件为了美而创作的、一件无可再好的东西。某些疏忽随意之处丝毫无损于作品的美。在脚（画得非常准确，除了色彩是按照画家个人的想法来进行表现之外，整体宛如自然天成）的

旁边有一只手，它的块面画得很柔和，使人感觉它好像是仅凭借想象力完成的——就是他平日在画室中画人所惯常使用的那种样式。尽管如此，画面的其他部分并未因这只手而遭到破坏，因为整体风格的感染力把这个瑕疵提高到与其他部分等同的水平。正是这种优秀出众的表现手法体现了他和米开朗基罗之间最密切的联系。米开朗基罗的作品就是这样，不准确的刻画并不会产生丝毫的破坏作用。

柯罗①

● **1847年3月14日，巴黎，49岁**

加斯帕•拉克洛瓦（Gaspard Lacroix）来访，我们一起去柯罗的画室。他坚持认为，尽管我总希望在方法上有所突破，但始终会被灵感驱使。他的看法和另外一两个人类似，也许他们是对的。柯罗是一位真正的艺术家。要真正了解一位画家的长处和成绩，必须去看看他自己的画室。我在柯罗那观看许久，有些作品令我十分赞赏，跟以前所看到的感受相当不同。过去我在沙龙中看到他的作品时，只是觉得还行而已。他那张大幅的《基督受洗图》（*Baptism of Christ*）②充满了天真自然之美。他的树画得好极了。我对他提到，在我的“俄耳甫斯”里面，我也要这样去画树。他跟我说要放开自我去画，顺其自然，事情怎么来就怎么做，还提到他本人大部分时候都是这样的。他不认为谁能在经受了无尽的苦难后，还能达到美的境界。提香、拉斐尔、鲁本斯等都是轻松愉快地完成他们作品的。事实上，他们所做的，只不过是完成他们已经知道要怎么做才能做好的事情，只是

① 卡米尔•柯罗（Camille Corot, 1796~1875），19世纪法国最杰出的风景画家，巴比松画派（Barbizon school）的代表画家之一。巴比松是巴黎附近枫丹白露森林旁边的一个小村庄，有一批画家聚集在这里，如卢梭、米勒、杜比尼（Daubigny, 1817~1878）等人。他们主张走出画室，对照大自然的风景写生，探索大自然的奥秘和内在生命。柯罗的作品富有诗意和情绪，充满对大自然的“回忆”与“幻想”，他的作品对后来的印象派有直接影响。

② 这幅画是柯罗为圣-尼古拉-笃-沙尔多内教堂（St.-Nicolas-du-Chardonnet）画的委托作品。该教堂是位于巴黎中心的一座罗马天主教堂。

他们取材的范围要比其他画家，例如只能画风景或花卉的画家们广泛得多。柯罗的研究题材研究得很深入，他的构想总是在不断完善。他经常一边进行创作一边发展它们，这是正确的工作方法。

晚上和梯也尔先生（M. Thiers）在一起。在林荫大道上散了一会儿步，回家后我觉得心情很不好，很痛苦。多么可怕的巴黎啊！为什么我不能意识到上天赋予我的种种好东西呢？当一个人情绪低落的时候，任何事物似乎都很沉闷忧愁。

《奥菲斯与尤里迪斯》（*Orphée ramenant Eurydice des enfers*）
1861 年，柯罗，布面油画，112.3 厘米 x 137.1 厘米
美国休斯敦美术馆

华多[1]

• **1847 年 4 月 3 日，巴黎，49 岁**

去拜访德・莫尔尼先生（M. de Morny），我还从来没见过如此琳琅满目的奢华。他的画放在他自己家里看起来好多了。这里有一幅华多（Watteau）的杰作，画中所显示出的高超绝妙的技法简直让我吃惊。他把佛兰德斯画派[2]和威尼斯画派[3]的优点结合到一起，不过有一两个地方

①让 - 安东尼・华多（Jean-Antoine Watteau，1684~1721），18 世纪法国洛可可时代最重要和最有影响力的画家之一。他深受鲁本斯和其他 17 世纪荷兰画家的影响，其作品大多带有欢娱的喜剧色彩，透露出一种浓郁的富有哲理的爱。华多在表现树丛、服装和优雅的人物姿态方面拥有非同凡响的精妙技艺，其代表作有《舟发苔西岛》（*Pilgrimage on the Isle of Cythera*）等。

②佛兰德斯画派，佛兰德斯位于尼德兰南部，这块土地上曾经诞生过凡・

是雷斯达尔[④]的画法，特别是一处雪景和一处非常简洁干净的海景。海景中只见到一片灰色的海面和几只小船，其余一无所有。在我看来，这种艺术是绝佳的，因为它非常含蓄，藏而不露。那令人惊异的朴素手法，多少冲淡了一些华多和鲁本斯的效果[⑤]——他们的艺术特色确实太鲜明了一点。如果在我家里也能经常挂出这种作品放在眼前的话，那真是绝好的享受。

● **1854年7月29日，巴黎，56岁**

……华多的树都是依据一个公式画出来的，彼此之间大同小异，看起来仿佛觉得是戏剧舞台上的布景树，而不像森林里的真实树木。如果把一件华多的作品拿来放到雷斯达尔或奥斯塔德（Ostade）的作品旁边的话，华多的画马上就会显得大为失色，看起来觉得矫揉造作。这样的作品，很快就会让人觉得索然无味，而旁边那佛兰德斯画家的作品则令人流连忘返。

● **1857年1月11日，巴黎，59岁**

华多曾备受达维特的轻视，后来才重新获得声名。他的技法很值得赞赏，但想象力不能和佛兰德斯的那些画家相比。除了奥斯塔德、凡·德·维尔德（Van de Velde）等人之外，华多只不过更多地表现出戏剧性的矫揉造作。他清楚怎样才能设法把画面的各个部分有机联系起来。

艾克（Van Eyck）、博斯（Bosch）和勃鲁盖尔（Bruegel）等一代绘画大师。17世纪尼德兰革命最后以北部的荷兰独立和南部的佛兰德斯妥协而告终，也因革命后的分裂出现了南北两个各具民族特色的艺术派别。17世纪南部的佛兰德斯仍处在西班牙王权和天主教会控制下，这促成了绘画上豪华壮丽的风格流行并逐渐形成了以鲁本斯和凡·代克为代表的佛兰德斯画派。巴洛克风格在17世纪成为佛兰德斯画派的主流风格，他们的作品人物造型奔放，构图充满强烈的运动感，形象富有人情味，画面色彩鲜艳、热情洋溢。

③威尼斯画派是16世纪以威尼斯画家乔尔乔内和提香为代表的绘画形式，他们吸收了文艺复兴鼎盛时期画家的精华，但大胆在色彩上创新，使画作更为生动明快，同时人物背景的风景比例更大。乔尔乔尼的著名作品《沉睡的维纳斯》《暴风雨》等；提香的著名作品有大型壁画《圣母升天》《欧罗巴被劫》《达娜厄》等。威尼斯画派对其后的巴洛克艺术时期画家有很大的影响。

④雷斯达尔（Ruysdaels, 1628~1682），17世纪著名荷兰风景画家，他在作画时并不绝对参照现实的真实风景，而任意安排画面中的树木、植物、云和光线等细部，他的作品影响到后来的浪漫主义画派。

⑤这里是指华多和鲁本斯的绘画风格相对来说比较华丽，画面效果常常是豪华的，而非朴素的。

《热尔森的画铺》（*A l'Enseigne de Gersaint*）
1720~1721 年，华多，布面油画，163 厘米 ×306 厘米
德国夏洛滕堡宫

建筑师

• 1850 年 6 月 14 日，巴黎，52 岁

一个建筑师，他如果能够真正实现其建筑艺术所要求的一切，那他就是一位比大画家、大诗人或者大音乐家还要伟大、还要稀有的不死鸟。这个原因显而易见，因为建筑师要在寻常感受和敏锐灵感之间，取得绝对本质上的和谐。许多具体的细节构成形式是建筑师工作的出发点，这些细节也是他进行工作的根本依据。这些具体

的细节必须在建筑装饰开始之前就优先加以考虑，但在此刻，建筑师还算不上是艺术家，除非他能提供一整套装饰方案，使他实际的意图能够恰当地实现。我之所以使用“恰当地”这样的字眼，是因为即使是建筑师本人已经运用一切可能，在他的规划和建筑物所要体现的种种目的之间，建立起了准确的血肉关系，但他也仅仅只能采用某一种样式来进行装饰。他在运用装饰方面是没有自由的，既不能滥用，也不能畏手畏脚，因为装饰必须要与规划相适应，正如规划要与建筑物的建设目的相适应一样。

画家和诗人为了高雅、魅力与获得想象的效果等理由而作出了一些牺牲，这使得他们在严格的逻辑上偶然会产生一些错误，这些都是能够得到宽恕和原谅的。而建筑师则不然，他们在逻辑上必须有严格的要求，在这一点上允许建筑师本人自由发挥的情形，可能与作家比较相似。作家在创造了他自己的语言之后，他的活动空间就宽广多了。例如作家可以采用常用的词汇，却赋予它们新的引申变化含义，从而实现旧瓶装新酒的效果。对于一个建筑师来说，他也可以采用同样的方法，他如果能把建筑装饰这种所有建筑师所共有的财产，通过自己所独创的新颖形式加以利用的话，就能使得建筑装饰具有特殊的新奇风格，从而体现出建筑艺术本身所具有的独特美感。一位天才的建筑大师在模仿伟大的古代建筑遗产时，他知道如何去进行加工和修饰，从而不显出模仿的痕迹。他所布置的格局，可以使这些古代建筑的元素在新的位置上得到恰当的安排；他也会注意到距离和比例的关系，让建筑物给人的感觉似乎完全是全新的。而一般的建筑师就只会生搬硬套，其结果只能更增添其无能的证据。甚至他们在很好地进行模仿这一点上也会显得毫无成就，因为即使连最小的细节部分也都模仿到丝毫不差，也绝不可能与所效仿的对象具有完全相同的地位。他们非但不能创造出新的美丽事物，而且还损坏了我们原有的好东西。我们往往会惊讶地发现，好东西一旦被他们处理过，也就变得平庸无奇了。

事实表明，建筑师绝不是随意地或盲目地去进行及完成准确的模仿工作。只有客观规律给予指导，某些部分应当被加以装饰时，他们才去装饰，并不受建筑物的特点或其周围环境的限制。

库尔贝[1]

• 1853年4月15日，巴黎，54岁

参观库尔贝画展[2]。我为他那幅主要作品中所展现出的力量和立体感而惊异——但这算是什么画啊！选择的是什么题材！那种粗鄙的形式没有任何意味，那种低级而无益的思想令人憎恶，不过即使如此，只要那思想（就像这种）能够清晰明确的话，这幅画倒也还说得过去！但是画面上的两个人物又企图说明什么呢？除了屁股上搭了一小块布之外，一个几乎赤身全裸的女人，湿漉漉地从一个还不够洗脚的小水坑里站出来，做着某种毫无意义的手势。另一个女人大概是她的女仆，却又坐在地上给自己脱鞋袜。你且看看那袜子（其中的一只，我看恐怕只脱了一半）吧！她们好像是在交谈，但人们却无从领会其内容。背景中的风景倒是画得挺生动，但库尔贝却只不过是把一幅写生的习作放大了而已（那幅习作就放在这幅画旁边）；显然，人物是

①居斯塔夫·库尔贝（Gustave Courbet,1819~1877），19世纪法国现实主义画派代表人物，他天生艺术气质浓厚，在绘画上自学成才，自我为中心的意识很强，关心社会活动，他的艺术作品试图不加人工修饰再现他周围的现实生活。库尔贝积极投身于法国的革命运动，在巴黎公社失败后被捕入狱，获释后流亡瑞士，后逝于瑞士洛桑。

②这是德拉克洛瓦与正在冉冉上升的新星库尔贝之间的第一次会晤。尽管德拉克洛瓦还比较欣赏库尔贝的才华，但却不喜欢他本人。事实上，由于同样的原因，正像他被巴尔扎克吓坏了那样，德拉克洛瓦也同样被库尔贝吓坏了。他们是本性截然不同的两种类型的天才。这里所提到的主要作品就是那幅知名的《浴女》（*Les Baigneuses*），现藏于蒙彼利埃的博物馆。这幅作品曾经引起了一场诽谤纠纷。

《你好，库尔贝先生》（*Bonjour, Monsieur Courbet*）
1854 年，库尔贝，布面油画，129 厘米 ×149 厘米
法国蒙彼利埃法布尔博物馆

后来加进去的，和周围环境毫无有机关联。这就牵涉到画面上主次对象的配合问题，大多数著名画家对这一点都不太在意。这里还有一幅《睡在纺车旁的女人》（*Women asleep at the Spinning-wheel*）也显示了同样的优点和缺点——生动有力的表现和拙劣地模仿自然。纺车、纺线杆画得不错，衣着和靠椅画得既笨重又粗俗。在《两个摔跤者》（*Two Wrestlers*）中，人物动作软弱无力，这证明作者缺乏创造能力。背景也破坏了人物形象，至少有三英尺宽的一条（一条什么？）应该需要去掉。

噢，罗西尼！噢，莫扎特！噢，每种艺术中的灵感天赋，只是我们从事物中所揭露出的精神实质！在像这样的一些作品面前你又能说些什么呢？噢，塞拉勒米斯①！噢，那些参加尼尼亚斯王（Ninias）加冕礼的僧侣们！

● **1853年10月17日，巴黎，55岁**

库尔贝在给他那幅《浴女》画背景时，完全是按照一幅写生习作的背景照抄的，我曾亲眼看到那张习作就挂在他的画架旁边。恐怕没有什么能比这种作品更加死板了，简直就像是镶嵌画一样。

● **1855年8月3日，巴黎，57岁**

今天去展览会参观……后来就去参观了库尔贝的作品展②。他已经把门票降低到了10个苏。我独自在那里呆了将近一个小时。在那些被他们否定的作品当中，我却发现了一幅杰作，观摩良久而不忍离去。他的进步非常巨大，通过这件作品也告诉了我怎样去欣赏他的《奥南的葬礼》（*Funeral at Ornans*）。在这幅作品中，

①塞拉勒米斯（Semiramis），古代传说中的亚述女王，传说她美貌多智，放荡好享乐。她的丈夫是传说中尼尼微城（Nineveh）的建造者尼努斯王（Ninus）。在她丈夫死后，塞拉勒米斯独自统治国家。

②库尔贝的两幅重要作品《画室》（*The Studio*）和《奥南的葬礼》（*Funeral at Ornans*）都未能获得展览会的审查委员会通过。他为了表示抗议便在展览会的附近故意举办一次个人画展。德拉克洛瓦虽然不喜欢库尔贝这个人，并严厉地批评过他的写实主义理论，但他现在还是承认库尔贝拥有卓越的艺术天赋。

《浴女》（*Les Baigneuses*）
1853年，库尔贝，布面油画，227厘米 ×193厘米
法国蒙彼利埃法布尔博物馆

人物一个压一个，构图设计得也不怎么好，但某些细节的描绘却相当精彩，如画中的牧师、唱诗班的小男孩、哀泣的女人，以及那盛圣水的罐子等等。在后一件作品中中[①]，画面意图一目了然，气氛也有营造，某些局部上的技法也运用得不错。特别是那些裸体模特的大腿、臀部和胸部，技巧更是运用得特别出色，另外前景中那个戴着披巾的女人也画得不错。就像他所表现的那样，这幅画唯一的缺点就是有一个地方似乎意义比较含混，在画面的中间看起来似乎有一片真实的天空。这幅画是我们当代最杰出的作品之一，然而它却被展览会拒绝了。不过库尔贝倒不是一个受到这么一点挫折就灰心丧气的人。

①指下图《画室》这幅画。

《画室》（*The Studio*）
1855年，库尔贝，布面油画，359厘米×598厘米
法国巴黎奥尔赛博物馆

《奥南的葬礼》（*Funeral at Ornans*）
1849~1850 年，库尔贝，布面油画，315 厘米 ×668 厘米
法国巴黎卢浮宫

米勒[②]

● 1853 年 4 月 16 日，巴黎，55 岁

今天早上，他们带米勒来到了我的画室。他谈到他只读过圣经和有关米开朗基罗的书，这就解释了为什么他所创作的农民形象，也都是一副一本正经的模样。不仅如此，他自己也是农民，并因此而自豪。他是画坛的明星，也是发起并推动了 1848 年革命的老一辈画家，他们显然希望，如同革命能给他们带来财富的平等一样，才能也一样可以平等。不过在我看来，米勒本人似乎还是高于这个水平的。他有一小

②让 - 弗朗索瓦 • 米勒(Jean-François Millet,1814~1875)，19 世纪法国伟大的田园写实主义画家，巴比松画派代表人物之一，代表作有《拾穗者》《晚钟》等，以其乡村题材画作中所表现出的感人的人性而闻名。

部分相当类似的作品都企图通过一些干燥或者混乱的笔法来竭力表现出一种深刻而又有些造作的感觉。

《拾穗者》（*The Gleaners*）
1857 年，米勒，布面油画，81 厘米 ×117 厘米
法国巴黎奥尔赛博物馆

安格尔①

● **1854年3月24日，巴黎，56岁**

下午两点半，工业委员会开会，讨论关于组织展览以展出本世纪初的产品问题。在梅里美的帮助下，我投票反对这一提议，提案因此未获通过而被撤销。安格尔表示很惋惜；我看他的头脑简直太简单了，只能看到事物的一个面。在他的作品中情况也是如此：毫无逻辑感，也毫无想象力，他的作品：《斯瑞尔德娜爱斯》(*Stratonice*)《天使》（*Angélique*）《路易十三的誓愿》(*Vow of Louis XIII*)以及最近画的天顶画“法兰西”（*France*）、“怪物”的情况都是如此。

● **1854年5月10日，巴黎，56岁**

当我准备离开的时候，我到安格尔的那个展厅②去看了一下。他那幅天顶画的比例真叫人震惊！天顶画由于穹窿透视的关系会使人物显得比较小一些，但安格尔忘记了这一点。整幅画的下半部分简直贫乏空洞得令人难以忍受，那块大面积平涂的蓝色部位也是如此。他的马群（也是平涂）在这片蓝色中游泳，马车则在周围的空中飞驰。无论从眼睛还是从头脑来看，效果都非常混乱。我还没有见过安格尔画得比这种人物更糟糕的东西，那个人笨拙呆板的特点被大大突出，超过了他其余所有的优点。矫饰、呆板以及细节描绘上还存在的某种柔和感有一种迷人的特征，尽管这份迷人来自于他的矫揉造作（或者说是正因为这些矫揉造作而产生了这种魅力）。我想，足以使之留传后世的，也只有这些了。

①让·奥古斯特·多米尼克·安格尔(Jean Auguste Dominique Ingres, 1780~1867)，19世纪法国著名画家，新古典主义最后的领军人物。安格尔擅长肖像绘画，重视线条造型，画风静穆典雅，他曾赴意大利深入研究文艺复兴时期古典大师们的杰作，从古典艺术中得到了一种简练而单纯的风格。古典主义强调轮廓的完整和构图的严谨，浪漫主义则强调想象力和色彩的运用，安格尔和新生的浪漫主义代表人德拉克洛瓦之间曾发生过多次争论。

②这是指市政厅中的帝王沙龙(Salon de l'Empereur)。安格尔曾经以《拿破仑之赞》（*Apotheosis of Napoleon*）这幅画来装饰过天顶。该画的设计构图出自于古希腊、古罗马浮雕。德拉克洛瓦曾在1854年3月24日的日记中称其为“怪物”(The Monster)。

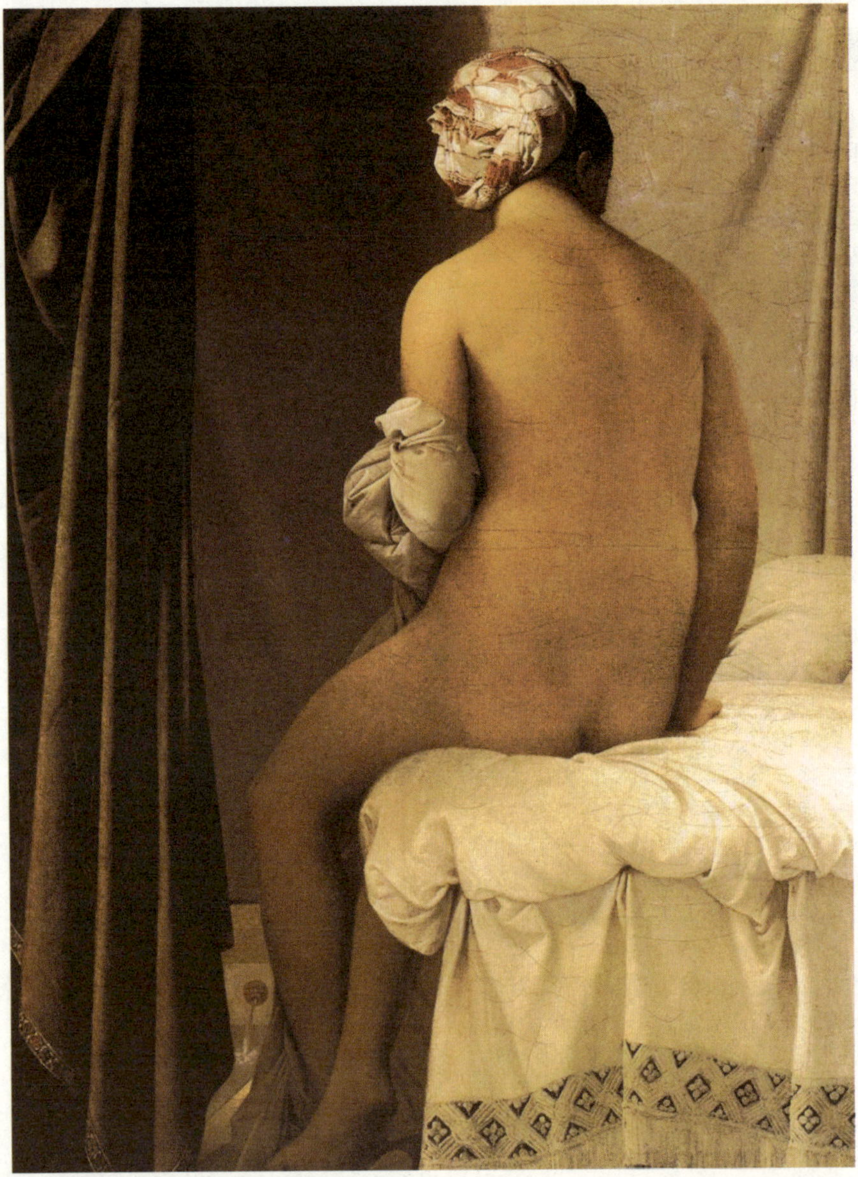

《瓦平松浴女》（*Bather of Valpincon*）
1808 年，安格尔，布面油画，146 厘米 ×97.5 厘米
法国巴黎卢浮宫

● **1855年5月15日，巴黎，57岁**

展览会[1]今天开幕。后来，相当冒失地，我和杜扎（Dauzats）一起去看了这次画展，看完后杜扎还陪我走回家，一直送到我的门口。画廊里非常冷。看了安格尔的展览：非常荒唐可笑，完整的画面表现，不完整的思想观念！几乎每幅画都给人一种紧张和造作的感觉，一星半点儿自然流畅的状态都没有。

● **1855年6月1日，巴黎，57岁**

后来，我又到展览会去参观。安格尔的那部分给我的感觉似乎要比第一次看的时候好得多。他的作品的确有很多优点，让我只能心悦诚服。

● **1855年10月14日，巴黎，57岁**

前几天，在一次评选委员会上，贺拉斯•韦尔内[2]对我说起他对安格尔的批评。安格尔认为把他的名字列在韦尔内之后对他自己是一种莫大的侮辱，所以写信来表示拒绝接受奖章。而令人更愤怒的是（据可靠人士对我讲）：在初步提出获奖人候选名单时，专门负责评选美术作品的委员们竟然把我和他列于相同的水平来看待。安格尔认为这也是对他的不尊重。

①这里指1855年在工业馆举行的世界博览会。此次展览曾开辟专室以陈列德拉克洛瓦和安格尔的作品。德拉克洛瓦此次有42件油画作品参展，包括一些他的创作精品，分别从卢浮宫、南锡（Nancy）、里昂、凡尔赛各地的博物馆借出进行展览，还有一些来自私人收藏以及画家本人。

②贺拉斯•韦尔内（Horace Vernet），当时的一位擅长画战争题材和肖像的法国画家，还是一位关于阿拉伯的东方文化学者。德拉克洛瓦在年轻时即与其相识，参见108页的“受到赞扬并学习格言”条目。

6. 德拉克洛瓦的文艺短评

关键在于画家！

• 1850年6月8日，巴黎，52岁

到今天为止，我已经有半个月没写过任何东西了！整整15天以前，我从尚罗塞回来了。珍妮今天也回来，她找到了市长的眼镜，并且送还给他。

当我在考虑天顶壁画的构图（在昨天用水粉改动了天空那一部分之后，我才开始喜欢它）时，它猛然令我认识到：一张好画就像一盘美味佳肴，组成一幅好画的材料和一幅劣画的材料是一样的——关键在于画家！多少宏大优美的绘画构图——如果没有名厨高手给它加上一把盐，将会一文不值！在鲁本斯身上，他的这种能力，不管在表现什么上面，都是让人啧啧称奇的。而更令人难以置信的是，他的性格气质，诗一样的情操，都能给画作的构图增光添色，似乎完美到无法再进行改动。然而这还只不过是他的风格中的一种形式而已，更关键的是他所采用的方法，而他到底画了些什么，相较而言，反而显得不那么重要了。

新的东西已经很旧了，你甚至可以说，它是一切东西里面最旧的。

给教堂的墙做预备工作：只要亚麻油，不要别的，要煮开；要铅白，不要锌白，锌白的粘性太差。黄赭色很合适。

绘画是心灵和心灵交谈，而非技能与技能对话

● 1850 年 7 月 18 日，巴黎，52 岁
1857 年 1 月 25 日，巴黎，59 岁

卡维夫人在她那本很有意思的书中写道："在绘画中，特别是在肖像画中，是心灵和心灵的交谈，而非技能和技能的对话。"这句评论可能比她自己所理解的还要深刻，这是对卖弄技巧之人所递的一张起诉书。我曾经上百次地告诉自己，从实质上来讲，绘画不是别的，而是架在画家心灵和观众心灵之间的一座桥梁，冷静而精确的描绘并非艺术；诸般精工奇技只有在它本身具有感染力和表现力的时候，才能成为艺术。那被大多数画家称为"悟性"的并不是别的什么东西，只不过是专心致志地辛勤完善他那原本枯燥乏味的艺术作品。

德拉克洛瓦曾两次在日记中就卡维夫人的这个观点发表评论，两次的大意差不多，仅个别字句稍有不同，此处按 1857 年的日记翻译，前者不赘。

论杰作

● 1856 年 2 月 21 日，巴黎，58 岁
论杰作。

没有杰作，也就没有所谓的伟大艺术家，而艺术家如果终其一生只创作过一件杰作，那么就这一件作品而言，他也还算不上是大艺术家。像杰作这种东西一般都出自年轻人之手。有时候，由于天才早熟，或者一下子心血来潮或灵光乍现，做出了一件超凡脱俗的作品。但是这种艺术家早期创作中所显露出的希望，需要在他成熟之后——到他真正有修养的年纪之后，才能得到稳固。只要真正具有才华，这一点往往不成问题。

《斩首施洗者约翰》（*John the Baptist*）
1856~1858 年，德拉克洛瓦，布面油画
56 厘米 ×46 厘米
瑞士伯尔尼美术馆

艺术作品需要属于你自己的时代!

• 1856年4月9日，巴黎，58岁

在像我们这样的时代，人们都养成了一种偏爱欣赏局部细节的习惯，因为当代的艺术作品使人们习惯于处处留意一切微妙之处……要是你想迎合大众的欣赏品位，这个时代就不是创作笔法奔放豪迈的作品的好时候；这种作品应当为那极少数的人而保留，他们对艺术的鉴赏能力要高于大众要求，并且他们还不断从艺术繁荣时期对美的理解中去汲取养分。简而言之，就是要把这种作品留给那些仍然热爱美、喜爱质朴简练的人。

我们仍然需要那种大笔一挥式的艺术作品。原始初期的艺术作品都具有这种特点。我的意见最根本的地方在于，艺术作品需要属于你自己的时代。我记得伏尔泰曾为他笔下的赫龙（Huron）而高呼："希腊悲剧对于希腊人才是好的。"他说得完全正确。因此，企图逆流而上或者模仿古人，这都是很荒谬的。与高乃伊相比，拉辛显得精细，但自拉辛的时代以来我们已经变得更为精细了。再以沃尔特·司各特（Walter Scott）①和卢梭来比，他们能够更加深入地探察人们喜怒哀乐等精微细致的情感表现，这些东西已并非过去的作家所能认识的面目了。至于现代作家，则更加不仅仅满足于描写人类的情感，他们还描写外表，并对一切加以分析。

①沃尔特·司各特（Walter Scott, 1771~1832），18至19世纪英国著名的历史小说家和诗人。他与拜伦同时，在写诗上自愧不如，遂转入历史小说创作并首创了英格兰、苏格兰的历史小说文学。司各特的小说情节浪漫复杂，笔下的历史事件总是与故事人物悲欢离合的曲折遭遇紧密结合在一起。

论翻译之难

● **1856年10月5日，安替（Ante），58岁**

论翻译之难。

我们回来之后，我读了一些但丁和其他作家的著作译本，读过之后我深深认识到，要用我们这种讲究实际的语言去适应一个像但丁那般天真质朴的诗人是多么困难！为了满足音韵的要求，为了保留某些习惯的固定用语，译者只好被迫使用一些迂回的短语来传达原意，然而这些短语读起来却令人非常难受。

我昨天下午所读的一些拉封丹②的寓言，这个版本虽然是译本，但却仍然保持了原作的风格，甚至在文体上更为华美，它并没有作过分的推敲，也没有迂回冗长的描写，可是应该表达的意思却都表达出来了。只讲述那些需要被讲述的东西：这是一种你必须把它与简洁精确联系在一起的东西。后来我们又读了一些贺拉斯的东西，他的作品也具有同样简洁优美的风格和相同的感染力量。没有哪个真正的诗人缺乏这些特征。

衰退

● **1857年1月13日，巴黎，59岁**

衰退（Decadence）

艺术自16世纪到达巅峰之后即开始逐渐衰退。其原因并非在于没有伟大的艺术家，而是创作思想与风格有了转变；17、18、19世纪倒并不是没有大艺术家的。公众审美品位的欠缺、中产阶级的日益富有、粗暴无礼的批评（这种批评所特负的使命似乎在于鼓励庸才和打击天才）、脑瓜聪明

② 让·德·拉封丹（Jean de La Fontaine, 1621~1695），17世纪法国诗人，以《寓言诗》（*Fables choisies mises en vers*）闻名于世。

《花园一隅》
1855年，德拉克洛瓦，粉彩，30厘米×42厘米
私人收藏

之人更趋向于研习科学，而物质知识的增进则逐渐排斥富有想象力的作品——所有的这一切组合到一起，遂不可避免地迫使艺术丧失其尊严和水准，甚至还导致其形式的改变。

任何一种文明都肯定会在一个特定时期对人类的智慧作出光辉的贡献。这短暂时刻的出现犹如闪电划破阴沉阴霾的夜空，在它那光辉初现和余晖消逝之间几乎看不到什么间隙。继之而来的漫漫长夜，或许多多少少不再那么黑暗无光，但若要再度回复到全盛时期则几无可能。想要在艺术上获得复兴，那就需要道德和风格上的重生。然而这个点只会出现在两种野蛮状态之间，一是因为愚昧无知，二（这一点几乎无可救药）则是因为过度地滥用知识。

一双善于看画的眼睛

1863年6月22日，尚罗塞，65岁

一幅画应该首先让眼睛看起来感到舒服，但这倒并不是说它不需要什么内容。它就像诗一样，如果韵律不优美或不好听，那不管内容多么出色，也不够精彩。人们说，应该有一双善于听音乐的耳朵；同样地，也并不是每一双眼睛都善于品鉴绘画的妙处。有很多人的眼睛是迟钝的，对美视而不见。他们只能看到表面的东西，稍微深奥一点儿就看不明白了。

这是德拉克洛瓦的最后一篇日记。同年6月，德拉克洛瓦的恶性喉炎复发，于是到尚罗塞（6月16日）休养，此时他还在思考有关艺术的各种问题；但他的身体日趋衰弱，后又回到巴黎居住，说话已逐渐变得困难起来。8月3日，他口述了一份详细的遗嘱。

8月13日，德拉克洛瓦在巴黎与世长辞，弥留时仅有其忠仆珍妮在侧。

《自画像》（*Self Portrait*）
1840 年，德拉克洛瓦，布面油画

图书在版编目(CIP)数据

艺术引导人生：德拉克洛瓦的私人日记 / （法）德拉克洛瓦 （Delacroix，E.） 著 ；冯锦编译. — 济南 ： 山东美术出版社，2011.7
（艺术大师自画像）
ISBN 978-7-5330-3420-7

I. ①艺… II. ①德… ②冯… III. ①德拉克洛瓦. E.(1798~1863) - 日记 IV. ①K835.655.72

中国版本图书馆CIP数据核字(2011)第066608号

项目统筹：张 芸
责任编辑：霍 覃
封面设计：徐春红
排版制作：梁文婷
主管部门：山东出版集团
出版发行：山东美术出版社
济南市胜利大街39号（邮编：250001）
http://www.sdmspub.com
E-mail:sdmscbs@163.com
电话：0531-82098268 传真：0531-82066185
山东美术出版社发行部
济南市胜利大街39号（邮编：250001）
电话：0531-86193019 86193028
制版印刷：山东临沂新华印刷物流集团有限责任公司
开 本：165×210毫米 16开 23.5印张
版 次：2011年7月第1版 2011年7月第1次印刷
定 价：49.80元